国债、利率与风险管理

檀江来 著

文匯出版社

图书在版编目(CIP)数据

国债、利率与风险管理 / 檀江来著. —上海：文汇出版社，2013.4

ISBN 978-7-5496-0868-3

Ⅰ.①国… Ⅱ.①檀… Ⅲ.①国债—利息率—研究—中国 ②国债—风险管理—研究—中国 Ⅳ.①F812.5

中国版本图书馆 CIP 数据核字(2013)第 065624 号

国债、利率与风险管理

责任编辑 / 石　榅
封面装帧 / 王　翔

出版发行 / 文匯出版社
上海市威海路 755 号
(邮政编码 200041)
经　　销 / 全国新华书店
排　　版 / 南京展望文化发展有限公司
印刷装订 / 上海宝山译文印刷厂
版　　次 / 2013 年 4 月第 1 版
印　　次 / 2013 年 4 月第 1 次印刷
开　　本 / 787×1092　1/16
字　　数 / 220 千字
印　　张 / 20.25

ISBN 978-7-5496-0868-3
定　　价 / 50.00 元

前　言

国债的历史虽然不长，但是国债的出现却对历史产生了很大的作用。在英法两国几百年争霸的历史上，天平总是倾向于英国一边的原因就是英国最早实行议会政治，总能以比较低的风险溢价发行国债，筹集所需的战争资金。国债低利率的历史最早就从英国开始，所以国债在英国又称为“金边债券”。而美国的汉密尔顿正是吸收了英国的经验，在美国建国初期妙用国债，不仅让窘迫的美国避免陷入困境，也让华尔街走上了金融之路。如果没有汉密尔顿的“国债旋转门”计划，今天的美国就不是我们看到的世界上唯一的超级大国，而很可能就是杰斐逊心目中的 13 个邦联，各霸一方。

在 1929 年大萧条之前，世界各国的国债虽然有时候也很多，但基本上都是因为战争原因而发行的。上世纪 30 年代开始，凯恩斯主义在世界范围内得到了广泛的认同，很多国家开始把国债当作财政的经常收入，不仅用来进行大规模的基础设施建设，也用来进行社会福利甚至政府的日常开支。国债规模越来越大，不仅会最终导致通货膨胀，严重的还会引起国家的债务危机。阿根廷、俄罗斯等国家都有过债务违约，美国、日本也都有债台高筑的隐忧。

我国建国初期发行过建国公债，但是到了三年自然灾害时期，为了偿还苏联的债务导致了国内老百姓民生的困苦。痛定思痛的中国政府此后对国债的发行采取了非常慎重的态度，乃至于 1969 年曾经自豪地向海内外宣布中国已经成为既没有内债也没有外债，无债一身轻的社会主义国家。改革开放以后，由于大规模经济建设和治理通货膨胀的需要，我国又于 1981 年开始重新发行国库券。整个 80 年代国库券的发行基本上都采用了摊派的办法。由于整个社会资金都很紧张，加上通货膨胀的缘故，以及流通不便，导致市场价低于面值，国债的信誉并不高。到了上世纪 90 年代，经济蓬勃发展以后，全国性的证券交易所的成立使国债的流通更加便利，国家的信用得到了长足的发挥，国债市场初露锋芒。但是由于一些单位和个人不遵守既定的法律和规章，不仅制造了国债期货“327 事件”；还肆意破坏国家信用，利用假国债回购和所谓的国债代保管单盗取大量国家资金；利用交易所市场回购机制，把大量银行资金转移到股票市场进行大规模投机。

1997 年，银行间债券市场就是在这样的背景下成立以后，不断地拓展内涵和外延。在债券的品种上，除了成功地把国债主战场从交易所市场转移到银行间市场，还因势利导，利用国家发展政策性金融产业的机会，把金融债券做得风生水起，几乎跟国债平起平坐的地步。银行间市场的企业债券的发行与交易也在竞争中占了上风。与此同时，银行间市场没有因为市场名称而固步自封，而是大规模引进了非银行金融机构以及基金和企事业单位进入市场。市场交易者由成立之初的 16 家银行发展到现在超过 1 万家各类机构，债券托管量达到 25 万亿元人民币的全世界都排得上号的大市场。

世界上最大的债券基金管理公司太平洋投资管理公司 PIMCO 的联合首席投资官比尔·格罗斯曾经说过，“债券市场之所以强大，是因为他们是所有市场之本。信贷成本取决于基准利率，股票、房产以及所有资产类型的价值也取决于国债的基准利率。”中国债券市场大发展的同时，中国的利率市场化改革也在稳步推进。而债券市场正是中国利率市场化的排头兵。不仅债券的交易价格是买卖双方自由出价，国债和其他各类债券的发行现在都采用了招标发行的方法，利率完全是根据市场的供求随行就市。因为其风险几乎为零的原因，中长期国债的收益率已经成为基准利率，其他各类各期限贷款可以在基准利率的基础上加上一定的风险溢价。国债回购利率则和短期的基准利率关系非常紧密。中国人民银行也越来越熟练地运用国债和央行票据等工具，进行正回购和逆回购，调节货币供应量，以实现既有的货币政策目标。

利率作为资金的对内价格，是一个非常重要的经济指标。适当的利率水平不仅可以促进经济的发展，也有利于社会财富的合理分配，增进社会和谐。与此同时，利率与货币供应量一道也是中央银行实现货币政策的最重要的中间目标，是实现经济增长、物价稳定、就业充分和进出口平衡最终目标的最重要的，也是最有效的货币政策手段。斯坦福大学的约翰·泰勒于1993年根据美国货币政策的实际经验，而确定的一种短期利率调整的“泰勒规则”不仅适用于美国，对中国也是有很重要的参考价值的。

经济过热和通货膨胀是一对双胞胎，如影随形。世界上几乎没有哪个国家没有尝过通货膨胀的苦头。上世纪80年代，美联储主席保罗·沃尔克利用利率工具对抗通货膨胀的成功经验后来广泛地被各个国家的中央银行学习和推广。我国自从改革开放以来也经历过4次比较大的通货膨胀，其中上世纪90年代中期，朱镕基副总理利用利率杠杆，辅之以其他各项措施治理通货膨胀和经济过热，并成功地使中国经济软着陆的经验给人们留下了深刻的印象。

美联储前主席格林斯潘曾经说过，国债收益率是远期通货膨胀的预期。也就是说，通货膨胀的预期的变化会导致中长期国债价格的变化。由于所有债券乃至所有存贷款都与国债收益率密切相关，中长期国债的价格随通货膨胀预期的变化而变化也意味着所有的债券或者存贷款的利益相关方都面临着利率变化的市场风险。居安思危，我国债券市场规模已经达到 25 万亿的水平，银行存款总额也已经突破 100 万亿元的大关。利率的市场风险的合理规避、分散和分担已经是摆在债券投资者、金融机构以及财务成本较高的企事业单位的面前。

在过去的几年当中，中国已经引入一些利率衍生产品，如债券的远期交易和利率互换等等，并得到了广泛的运用。在国际市场上得到成功的运用的国债期货也在紧锣密鼓地筹备当中。由于其名义标准券和多券种替代交收的巧妙设计，国债期货不仅是利率风险规避和久期管理的理想工具，也因为其成本低、效率高、流动性大的特点可以形成更加准确的基准利率。国债期货的推出也将有利于国债的发行，有利于我国国债市场的互联互通。

推出本书的目的是，在利率市场化的背景下让投资者了解国债的历史和利率市场化的背景、影响国债利率的几个因素，以及在通货膨胀的情况下，利率作为货币政策工具的扮演的重要角色。另外也简单介绍一下国债期货的意义以及国债期货的基本概念。

在本书写作的过程当中得到了中国金融期货交易所副总经理戎志平先生、董秘惠眉女士、国债期货小组负责人陈涵博士、市场部总监刘佳鑫女士等人的支持，以及叶国鹏博士、雍志强博士和赵海滨博士等人的鼓励，国债期货小组王玮、陈颖、叶军以及中欧基金黄伟博士和太平洋资产管理公司郁阳秋博士等人也提了许多有益的意见和建议，还有许许多多同事和朋友的支持，在此一并感谢！

目录

第一篇　国债的故事

第二篇　债券市场

第三篇　利率、通胀、货币政策

第四篇 利率市场化与国债收益率曲线

第五篇 利率风险管理

第一篇

国债的故事

也彻底解决了。

不过汉密尔顿的旋转门计划起初是被包括杰斐逊在内的民主党的领袖们所反对的，因为他们更希望联邦不要过多地干涉州的事务，以保持州政府的独立性，他们不希望联邦的影响过大。最后汉密尔顿用放弃把纽约作为美国的首都，将首都放在弗吉尼亚和马里兰州之间的区域来换取杰斐逊对国债“旋转门计划”的支持。

汉密尔顿还发现，只要能够稳定地发放利息，还能在投资者之间相互转让，很多国债持有者其实是不在乎国债的期限的。这也是为什么他后来发明“旋转门”制度，用长期国债取代即将到期的国债的缘故。国债“旋转门计划”很好地维护了国债在美国民众中的信誉度的同时，对华尔街最直接的影响就是大量可交易的证券突然涌现。当经纪人的金融业务开始增多时，他们需要一个固定的场所进行交易，自然就想到了将咖啡屋作为办公和聊天的场所。而一些更为成功的经纪人则为了适应新的业务需求，开始在他们办公室里举行定期的证券拍卖，并因此成立了纽约证券交易所。汉密尔顿本人也因为他的“旋转门计划”被美国民众誉为“美国金融之父”。

之后美国很多财政部长也都对美国国债的良好信誉作出过很多努力。比如美国第 4 任财政部长加勒廷任内，当国债在市场上的价格低于或者等于面值的时候，政府就将其回购。这样做维护了投资者的权益，同时也维护了国债的信誉。这也是为什么相对于公司债券来说，国债的利率是很低的。比如，中国政府对国债的投资者也是相当保护的。1993 年 7 月 10 日，在通货膨胀居高不下的背景下，中国政府决定将参照中央银行公布的保值贴补率给予一些国债品种进行保值补贴。2002 年 9 月 3 日，央行对当年发行的 30 年期的国债进行招标买断，买断的价格是 98.04，较前一日收盘价上涨 3.14

元。招标量为50亿元，加上之前一次买断，共计100亿元。为此财政可能会付出一定资金上的代价，但是维护了国债的良好声誉，可以使国债在未来的发行中能保持比较低的发行利率。对于财政部来说，总体上应该还是有利可图的。

美国1950年—1989年3年期国债利率

1950年	1951年	1952年	1953年	1954年	1955年	1956年	1957年	1958年	1959年
1.29%	1.63%	2.12%	2.28%	1.53%	2.12%	2.60%	3.39%	2.64%	3.82%
1960年	1961年	1962年	1963年	1964年	1965年	1966年	1967年	1968年	1969年
4.69%	3.42%	3.75%	3.37%	3.98%	4.02%	4.92%	4.61%	5.41%	6.17%
1970年	1971年	1972年	1973年	1974年	1975年	1976年	1977年	1978年	1979年
8.16%	5.23%	5.24%	6.32%	6.79%	6.90%	6.88%	6.49%	7.51%	9.19%
1980年	1981年	1982年	1983年	1984年	1985年	1986年	1987年	1988年	1989年
11.10%	12.91%	14.23%	9.98%	10.78%	10.29%	8.14%	6.42%	7.49%	9.11%

资料来源：悉尼·霍默、理查德·西勒《利率史》以上利率为截取每年2月份数字

1862年，美国内战期间，林肯政府财政部长柴斯在库克的游说下，出台了一个授权库克公司独家承销美国政府的债券的决定。1863年，联邦政府放弃发行绿背货币来融资支撑战争的做法，改为大规模发行国债。他没有采用传统的私下里向银行和经纪商出售债券的方法，而是革命性地通过华尔街向公众发售战争国债。库克怀着极大的热情，乐观的态度招募了2 500名销售人员——银行家、保险公司职员、社区管理人员等等，全身心地投入到了国债销售大战中去。库克无意间开创了公共关系与公共宣传的艺术，他以报纸、海报、传单等形式做大规模的投资者教育工作，用上帝、命运、责任、勇气、爱国主义情怀等所有的这些字眼召唤农民、商人、艺术家、资本家去投资国债。而南方邦联政府还继续被迫通过印刷总价值达17亿美元的没有后盾支撑的美元钞票，以满足战争的花费。北方联邦政府战胜南方邦联，从某种程度上来说也就意味

着国债战胜了滥发货币。北方政府的胜利也向美国人民证明了一件事：是否拥有华尔街，也是南北政府成败的一个关键。南北战争时期的华尔街生动地向世人展示了竞争力，阐释了金融体系在资源配置的作用，以及由此给社会带来的好处。而战争结束以后至今，华尔街也始终充分发挥着优化资源配置的作用，美国资本市场一发不可收拾，为工业革命、科技创新提供了源源不断的资金支持。

除了向公众推销国债，库克公司还推动财政部长柴斯和参议院谢尔曼共同提案——“国民银行制度法案”，建立新银行体系，改变之前分散的州立银行体系。取而代之的是全新的、集权的、更加有扩张倾向的银行体系。共和党参议院谢尔曼的一个重要用意就是建立一个强有力的中央政府，消灭州政府的地方主义，最终实现美国政治的统一化。新银行体系中的国民银行必须用巨资购买美国国债，每一家国民银行的纸币发行之前都必须拥有等值的美国国债作为储备，并存放在财政部。新银行体系将国债和银行的货币扩张紧密地结合在一起。1863 年州立银行还有1 466家，到了 1966 年就只剩下 297 家，国民银行逐渐占据了主导地位。19 世纪末，州立银行重新崛起，1907 年金融大恐慌再次说明国民银行体系在经济体急剧扩大的情况下显得尤为脆弱，1913 年美国联邦储备系统应运而生。[1]

汉密尔顿设计的美国国债的发行初衷是为了解决战争欠债和财政亏空问题。很多历史资料都证明，国债成为战争的支撑和推动力量。美国国债第一次急剧增长主要是在内战时期，战争的直接开支高达 52 亿美元。1860 年国债余额为 6 500 万美元，到 1865 年战争

[1] 默里·罗斯巴德《银行的秘密——揭开美联储的神秘面纱》第 220—227 页 清华大学出版社 2011 年9 月

结束后，增加到27.56亿美元，是1860年的43倍。1914年第一次世界大战爆发。1917年，美国参战，国会批准发行“自由债券”，威尔逊政府共募集到215亿美元急需的战争资金。巨额的国债意味着巨大的风险。美国政府都是有任期的。为控制日益增长的国债余额，防止政府过度透支的不负责任的行为，保障美国金融安全与国家信用，1917年国会通过《第二自由债权法》，设定联邦债务上限。2011年5月，闹得满城风雨的美国债务危机，就是因为美国政府的债务触及国会所允许的14.29万亿美元上限所造成。

第一次世界大战期间，美国的国债利率是2%，企业债的回报率是5%。美国财政部为了吸引公众购买国债专门发行所谓的“自由公债”。如果那些爱国的美国人想购买“自由公债”而又暂时没有资金，那么银行可以提供贷款，而收取的利息跟国债利息是一样的。“自由公债”的发行，既筹集了急需的战争经费，同时也激发了美国人的爱国和保卫自由的热情。美国政府的做法有点像马克·吐温的著名小说《汤姆·索耶历险记》中那位好吃懒做还调皮的小汤姆。他被姨妈逮到，要他粉刷墙壁。这是个苦差事。汤姆心生一计，他骗他的小朋友们，粉刷墙壁是一种荣誉、一种趣味、一种表演、一种难得的机会。全村的小朋友蜂拥而至，而汤姆呢？反倒是提出条件。小朋友们只有付出代价才可以拿刷子刷墙。结果呢，汤姆在阴凉的树下翘起了二郎腿，啃着苹果，大收各式各样的礼物。小朋友们不亦乐乎地边唱歌，边粉刷墙壁。

第一次世界大战莫名其妙地就开战了，很多国家甚至打了很久都还不知道战争的真正原因。开战一年以后，《纽约时报》刊登社论，要求交战各国向社会交代参战的理由。但不管怎么说，沙皇俄国是参战的一方，战争的军费开支全靠发行国债，而国债的购买者并不是社会大众，而是国家银行。这样就不可避免造成恶性通货膨胀，与参战前的1913年相比，十月革命胜利之时俄国的零售物价已经上涨33倍之多。[1]沙皇政府彻底失去了民心。城门失火，殃及池鱼。发生在巴尔干半岛的刺杀奥匈帝国王储的事件最后导致沙皇的倒台，十月革命的成功。

1918年1月21日，掌握政权的布尔什维克政府宣布不再履行沙皇时期所借的任何债务。1906年，俄罗斯曾经在法国发行总额为22.5亿法郎、年息5厘、50年期的国债。当初法国的国债几次三番违约，剃人头者也算是今日被人剃头。不过有趣的是，布尔什维克政府废除外债的宣言发表以后大约两年的时间里，巴黎市场上的俄罗斯国债的价格并没有大幅下跌，依然坚挺地维持在票面价格的50%—60%左右。原来，十月革命结束以后，苏维埃红军和德国、俄国内的白军，乃至协约国部队的交战仍然持续，很多人还心存侥幸，期待苏维埃政权有一天被颠覆，或者苏联政府撤回之前的宣言。而法国财政部居然还代偿了部分俄罗斯的利息，并允许俄罗斯国债的投资人用俄罗斯国债息票50%冲抵购买法国国债的费用。这可以说是一举两得，一方面法国的投资人的利益得到了部分的补偿，另一方面，如果你希望得到部分补偿，你得拿出同样金额的资金来购买法国的新国债。从当时的现金流来看，巴黎的俄罗斯国债投资者没有收回本息反而需要拿出更多的钱来买法国的国债。用小品“不差钱”里小沈阳的那句话来说“一个菜没点，我们还搭进去一个。”

那个时期跟法国投资人以及俄国有关的金融机构还有一家著

[1] 富田俊基《国债的历史》南京大学出版社2011年6月

名的银行，华俄道胜银行。1895 年（光绪二十一年）成立，资本金 600 万卢布，绝大多数的资金来自法国投资者，其余来自俄国。该银行主要业务是向清政府贷款。当时法国投资者的如意算盘，是把俄国人拉上，并将银行注册在圣彼得堡，就是担心哪天清政府债务违约，法国鞭长莫及。而俄国因为跟中国是邻居，随时随地可以大兵压境。只是没有料到，清政府刚刚倒台，沙皇俄国也寿终正寝了，而新建立的布尔什维克政权立即将这家银行在俄罗斯的资产收归国有。1926 年，命运多舛的华俄道胜银行也只好无奈地于风雨飘摇中在巴黎关门大吉。

解放前的国民政府也曾经因为战争发行过国债。例如，1937 年“八一三”事变后开始发行的救国公债，一共发行了六期，总共筹集金额达 30 亿元，其中海外华侨认购总额达到 1/3 以上。1942 年抗日战争进入到第五个年头，国民政府为了解决日益膨胀的财政需求，用美国对华 5 亿美金贷款中的 1 亿美元作为基金，在西南、西北地区发行“同盟胜利美金公债”。一美元折合国币 20 元。实际发行大约5 000 万美元左右。

二战期间，战争耗费了美国空前的军费开支，国债以战争债务的形式存在，源源不断地支援着空前庞大的战争机器的运作。到战争结束的 1946 年，美国国债占 GDP 的比重高达 122%，1939 年至 1945 年，国债上限从 450 亿美元一路推高到 3 000 亿美元，徒增近 7 倍。杜鲁门和艾森豪威尔时期，经济政策是成功的，有一半年份的财政是盈余的，债务的增长速度也控制在一定的范围内。而 1961 年到 1975 年间，美国国债平均以每年 170 亿美元的速度在加快增长，这其中，越南战争是最主要的因素。越战期间，美国国防支出占 GDP 高达 9%，美国财政赤字大幅增加，不得不大幅举债。这样就造成了通货膨胀，世界各国对美元产生信用危机，最后导致布雷顿森林体系崩溃。[1]

李敖曾经在他的《李敖有话说》的节目里讲过一个笑话，我国建国初期，在经济非常困难的情况下，向苏联老大哥发去电报，请求援助一些土豆。不久收到老大哥回电：土豆没有，请自己勒紧裤腰带。收到苏联老大哥电文以后，我们又赶忙再发一封回复电报：那么请援助裤腰带。

当然这只是一个笑话，调侃我国建国之初物质紧缺的状况。相信我国并没有给苏联发过这样的电报，苏联也没有给我们运裤腰带。不过苏联倒是在1958年至1960年间，我们已经遭受自然灾害的情况下向我们逼债。而当时全国上下正好陷入大跃进、浮夸风不能自拔，以为能三年超英、五年赶美，所以原本已经没法满足基本需求的农产品最后都被运到苏联去抵债。国内的老百姓遭受了非常大的困苦。所谓三年自然灾害是一个特殊的历史时期发生的悲剧，值得人民再三反思，永远都不能重蹈覆辙。既不能打肿脸装胖子搞浮夸风，也不能过度借债，更不能因为还债而忽略老百姓的基本需求。

不妨发挥一下想象力，某天下午，你在电视上看到美国总统奥巴马正在对亿万美国民众发表演说——亲爱的美国同胞们，今天有一个好消息，一个坏消息。好消息是新的国债限额被国会批准了，坏消息是政府决定对美国普通民众大幅加税。那些仍然没有失业的人，将为此支付更高的个人所得税；政府将全面削减社会福利，仍然没有实施的各种福利措施将彻底取消；我原先制定的所有计划，包括全民教育、医疗保障、自主能源，所有这些计划将无限期搁置。因为中国人

[1] 戴维来“追溯美国国债之谜”《国际融资》2011年10期

要我们还钱！我们借的实在是太多了，全世界妇孺老幼皆知。欠债还钱，天经地义。所以我们必须勒紧裤腰带给中国人还钱！

有人辞官归故里，有人星夜赶考场。有的国家会想方设法逃避国债，有些国家却为了保证国债按时兑付，煞费苦心。实际上，勒紧裤腰带还债的事情在美国很难发生，真的有一天美国国债发不出去，或者是美国国债还不上了，美联储会开动印钞机，全盘接收。实际上量化宽松就是这种模式。用货币贬值的方法不动声色就把债务问题解决了。而其他不能通过印钞票解决债务问题的国家，如希腊、俄罗斯和阿根廷等国家所做的都是部分违约，实行所谓的债务重组，打个对折对债权人来说已经千恩万谢了。让老百姓过苦日子，节约资金来还债的在国际上比较少见。

东山老虎吃人，西山老虎也一样吃人。我国是因为背上苏联的债务而被迫勒紧裤腰带，经历了所谓的三年自然灾害。而上世纪70、80年代，罗马尼亚则是因为要归还西方的债务过了十年左右的紧日子。上世纪70年代罗马尼亚大量引进外国工艺技术，发展钢铁、化工、石油、机器制造等工业，为此大量举债。1971年罗马尼亚外债达12亿美元。1975年后，世界能源危机，油价飞涨，罗马尼亚能加工3 500万吨原油的石化工业，2/3的原料仍要依靠进口，而产品出口又由于质量及其他原因难以进入国际市场，贸易逆差严重。1981年外债高达100多亿美元，其中多为短期贷款。外债危机已迫在眉睫。

受世界经济形势的影响，1980年开始罗马尼亚经济每况愈下，经济发展速度急剧下降到2.5%，从此开始走下坡路。1980～1981年连续农业歉收，粮食短缺，居民定量供应。但罗马尼亚共产党并没有及时从根本上调整政策，而是用勒紧裤腰带的办法，力图通过限量供应商品，抑制消费增长，尽可能维持经济的增长。齐奥塞斯库曾派一专家组到中国“取经”，学习各种生活必需品限量凭证供应的办法。专家建议及时抑制通胀，降低增长指标，暂停还债。齐奥塞斯库不听劝阻，执意要在1990年之前还清全部外债。1981年齐奥塞斯库施行“紧缩计划”，希望通过出口和国内食物与燃料配额供应来偿还国债，导致出现全国性的国民营养不良和婴儿死亡现象。

不过齐奥塞斯库本人的生活倒是没打什么折扣，继续享受着豪华游艇、定制服装和Constantin Artachino等罗马尼亚艺术家的作品，还有戈雅的版画。在民生凋敝的困境下，齐奥塞斯库还不吝国情，不惜民力，竟然大兴土木，搞起“形象工程”，劳民伤财。例如1984年竣工的多瑙河-黑海运河耗资数十亿美元。该工程宏伟可观，但毫无意义。再如1984年开工的“人民宫”等庞大建筑群，占地面积达33万平方米，是仅次于美国五角大楼的世界第二大宏伟建筑。花费20多亿美元，到1989年剧变时还未完工。1989年冬天，每户居民每天只有300克面包，饥民遍地，怨声载道。九年突击还债给罗马尼亚人民带来的危害超过了任何一场自然灾难，正是这一点——为求高速发展而大量举债，而又咬牙还债，使齐奥塞斯库彻底丧失了人民的支持，也最终丧失了自己的生命。[1]

[1] 徐鹏堂“罗马尼亚共产党丧失执政地位的原因及教训——访中国前驻罗马尼亚大使陈德来”《中共党史研究》2006年第1期

第二章

世界各国债台高筑的原因探究

一、适宜的国债规模是多少?

西方人喜欢说，好奇害死猫。这个谚语说的是猫不知道树梢到底能够承受自己走多远，并对此产生好奇。于是，沿着细小的树枝去尝试，最后因为树枝断裂而摔死。一个国家究竟负债能力有多大?到底应该发行多少国债为宜?到目前为止，也没有一个经济学家能完完全全说清楚。但是共识已经形成：我们正逐渐接近那个未知的数字。哈佛大学罗格夫教授曾经忠告我们，“没有人确切知道多高才算极限，但在复杂的问题面前，我们决不能失去常识，常识就是你正在一条通往地狱的道路上越走越远。”

实际上，经济学史上对国债的作用和数量一直以来有相反的两派意见。古典经济学家们大多数主张国家发行国债要有节制，甚至反对国家发行国债。认为国家应该量入为出，主张政府无为而治，经济自由。英国的经济学家大卫·休谟有句名言：“国家不消灭国债，国债必然消灭国家。”亚当·斯密支持休谟的观点，主张建立“低成本政府”。斯密认为国债实际上助长了战争，鼓励了奢侈。国家不能按时足额偿还国债更是对无辜百姓的剥削。斯密还将国债与税收相比较，得出的结论是，税收只是将人民的收入的一部分转为政府开支，它可能会障碍新资本的形成，而国债则是将产业资本用于非生产性项目，不仅可能妨碍新资本的形成，还会减少现存资本。李嘉图主张政府应该用财政结余设立偿债基金，这样可以保证国债本息的偿付，也能保证产业资本的来源。

马克思对政府发行国债也持古典经济学家们同样保守的态度。以马克思主义为指导思想的我国政府当然也是希望建设一个节约型政府，比如温家宝总理在十届全国人大五次会议上所作的《政府工作报告》中就有这样的叙述："当前一个重要任务，就是要解决一些行政机关存在的严重铺张浪费问题……要严格控制行政机关新建、扩建办公大楼，严禁建设豪华楼堂馆所，切实规范公务接待行为，堵塞管理漏洞，努力降低行政成本，建设节约型政府。"不过从媒体上却不断曝光一些地方政府违背中央三令五申的精神，铺张浪费，建设大量高级的政府办公楼[1]，大型的华而不实的广场等等，看来实现建设节约型政府的初衷还任重道远。

英国经济学家凯恩斯的观点跟古典经济学家相反，他主张在有效需求不足的情况下，政府干预经济，政府应该运用财政政策熨平经济周期波动，主张发展公共工程事业，以吸收广大的失业劳动力。提倡运用财政政策实现经济稳定，而政府举债是实现经济稳定的主要手段。美国经济学家萨缪尔森坚持和发展了凯恩斯的观点，主张不仅在经济衰退的时候要扩大政府支出，实行赤字预算，在经济上升时期也应当推行赤字预算，而且国债可以随着

[1] 2012年12月12日，《北京青年报》"济南市政府大楼仅次于美国五角大楼遭热议"一文报道，济南市政府办公大楼龙奥大厦，位于济南经十东路奥体中心，建筑面积37万平米，造价40亿，里面走廊周长为1公里，有40多部电梯，光电话和电脑信息点插座就有45 000个。成为全世界排在五角大楼之后的单体办公大楼第二位。

经济的发展不断增长。萨缪尔森认为，国债有三种作用，弥补财政赤字，刺激投资和消费，是央行公开市场业务的工具。他主张发展内债，认为外债可能是真正的负担。他跟凯恩斯一样主张国债用来进行投资，而不是消费和发放福利。他曾经说过，“1970年看来是一笔庞大的债务，在今天看来已经微不足道的。我们的儿子认为是巨大的债务，会被我们的孙子看作是不重要的事情。”[1]

不过，哪怕是美国国债的创始人汉密尔顿也都认同，如果要想让国债为国民造福，那就要保证妥善管理的国债不能过度。国际上衡量国债规模的指标主要有：

1. 国债负担率 = 当年国债余额/年度 GDP；

2. 借债率 = 当年国债发行额/GDP；

3. 国债依存度 = 当年国债发行额/财政支出；

4. 偿债率 = 还本付息额/财政收入。

前两个指标是着眼于国民经济大局，后两个指标是从财政收支的角度来考察国债规模。哈佛大学经济学教授、国际货币基金组织（IMF）前首席经济学家肯尼斯·罗格夫在其最新论文《债务十年》（*A Decade of Debt*）中警告称，发达经济体的平均公共债务占 GDP 比例最近几年已经上升至二战以来的最高水平，超过了一战和大萧条时期的最高点。一些最新的数据足以令人胆战心惊：国际货币基金组织 2012 年 10 月发布的《财政监测报告》显示，2011 年全球政府债务总额占 GDP 比例已达 79.9%，其中发达经济体高达 105.5%，新兴市场为 37%。

[1] 刘维奇、范文博《读懂国债这一课》第 27—36 页 人民邮电出版社 2009 年 10 月

政府债务余额占 GDP 百分比

国家或地区	政府债务余额	占 GDP 百分比	国家或地区	政府债务余额	占 GDP 百分比
美　国	15 222.94	99%	中国台湾地区	157.48	35%
德　国	2 714.75	82%	加拿大	1 241.44	84%
法　国	2 141.20	86%	新加坡	45.57	18%
意大利	2 459.17	120%	巴　西	917.34	41%
澳大利亚	408.10	30%	俄罗斯	147.58	9%
英　国*	1 807.88	80%	印　度	781.86	52%
韩　国*	228.61	23%	南　非	129.69	36%
日　本	12 472.53	205%	中　国	1 157.80	16%

资料来源：彭博资讯　单位：10 亿美元　*除英国、韩国采用 2010 年数据外，其余国家均采用 2011 年数据

从表中我们可以看到，以美国日本为代表的经济比较发达的国家，国债与 GDP 的比例相当高，日本的国债余额是 GDP 的两倍还多，而金砖五国国债余额相对 GDP 比重并没有那么大。这主要是因为，任何国家都必须有基本需求，无论发达国家还是发展中国家，基本需求是刚性的。即使在极端的情况下，GDP 必须先满足社会基本需求。只有满足了基本需求之外的“闲钱”才能用来还债。像中国三年自然灾害期间，坚守信用，勒紧裤腰带偿还苏联外债的情况在国际上并不多见。除此之外，巴西国债余额相对较低的一个重要原因是，巴西在上世纪 80、90 年代曾经长期处在恶性的通货膨胀阴影笼罩下，但近年来经济发展迅速，所以利率相对较高，债务市场发育困难。俄罗斯曾经经历过债务危机，现在经济不错，财政状况良好，普京甚至声称要消灭赤字，所以也没有很高的债务。而中国一方面因为国债重新面世不过 30 年左右的时间，另外一方面，我国除了财政部国债以外，还有其他类国债的债券，比如央行票据，不在统计之列。如果把这些债券也算是国债，那么中国国债的余额的数量会更多。

国债规模是赤字不断累计的结果。如果国债规模过大，不仅可能引发债务危机，也有可能成为通货膨胀的诱发因素。如果国债总规模不是很大，但是国债结构不合理；或者目前国债规模还不是很大，但是人们对未来的经济有负面的展望，这都有可能导致债务的危机。就像俄罗斯 1998 年的债务危机之前，国债规模占 GDP 的比重并不是非常大，但是因为公众预期俄罗斯联邦政府无法负担未来的国债利息；阿根廷 2001 年货币贬值之前，国债占 GDP 的比例不高，货币贬值以后，比例迅速上升，最后债务危机爆发。

所以，实施合理的国债政策类似于预算约束，包括保持国债的规模，合理的期限结构，利率水平以及保证投资者的稳定预期都是政府财政部门的重要任务。目标是实现良性的国债发行和偿付机制，长期的经济稳定和减少通货膨胀的威胁。应该说，从目前的效果看，美国和日本的国债发行的管理相对比较稳定合理。但是，也不得不承认，即使是美日这样的看似稳定的国债市场，也存在一定的隐忧——那就是国债总体规模过大，因为基本上没有利用税收建立偿付基金的安排，国债的本息基本上要靠发行新的国债，以新养旧，借债还债。这样的后果就是国债规模越来越大。究竟是什么原因导致这些国家的国债规模如此之大？

进入 1930 年代，在大萧条的背景下，各国摆脱了金本位制的枷锁，不是以黄金，而是以国债作为担保发行货币。这样一来，中央银行的一举一动，对货币的价值和国债价格都会产生很大影响。即使没有黄金作为发行货币的储备，人们也不希望政府可以肆无忌惮地发行钞票。有时候，即使管住了钞票的发行，还是有可能会出现滥发国债的状况。美国政府为了第一次世界大战有足够的资金保证发行了大量的国债，同时国会也从 1917 年开始给美国政府发行国债设定了上限。仅仅从 1960 年至今，美国总共上调债务上限 78 次，平均每年上调次数超过一次。本世纪就 10 次上调了债务上限。截止 2010 年底，美国债务余额相对于 2004 年年底已经翻番。

二、债台高筑是部分政治人物不负责以及民众短视所致

民主制度从公元前 5 世纪在希腊雅典的推行到现在世界各国的广泛采用，已经超过 2 500 年了。在这个过程中民主制度也在不断发展和演化。民主制度作为人类文明的一部分，对人类文明的发展起到了非常重要的作用。在当今世界，民主制度已经被整个社会所认可，但是并不表明民主制度没有自身的缺陷。就像每个硬币都有正反两面一样，即使是 2 500 年后的今天，民主制度也还存在很多可能被一些不良政客用来投机钻营的漏洞，或者被一些别有用心的总统用来欺骗和愚弄短视的人民。仔细研究各国发生债务危机的深层次原因，我们会发现跟这些国家的政治制度有很大的关系。

英国的政治家邱吉尔曾经说过，“民主也许不是一个完美的解决之道，但是已经是最坏的当中最好的了。”华为总裁任正非在他那篇著名的《华为的冬天》的文章里有这样一段话：“什么叫领导？什么叫政客？这次以色列的选举，让我们看到了犹太人的短视。拉宾意识到以色列一个小国，处在几亿阿拉伯人的包围中，尽管几次中东战争以色列都战胜了，但不能说 50 年、100 年以后，阿拉伯人不会发展起来。今天不以土地换和平、划定边界，与周边和平相处，那么一旦阿拉伯人强大起来，他们又会重新流离失所。要是这样，犹太人再过 2 000 年还回不回得来，就不一定了。而大多数人，只看重眼前的利益，沙龙是强硬派，会为犹太人争得近期利益，人

们拥护了他。我终于看到一次犹太人也像我们一样的短视。”[1]在选举的制度安排下，短视是常常不可避免的事情。候选人常常会利用选民的盲目和贪图小利的心理抛出一些诱饵，从而达到执政的目的。最典型的一个案例就是2001年加拿大BC省议会换届选举。谋求省长职位的BC省自由党党首坎贝尔提出一个竞选承诺，如果他和他的政党当选执政，他将豁免所有因为超速驾驶而需要缴付的全部罚单，并撤除路上监视超速的所有摄像头。最后坎贝尔和他所在的政党成功当选。

正是基于民主制度下政治职务任期短暂背后的某些缺陷，汉密尔顿曾经建议华盛顿总统终身制，参议员也应该实行终身制，避免这些政治人物为迎合大众需求而推行短视的政策。比如，今天痛痛快快不计后果地花钱，续任乃至后代日后就要加倍为这些错误埋单。在争取总统终身制无果以后，他转而希望各部门部长等行政主管官员的任期更长，能够跨过总统任期，这样他们在工作中就会将眼光放得更加长远。汉密尔顿怀疑经常面临选举考验的政客们不会为社会利益做出长期而必要的牺牲，往往会迎合选民做出民粹的承诺。汉密尔顿关于终身制的建议在政治上当然无法接受，但是对于研究任期制所带来的后遗症还是很有启发的。华盛顿虽然信任汉密尔顿，但是在任期的问题上并没有接受汉密尔顿的建议。

不过汉密尔顿至少预见到今天我们常常会看到的一个现象：有一些政治人物为了能够上台执政，或者已经上台以后为了过上短暂的好日子，就出台一些没有远见的财政政策，还有一些政治人物或者不计后果地为了某个集团的利益而对国家的整体情况不加以考

[1] 任正非《华为的冬天》

虑。比如众所周知，美国共和党和军火集团的关系相对比较密切。小布什总统在任之时，迪克·切尼在担任他的副总统职务之前就是美国最大的能源服务和战争服务提供商之一哈里伯顿公司的 CEO。伊拉克战争期间哈里伯顿子公司 KBR 向五角大楼收取 41.8 亿美元费用，并提供战争后勤服务。哈里伯顿公司还在伊拉克取得百亿美元计的油田服务合同。瓜田李下，没法不让人怀疑伊拉克战争跟美国当时的政府高层以及军火商、石油集团有千丝万缕的联系。

小布什总统为了让当时的美联储主席格林斯潘能配合他的财经政策，任命格林斯潘的好朋友，美国铝业公司 CEO 保罗·奥尼尔担任其第一任财政部长。根据由前《华尔街日报》记者、获得美国普利策奖的新闻工作者朗·萨斯金德所写的《忠诚的代价》一书，很多重要财经决策都是副总统切尼拿主意，而布什很乐意做一个甩手掌柜，对经济政策很不上心，大小事情都懒得过问。2002 年末，财政部长奥尼尔给总统做报告，指出美国将会面临 5 千亿美元的赤字。报告建议大幅加税，大幅削减支出；为了保障美国的下一代，这两个措施都是不能避免。而实际上，布什总统要做的事情恰恰相反。布什正准备进行的是大规模的减税，而不是加税。奥尼尔在跟切尼讨论预算的时候跟切尼说，不断攀升的预算赤字将会严重威胁经济的长期稳定。切尼打断他的话说，“保罗，你知道的，里根总统早就证明财政赤字不是什么麻烦，”他继续说道，“我们刚刚赢得了中期选举，这是我们应得的。”一个月之后，切尼就让说出不合时宜的真话的奥尼尔辞去了财政部长的职务。

天下没有免费的午餐，布什、切尼大手大脚花在军火、战争上的钱，都得由美国人民和美国财政来为之埋单。问题是，很多政客跟小布什和切尼的心态是一样的，我赢得了选举，我得回报我的选民；我要继续选举，我得贿赂我的选民。真的搞砸了再说。路易十五就曾经说过："我死后哪管洪水滔天。"

在美国对国债设立上限以后，也有很多国家对国债发行进行制约。例如，二战后的日本和德国都对国债发行进行了制约，禁止中央银行认购国债。中国在 1995 年第一次颁布的《中国人民银行法》就规定，中国人民银行不得对政府财政透支，不得直接认购、包销国债和其他政府债券。不过，这不会妨碍政治人物玩弄权术，为了实现团体的小利益，而将国家置于庞大的国债的堰塞湖下。以日本新任首相安倍晋三为例，他以改革为借口，向日本央行行长施加强大压力，使其最终宣布将通胀目标从 1%提高到 2%，从 2014 年 1 月起通过开放性资产购买计划追加流动性注入。安倍的如意算盘是，有了央行资产购买的通道，日本政府的国债发行可以如滔滔江水，无穷无尽了。

三、美国债务问题的由来

早期的美国颇有清教徒的精神，量入为出，国债数量并不大，且每次增长都与战争有直接关系。因为独立战争，美国于 1791 年有国债 7 500 万美元，到 1835 年基本还清。因为南北战争，国债在 1860 年仅仅才 6 500 万美元，到 1865 年战争结束增加到 27 亿美元，随后逐步回落，到 1899 年余额不到 20 亿美元，占当时的 GDP 约为 10%。

在 1929 年大萧条之前，美国虽然也出现过经济危机，但总体上来说经济自由发展，政府无为而治，基本上没有很大的波澜。1929 年大萧条发生以后，股市暴跌，大批银行倒闭，企业关门，失业率猛升。1933 年罗斯福签署《联邦紧急救济法》，开始由联邦政府为失业者提供直接救济或工作救济，这标志美国社会福利制度的诞生。1935 年罗斯福又签署《社会保障法》，以老年保险、失业保险和向老年人、盲人、需赡养的儿童以及其他遭遇不幸者提供援助为主要内容，这两个法案的颁布实施是美国政治和社会发展史上的一个里程碑，宣告了美国现代社会福利制度的诞生，确立了社会福利制度的基础框架和发展方向。1964 年约翰逊总统提出“伟大社会”计划，宣布无条件地“向贫困开战”，社会福利制度的扩张达到了顶峰，这一时期通过了《经济机会法》、《食品券法》、《医疗照顾法》、《高等教育法》等上百项社会福利立法，其势头超过了新政时期。[1]民主党大规模致力于社会福利，对中下层的老百姓来说当然是福音，有利于社会的和谐，但是不得不承认，福利政策给财政也带来了很大的压力。不过，对民主党来说，现实的好处就是这些福利政策给民主党带来了大批的忠实的支持者和选票。所以从 1933 年罗斯福执政到 1981 年里根上台之前的近 50 年时间当中，绝大多数的时间都是民主党执政。庞大的福利开支，再加上约翰逊总统上台以后越战的扩大化，美国国债的规模大幅度增加。这为后来的布雷顿森林体系的崩溃以及上世纪 80 年代的滞涨埋下了祸根。

里根上台以后，实行了著名的里根经济学。里根经济学的核心是货币主义和供应学派，尤其是后者。供应学派认为“供应可以创造需求”，其中心内容就是大幅度对企业和个人减税，这样就使企业有更多的资源来投资，个人也有更多的资金可以消费。里根时期，人们的消费方式出现了新的趋势，越来越依赖信用卡和抵押贷款，人们不再以负债为耻，不再以负债为累，“负债”成为一种崭

[1] 许宝友“美国社会福利制度发展和转型的政治理念因素分析”《科学社会主义》2009 年第 1 期

新的生活方式和人生理念。人们想到，国家可以无节制负债，个人有何不可？房地产按揭贷款还可以直接抵税，也是政府鼓励消费的一个重要举措。全美上下，寅吃卯粮。这样的背景之下，共和党的减税政策跟大量的中产阶级的利益相吻合。共和党通过鼓吹要逐步消减罗斯福时期过高的所得税，毫无悬念地获得了中产阶级的好感。

里根还大量增加军费开支，与苏联展开激烈的军备竞赛。一方面减税，另一方面又增加支出，里根改革的同时为美国留下财政和经常性项目双重高赤字的新问题。里根政府的8年，美国的国债余额从1981年的1万亿美元涨到1988年的2.6万亿美元，达到了高峰。债务总额占GDP比重从20世纪70年代末期的26%上升为1988年的51.9%。里根总统在两个总统任期内所增加的债务额超过了此前200年间美国所有总统所积累的债务总和，创下了美国国债历史上的又一个记录。里根的遗产就是美国从世界最大债权国步入最大债务国[1]。

老布什总统竞选的时候，最有名的一句竞选口号就是："读我的嘴唇，不会加税。"（Read my lips，no more tax.），虽然已经是世界上最大的债务国了，共和党的布什还以不加税作为竞选的卖点，一方面让大家多留点钱自己花，一方面摆出一副非常亲民的形象，好像挺为中产阶级着想，在外表上占领道德的高地。当然老布什总统最后并没有兑现他的竞选承诺，最后还是在民主党国会的施压下进行了加税，以削减每年以11.8%的速度增长的国债，一定程度上控制了国债的过快增长。而1992年布什总统最后竞选连任失败有一

[1] 戴维来"追溯美国国债之谜"《国际融资》2011年10月

个比较重要的原因，就是不加税的支票跳票后，保守集团另外跳出一个得克萨斯州亿万富翁裴洛以独立候选人身份参选。裴洛主打老布什总统不加税的承诺没有兑现，得票率高达 18.9%。原先支持老布什的保守团体的选票被裴洛吸走大半，老布什只获 37.7%的选票，这使得仅获 43%选票的克林顿坐得渔翁之利，赢得白宫宝座。

1992 年，克林顿政府上台，把削减联邦赤字摆在优先地位。为此，克林顿决心在布什 1990 年与国会达成削减赤字 5 000 亿美元的目标的基础上再削减赤字 4 930 亿美元。克林顿总统在财政赤字这个问题上表现出一个负责任的政治家应有的品德。竞选纲领中就提出财政赤字减半的计划，上台后为了实现这个目标不惜跟国会内部一些既得利益者进行斗争。根据格林斯潘回忆录的描述，大多数国会议员因此对克林顿恨之入骨。严格的财经纪律是对美国人民负责任的表现，却断了国会里那些职业政客的财路，所以他们在克林顿总统的 8 年任期里千方百计找他的麻烦，从一开始的白水门事件到后来的拉链门事件都有小题大做之嫌。

克林顿实施新自由主义经济政策，美国进入了一个高增长、低通胀、低失业率的“新经济”时期。2000 年，国债余额 5.6 万亿美元，仅比上年度涨了 0.32 个百分点，这是肯尼迪总统以来国债涨幅最低的一年。从 1993 年上台到 2001 年交棒，克林顿治下的美国政府债务占 GDP 的比重由 49%下降到 33%[1]。但是其中也有曲折，这就是 1995 年美国中期选举之后，共和党控制了国会参众两院，克林顿政府遇到了号称史上最敌意的国会，当年两党围绕年度预算与国债上限问题，针对要不要将国债限额提高到 5 万亿美元发生激

[1] 托马斯·弗里德曼、迈克尔·曼德鲍姆《曾经的辉煌》湖南科学技术出版社 2012 年 9 月第一版

烈对抗，最终谈判破裂，结果上演了美国有史以来第一次联邦政府两度关门的场景，至今令人难忘。当时任美国财政部长的鲁宾在回忆录《在不确定的世界》中描述道，政府为了继续工作，推迟政府关门时间，还挪用了两大基金的款项，导致共和党恼羞成怒，甚至对鲁宾进行人身攻击。

2000 年大选中公开打出“富有同情心的保守主义”旗帜的共和党人小布什总统上台后，发动了阿富汗战争和伊拉克战争两场战争，加上遇到了互联网泡沫破裂和安然事件，以及 2008 年的次债危机等严重的金融危机，走上了滥发货币、滥用全球铸币权之路，向外国转嫁危机。在老布什总统时期，由于美联储主席格林斯潘没有配合政府放松银根，老布什总统一直耿耿于怀，认为这是没能成功连任的重要原因。他还曾跟人抱怨过，我让他连任了，他没有让我连任。

奥巴马 2009 年上台之时，美国国债占 GDP 的比重上升至 84.2%。布什政府的次债危机的残局，再加上民主党大政府的政策，导致美国国债占 GDP 的比率超过了 90%，逼近 100%。为了解决这些问题，2011 年七八月间，民主党和共和党再次联袂演了一出国债上限危机的戏码。虽然双方最后以握手言和收场，却让世界为之虚惊了一场。奥巴马政府做了一件美国历史上从来没有，也是克林顿时期想做而没有做成的事情，那就是通过了全国性的医疗法案。法案首次明文规定，几乎所有美国人都应在 2014 年前拥有医疗保险。对于年收入低于43 320 美元的个人和低于 73 240 美元的三口之家，联邦政府将给予医保补贴。毫无疑问，这个大手笔的医疗法案无疑会使美国财政状况雪上加霜。一方面这也是民主党的一贯理念，另一方面，也是对共和党公然用减税的政策对中产阶级进行竞选买票的积极应对。

美国在加入第一次世界大战之前，并没有对国债上限进行约束。法律上确定美国国债上限始于 1917 年为一战融资的“自由债券”。在那个法案中规定，美国联邦政府债务的最高限额必须由国会限定。1941 年至 1945 年，美国国债最大规模限制在3 000 亿美元。二战结束后，由于财政收支状况好转，一直到 1962 年，才接近3 000 亿美元的水平。但 1963 年约翰逊总统上台以后，一方面在国内大兴土木，另一方面在国外卷入旷日持久的越南战争，致使美国财政赤字严重。美国国债上限被迫一直提高，国债上限占 GDP 的比重不断上升。上世纪末，克林顿执政时期，美国经济经历了高增长、低通胀、低失业率的“新经济”时期，财政出现盈余。1998 年和 1999 年，美国财政盈余分别为 690 亿美元和 1 230 亿美元，由此，美国财政部开始在市场上净额清偿国债，国债余额下降，进而使其占国民经济和资本市场的份额下降至 40%—50%。进入新世纪以后，由于互联网泡沫破裂，以及“9·11”事件的影响，在此后的 8 年里，两场代价高昂的战争、针对超级富豪的减税以及经济衰退，令这些盈余消耗殆尽。美国财政的盈余转为赤字。2008 年金融危机后，经济急转直下，税收大受影响。奥巴马敦促国会通过的7 000 亿美元刺激计划，将财政赤字推高至经济总产出的 10%以上。2000 年至今，美国共计上调债务上限十多次，美国国债上限在 2010 年设定在 14.29 万亿美元，占 GDP 的比重达到 92.1%。

而到了 2011 年 5 月 16 日，美国政府已达到了法定的债务上限 14.29 万亿美元。在提高国债上限的政治较量中，美国共和民主两党为了增税和减少政府开支相持不下，而一度出现的僵持局面，令世界各国对美国债务是否会出现违约或者美国政府出现类似克林顿时期的短暂关门而担心。虽然在 2011 年 8 月初两党最终达成妥协，但是，国际评级机构标准普尔在随后的 8 月 6 日突然宣布调低美国长期主权信用评级 AAA 至 AA+，这是标普百年来首次下调美国信用评级，从而引发美国债务危机。美国债务危机虽然最后有惊无险，但是美国联邦政府的债务余额过大的问题依然没有任何缓解的迹象。美国国会预算办公室（CBO）2010 年就发出警告称，到 2021 年，联邦政府的债务总额可能达到美国经济年产值的 100%，而到 2035 年，可能达到近 190%。美国过高的国债余额永远像悬在世界经济头上的一把“达摩克利斯之剑”。

实际上，美国的情况可能会进一步恶化。在 1946—1964 年出生的美国人，也就是所谓的婴儿潮时期出生的 7 800 万人，已经迈入退休的年龄。这将意味着政府在社会保险及医疗保险两大福利项目上的花费急剧增加。预期仅仅 2010—2020 年十年里这两项福利支出将分别增加 70%—79%。到 2050 年，政府将在婴儿出生和医疗保险方面花费美国 GDP 的 18%。在未来几十年内，美国需要为婴儿潮一代的退休支出与政府以现行税率征收的税款之间存在缺口，而这一缺口的实际规模尚不得而知。有经济学家预计可能会达到 50 万亿至 75 万亿美元，如果放任不管，那么这一缺口必然会持续扩大[1]。如何解决这个问题考验着美国政治家的智慧。

民主党的福利政策需要政府大规模的开支；共和党的国防开支也会消耗大笔的国库资金，减税政策要减少政府的很多财政收入。

---

[1] 托马斯·弗里德曼、迈克尔·曼德鲍姆《曾经的辉煌》湖南科学技术出版社 2012 年 9 月第一版

不管是民主党的政策，还是共和党的政策，最后的结果就是财政收入越来越少，财政支出越来越多，赤字越来越大，国债越来越多。无论是增加税收，还是减少福利支出，都会得罪一个很大的群体，在政治上都是得不偿失的，两党自然对这样的政策敬而远之。用里根时期的美国总统经济顾问赫伯特斯坦在《美国总统经济史》里所说的，总统选举就是“许诺每个人好处，而又不需要任何付出”，世界上哪有那么好的事情?

这就是美国债台高筑的根本原因。

四、高高在上的日本国债比率

日本二战时期曾经大量发行“战争国债”，并因此导致严重的通货膨胀。战后，日本在反省战争的同时，也反省国债在战争中起的是助纣为虐的作用。战后初期，日本政府以“健全财政”为方针，遵守预算平衡的原则，奉行不发行赤字国债主义。1947 年，日本制定了《财政法》，其中明确规定：除了用于基础设施建设的“建设国债”之外，国债是“基本不允许发行”的。如果用于填充其他经费需要发行“赤字国债”将会被视为“特例”，且必须每年制定相关法案，并付诸国会表决通过后才可以发行。也就是说，若每年发行“赤字国债”，每年都必须通过与之相关的法案。所以，战后前 20 年，除 1945 年发行了 90 亿日元、1946 年发行了 445 亿日元以外，其他年份都将国债发行控制在财政法规定的“建设公债”额度内。1965 年，日本发生经济危机，经济不景气，税收剧减，财政出现赤字。“不发行主义”在这样的背景下被逐渐放弃，长期国债开始发行，凯恩斯主义开始施行。1964 年底日本国债余额为 0，日本发行国债 1 972 亿日元。到 1980 年，国债发行额达到 12 万亿日元，余额是70万亿日元。1975年之前，日本国债占GDP的比重不超过10%，而到1980年达到29.5%[1]。

1985年“广场协议”以后，日本担心经济硬着落，就大规模放松银根，最后导致房地产泡沫。房地产泡沫破灭以后，日本经济持续多年陷入不景气的泥潭中不能自拔。1970年至1990年的平均增长率为同比4.8%，而1990年至2010年平均增长率同比仅仅增加1.2%。日本政府的财政收入于1990年达到峰值之后开始逐年下降。日本战后执政时间长达50余年的自民党历来都是凯恩斯主义经济支持政策的倡导者和执行者。财政收入虽然下降，财政支出方面却因为过剩的基础设施建设以及人口老龄化导致的社会保障支出增加而增加。根据经合组织公布的数据，从2009年起，日本财政赤字的GDP占比一直处于10%左右，为发达国家中最高水平，跟危机中的希腊不差上下。再加上近年来日本经济接二连三受到内外部重大事件的冲击，如2008年次债危机、2009年开始的欧洲主权债务危机，以及2011年3月的日本大地震引起的海啸等。尽管在2008年至2012年期间实施了14项刺激计划，但在上世纪90年代和本世纪前十年连续两次经历失落的十年之后，日本经济增长依然极为低迷。

2009年，日本出现了国债发行量高过税收收入的可怕状况。也就是说，预算资金来源的一半靠国债发行。长年的财政赤字已使日本政府债台高筑。国际货币基金组织（IMF）发布的报告显示，截至2011年，日本政府国债余额占GDP的比例已经达到229.6%，这一比率是美国的两倍还高，甚至比意大利或西班牙等深陷欧债危

[1] 刘维奇、范文博《读懂国债这一课》人民邮电出版社2009年10月

机的国家都要严重。在日本已经公布的2013财年的日本政府预算，政府支出总额约90.3万亿日元，而预算中税收才42.3万亿日元，大约有44.2万亿日元要靠发行国债来弥补。其中“赤字国债”38.3兆，占债券总额达到八成左右。

日本的经济不景气也直接导致日本首相府的主人像走马灯一样换个不停。小泉纯一郎、安倍晋三、福田康夫、麻生太郎、鸠山由纪夫、菅直人、野田佳彦，你方唱罢我登台。安倍晋三，是过去7年里的第八个首相，也是日本22年来出现的第16个首相。“在你换一件衬衣的时候，日本可能已经换了一任首相。”日本《JORO周刊》这样评论日本频繁更换首相。安倍新内阁刚刚上任抛出的第一颗震撼弹就是2013年元月份批准了92.6万亿日元（约合1.02万亿美元）的2013财年预算草案，再次刷新日本财政预算规模。其中包含总额20.2万亿日元（约合2 262亿美元）的大规模经济刺激计划，这个数额相当于日本GDP的2%。该计划旨在重振日本经济。安倍上台后，主张财政政策、货币政策和汇率政策同步趋向大幅宽松的“三松政策”，这是安倍政府上台的主政方向。不仅通过无限期购债计划，大幅推动日元贬值，更抛出了总额20.2万亿日元（约合2 262亿美元）的大规模经济刺激计划。据日本内阁府测算，该计划将令日本实际国内总产值增加约2%。而从目前的情况来看，所有这些增加的预算没有悬念，都将来自于新增的国债发行。[1]

不管是民主党曾经的意气风发，还是安倍晋三再度入主首相府，政治不稳定性削弱了财政政策的影响。日本七年内已有八位首相先后执政。实施财政政策缺乏连续性，往往都是即兴篇，搞砸了大不

[1] 张茉楠“安倍新政恐提前引爆日本慢性债务危机”《每日经济新闻》2013年1月30日

了下台；所有的经济政策都缺乏长期视角，不从根本上解决日本经济的难题，不解决国债比例过高的问题。这可能是导致增长表现低迷及公共债务占GDP的比例目前创下204%的历史新高的两个主要因素。好在日本国债利息也长期保持着发达国家中最低的水平。因为日本国债大多数都是日本国内投资者所持有，而日本投资者对政府的信任程度是其他国家投资者所不能比的。现在日本国债的国际投资者比例越来越高。国际市场对于日本国债的安全的忧虑如果加剧的话，日本国债的利息就有上升的可能，日本国债筹资成本会提高。如果那样，将会进一步恶化日本的财政状况。[1]

五、国债规模过大问题的解决之道

毛泽东曾经说过，扫帚不到，灰尘照例不会自动跑掉。所有这些国家的债务问题最后还得各国领袖发挥政治智慧来解决。今天世界各国互相仿效用大规模发行国债、长时间实施零利率来解决高债务的问题，这主要还要归咎于日本政府和央行的示范带头作用。20年之前，很多国家在对待国债这件事上还是自我约束的。例如供应学派治国的美国共和党总统老布什，为了尽可能平衡预算，甚至都“背弃”自己竞选时绝不加税的承诺。克林顿政府更是出现了预算盈余。朱镕基总理在任时，对财政预算收支平衡的工作也非常重视。而今天放眼望去，美国、欧洲、日本等，几乎所有发达国家都不约而同地“债台高筑”，国家财政对国债产生了过度的依赖。更重要的是，这场全球金融危机更是加剧了财政恶化。而原来债务水平相对较低的新兴市场也已开始前赴后继。目前，全球政府债务占

[1] 黄立俊“日式‘财政悬崖’：国库撑不到本月底”《第一财经日报》2012年11月14日

GDP比重已高达80%。

从2009年开始，并持续好几年的欧债危机以及因为两党争斗导致标准普尔降低美国的信用评级引起的美债危机给人们敲响了全球债务警钟。解铃还须系铃人。高高在上的这些国家债务不会因为刮台风一夜之间就不见了。虽然在目前的政治体制下解决这个问题也不容易，但最终还是需要解决的。至于用什么方法解决，就像有一天你忽然发现家里污水横流，都淹到天花板了，清理垃圾还是增高屋顶？当前还是有很多国家采用的是拖字诀，小车不倒尽管推。反正以债养债，然后辅以低利率、零利率，等待债务自己能消失。美国最典型主张无为而治的一个总统柯立芝，寡言少语，人称沉默的卡尔。他曾经就有句名言，当十个麻烦从马路对面向你走来的时候，你不要去理它们，因为其中有九个在没到你面前之前就会滚到阴沟里去，你所需要做的就是对付剩下的那一个麻烦。

然而，美国也出现过一些非常负责任的总统，农民出身的总统杜鲁门就算其中一个。坚定的民主党人杜鲁门的观念跟柯立芝完全不一样，他主政白宫的时候曾经在自己的办公桌上放一个牌子，上面刻着“THE BUCK STOPS HERE.”。BUCK是美国人赌博的时候放在庄家前面的象征坐庄的刀柄。表面意思是，今天我坐庄。所有的推诿到我这里为止，我不能再推诿了。我要对社会、对人们负责。而对于负责任的政治人物来说，解决过高债务问题首当其冲就是要增加税收，尽可能实现收支平衡。虽然会因此得罪某些利益集团、某些阶层，但是功在千秋。美国现任总统奥巴马在任上不仅推动全面医疗制度改革，也在给富人加税的问题上向共和党施压。

有钱人多缴税是天经地义的，就像蝙蝠侠的那句口头禅“能力越大，责任越大”，更何况美国也有很多有钱人愿意多缴税。爱国百万富翁协会是由超过 200 名美国年收入超过 100 万美元的富翁组成的。在这个协会的网站首页上有一个红色长方形框，写着：给我们增税，我们负担得起。这个协会成立的目的就是希望能够缴纳更多的税金，以此平衡目前美国所面临的不同阶级纳税人缴纳税收不公的问题，让社会可持续发展。投资家巴菲特也再三对奥巴马的加税计划表示支持，他认为提高高收入人群的所得税将有助于在全美范围内提升纳税人的公平程度。巴菲特说他目前的有效税率为 17.4%，甚至低于他办公室普通员工的税率。

然而，作为富人和中产阶级代言人的共和党则是不遗余力地反对任何加税。他们的理由是，如果加税富人就没有钱进行再投资，中产阶级就没有钱消费。没有新的投资和消费提供新的需求，经济将一蹶不振。这就是供应学派的理论。实际上，今天共和党的这些忠实的拥护者很大程度上都是民主党过去的经济政策“培养”出来的。1948 年民主党的良心总统杜鲁门竞选连任的口号之一是“如果你想过上共和党人的日子，那就投民主党的票吧。”言外之意，共和党是有钱人，日子比较好过。民主党执政会让大家都变成有钱人。必须承认，普通老百姓是现实的，也是短视的。哪个能帮助他们减少税收，增加可支配收入，自然支持哪个政党。由此可见，奥巴马的加税之路任重道远。

简便的做法还是继续发行国债。发行更多的国债和稀泥的做法，实际上是把问题暂时掩盖起来留给后人解决，甚至只是给后任解决。2009 年 10 月初，帕潘德里欧总理刚一上任，就吃惊地发现巨大的财政赤字，帕潘德里欧惊讶的程度不亚于醒来时在卧室里发现一头公牛。2009 年希腊政府财政赤字和公共债务占国内生产总值的比例预计将分别达到 12.7%和 113%，远远超出了欧盟《稳定与增长公约》规定的3%和60%的上限。美国目前有14万亿美元的公债，如果哪届政府都不愿给这个肿瘤做手术，只能让这个巨大的债务包袱越背越重。当然，美国跟希腊还不一样，提高债务上限和削减赤字法案通过后，美联储未来将推出新一轮货币刺激措施，然后是不停地量化宽松。

发行公债其实就是变相收税，发行钞票更是另类的违约，因为美元的贬值，则意味着昨天借的钱，今天的购买力已经下降了。中国是美国国外最大的国债持有人。美国著名的华裔脱口秀演员JOE WONG（中文名黄西）在美国全国记者年会上有一段脱口秀中开玩笑的说，他要求他的儿子学两种语言，一种是英文，一种是中文。因为万一他儿子哪天当上了美国总统的话，需要用英文来签署法律文件，用中文来跟中国谈论债务问题。黄西虽然是讲笑，但我国政府在这个问题上的确应该有清醒的认识和预先的准备。不过在美联储看来，世界上取之不尽用之不竭的不是水，也不是空气，而是塞进印钞机里的纸。包括美联储在内的全球央行总资产如今已接近20万亿美元，5年前不足10万亿。多出来的10万亿美元，都是加班加点开机印刷钞票的结果。

塞浦路斯政府更是创意无限，别出心裁。2013年3月宣布直接向储户在该国银行的存款征收存款税，用以偿还国家债务。据3月26日《华尔街日报》报道，塞浦路斯央行行长表示，该国第一大银行的大储户将面临高达40%的损失。大众银行的大储户更将面临高达80%的存款减记。

第三章
战后几次主权债务危机

一般而言，作为金边债券的国债在投资者的心目中信誉很高，违约率也相对比较低。大部分国家都像小鸟珍惜自身的羽毛那样珍惜国债的信用。当然也有一些国家，由于国债发行失控或者财政赤字过大等一系列原因，曾经出现过大规模的国债违约现象。这给国债这本应是最安全的投资工具带来了负面的影响。根据 IMF 数据统计，在过去的两个世纪里，全球共有 200 多起主权债务违约事件。其中，在 1981 年至 1990 年仅仅 10 年间就有 74 起主权债务违约的案例，超过历史上任何时期，其主要原因还是因为一系列的恶性通货膨胀使很多国家经历了金融危机。

从历史上看，主权债务违约事件过去主要发生在非洲、拉美、东欧和亚洲。西欧在 1921 年至 1940 年间经历过一系列主权违约事件，魏玛共和国曾经因为经济衰退拒绝向法国、英国和比利时等国家支付赔款。法国、比利时等还以此为理由出兵鲁尔工业区，德国因此出现恶性通货膨胀。随后的解决方案是美国出台了《道威斯计划》，美国资本输出到德国，德国经济恢复后向英法等国赔款，英法等国向美国偿还债务。自 1940 年以后，发达经济体就很少出现主权违约事件了。

1971 年 8 月 15 日，尼克松总统宣布布雷顿森林体系瓦解，美国不再有义务向外国政府以 35 美元兑一盎司黄金，这实质上是另外一种形式的主权债务危机。而 2009 年以希腊主权债务危机为开端的欧洲主权债务危机，其对全球经济的影响之广，非常罕见。在欧洲债务危机之前，俄罗斯的国债违约和阿根廷的债务违约是最广为人知的两起主权债务违约事件，这也是过去 10 年里，国债违约导致债权人的亏损情况最严重的：投资者投资亏损额度分别高达 82%和 73%。

一、阿根廷债务违约

阿根廷原本是一个相当富裕的国家，土地肥沃，物产丰富。两次世界大战的战火也没有烧到过这块美丽富饶的土地上。只是在 1945 年 3 月，第二次世界大战快结束的时候，象征性地对德宣战。1913 年，阿根廷的人均收入为 3 797 美元，高于法国的 3 485 美元和德国的 3 648 美元。甚至在 1950 年，阿根廷的富裕程度仍然领先于日本，与意大利、奥地利和德国大致相等。上世纪 80 年代初，席卷全世界特别是拉美地区的发展中国家债务危机曾经侵袭过这个国家。1998 年，阿根廷的人均 GDP 为 8 030 美元，而私人人均消费为7 818 美元，储蓄率为 17. 4%，这对于发展中国家来说，是一个比较低的水平。2000 年，阿根廷外债总额达 1 462 亿美元，相当于当年外汇收入的 4. 7 倍，当年还本付息占出口收入的 38%。由于国内储蓄率低，阿根廷只得靠外部资金来扩大再生产。这也是为什么 1980 年代初阿根廷爆发债务危机后，时隔不到 20 年，它再度遇到债务危机的原因。

因受东南亚金融危机和巴西金融危机影响，2001 年 11 月，阿根廷政府宣布无力偿还外债，决定实施债务重组。2001 年 12 月，阿根廷 818 亿美元的主权债务违约。直到 2005 年和 2010 年，阿根廷才分别提出了重组方案：以仅相当于欠债 25%—35% 的面值发行新债来偿还旧债。[1]也即是说，根据该方案，每 100 美元的债务有 65 美元至 75 美元被豁免。由于阿根廷政府态度坚决，差不多 3/4 的阿根廷国债投资者都被迫参与了 2005 年的债务转换。2010 年又有更多人加入，总共约 93% 的债权人无奈地接受债务重组方案。不过至今仍然有大约价值 60 亿美元左右的债权本金的投资者不愿意参与阿根廷政府债务转换计划。主要投资者是“秃鹫”基金，他们是债务危机发生后，债务重组协议达成之前从二级市场上以比较低的价格购买阿根廷的债券。这两只“秃鹫”分别是 EM 和 NML Capital，隶属于 Elliott Management，一家历史悠久的对冲基金集团，素来擅长对违约国家落井下石。剩下的主要由意大利的60 000名散户组成，阿根廷债券一度是意大利散户投资者比较青睐的投资产品。一方面是因为阿根廷的国债没有“集体行动条款”。所谓“集体行动条款”，就是比如 80% 的债权人同意转换成新的国债，那所有的投资人都必须转换；另一方面，也因为这些投资者看到阿根廷的经济复苏状况很好，认为阿根廷完全有能力按照最初的条款还本付息。而那些所谓“秃鹫基金”垃圾债券投机商拒绝接受重组方案并将阿根廷政府诉至美国法院。2005 年开始上诉美国纽约联邦法院，要求阿政府全额偿还所欠债务。2012 年 11 月 23 日，美国纽约联邦法院裁决，要求阿根廷政府在 12 月 15 日前向包括“秃鹫基金”在内的不接受债务重组计划的债权人支付总计 13.3 亿美元的

[1] 景乃权“中国美元债权与黄金”《中国黄金报》2012 年 10 月 30 日

违约债务本息。事情到目前为止还没有最后的结局，因为阿根廷政府不承认美国法院的管辖权，这也是为什么阿根廷至今还无法在国际市场上顺利发行国债的原因。

除此之外，阿根廷上世纪80年代曾经宣布无力偿还拖欠的“巴黎俱乐部”的债务，其中美国、日本、德国、西班牙、意大利和荷兰是其主要债权国。1991年，阿根廷和“巴黎俱乐部”进行了债务重组谈判，偿还了拖欠的部分债务。但2001年阿根廷爆发金融危机后，谈判再次中断。此后，“巴黎俱乐部”一直要求阿根廷尽快偿还这些债务。2008年9月2日阿根廷总统宣布，阿根廷将动用中央银行的外汇储备偿还拖欠“巴黎俱乐部”总额达67.06亿美元的全部债务，以显示阿根廷履行债务协定的决心。

如果按照国际上通行的方法来评定阿根廷的债务水平，仅从表面上看，阿根廷怎么都轮不上发生债务危机。例如债务危机发生之前阿根廷国债和GDP的比例不超过50%。但是，当阿根廷货币贬值以后，国债余额占GDP的比例上升到150%左右。所以，国债余额占GDP的比例还需要动态地观察。此外，虽然1999年IMF未雨绸缪，向阿根廷政府提供了394亿美元的紧急贷款用于加强阿根廷的债务支付能力，由于阿根廷政府在货币贬值和财政紧缩以后并没有像亚洲金融危机以后的韩国和泰国等国那样货币大幅度贬值以后，出口迅速增加，实体经济恢复很快，财政状况改善，很快能归还IMF和其他国家的紧急援助。[1]

外债结构和用途不合理。从结构上看，阿根廷外债还本付息的时间主要集中在2001到2004年，且大多数债务采取高达10%以上

[1] 沈安“阿根廷债务危机的形成及启示”《拉丁美洲研究》2003年第3期

的固定利率，还本付息时间和额度的负担都进一步加重。从用途上看，阿根廷借债相当多的一部分用于维持联系汇率制度，而不是用来发展经济，导致债务的偿还缺乏经济来源，于是不得不持续通过借新债来还旧债。随着国际金融市场对阿根廷主权债务信心下降，其借债途径越来越窄，一旦不能借到新债来还旧债，资金链条断裂，违约便不可避免地发生了。[1]

二、俄罗斯债务违约

1998 年 8 月 17 日，基里延科政府宣布三大措施：1. 扩大卢布汇率的浮动幅度，放弃 1997 年 11 月 11 日宣布的 1998 至 2000 年外汇走廊，即 6.2 卢布兑 1 美元，扩大为 6—9.5 卢布兑 1 美元。2. 延期清偿内债。凡是 1999 年 12 月 31 日之前到期的国家短期债券，全部转换成新的国家有价证券，而偿还期限和收益率等条件另行公布。在转换手续完成前，国债市场停止交易。此前，政府曾经号召持有国债的人在自愿的基础上将债券换成 7 年期和 20 年期的外汇债券，利率在 12%以上。但在相当于 700 多亿美元的内债市场上，响应者寥寥，同意转换的国债仅有 44 亿美元，没有解决内债清偿问题。3. 冻结部分外债，包括私人公司所借的外债。

从俄罗斯的经济总量的角度来看，俄罗斯的债务总额并不是非常多。但是从俄罗斯的债务期限来说，最大的特点就是期限短，从 45 天到一年。还有就是利率高，1994 年年底的年利率为 33%至 35%，逐渐提高到 1998 年的 60%至 100%。1998 年第一季度，俄罗斯联邦预算每月收入才 200 亿卢布，而仅仅是短期国债的还本付

---

[1] 谢世清“历次主权债务危机的成因与启示”《上海金融》2011 年第 4 期

息每月就高达 270 亿卢布。短短 5 年中，联邦政府从短期债务市场总共通过发行国债获得的卢布约合 186 亿美元，但内债总额在危机爆发前已经达到 4 400 亿卢布，合 719 亿美元。这相当于国家每获得一美元，必须付出 4 美元。从债务结构看，俄罗斯的债务既有巨额外债，也有不少内债；既有被列宁一笔勾销的沙俄时期借的债和苏联时期遗留下来的旧债，也有俄罗斯独立后举借的新债；既有国家借的债务，也有地方政府和企业借的外债。当初美国建国初期的财政部长汉密尔顿理顺美国的国债就是通过发行长期国债取代各种各样的州政府债券，俄罗斯政府却反其道而行之。

除此之外，俄罗斯企业和居民对本国金融机构和本币的不信任也是俄罗斯国债违约的重要原因。据估计，1994—1997 年俄罗斯吸引外资共计 580 亿美元，但同期企业和居民流出国内的资金却高达 670 亿美元；发生债务违约的时候，俄罗斯居民手持外汇资金高达 400 亿—500 亿美元，根本不往本国银行里存。在这一点上，日本人的做法让俄罗斯政府羡慕。日本的国债余额非常高，超过日本 GDP 两倍。但是，由于日本国债的投资者大都是日本国民，日本国民对日本政府非常信赖和支持，所以才没有出现国债支付危机。日本政府因此才能用这么低的成本筹集资金。

值得一提的是 1998 年，金融危机降临亚洲金融市场的时候，美国华尔街的长期资本管理公司根据他们自己设计的数学模型，认为意大利政府债券和德国政府债券之间利率相差过大。他们预测的结果是：发展中国家债券利率将逐渐恢复稳定，二者之间差距会缩小。长期资本管理公司的预测是建立在历史数据上的，是忽略一些小概率事件的。1998 年 8 月 17 日，俄罗斯联邦政府宣布卢布贬值，并宣布延迟三个月偿还外债，这一做法导致俄罗斯国债大幅贬值并完全丧失流动性。当时，包括国际货币基金组织，以及其他俄罗斯债务持有者都认为俄罗斯的“世界末日”即将来临。于是全球资本市场开始暴跌。“黑天鹅事件”真的发生了。投资者纷纷从俄罗斯和其他的发展中市场退出，转而持有美国、德国等风险小及质量高的债券品种。长期资本管理公司预测的发展中国家和发达国家国债的利差不仅没有缩小，反而是迅速拉大。由于长期资本公司做错了方向，它到了破产的边缘。1998 年 9 月 23 日，美林、摩根等华尔街一些大的银行共同出资收购接管了长期资本管理公司。值得一提的是，1998 年唯一拒绝出手救助长期资本管理公司的雷曼兄弟公司在 2008 年的次债危机当中，被华尔街其他公司抛弃而破产倒闭。

1998 年 8 月俄罗斯宣布无法偿还债务的那天碰巧是克林顿总统因为莱温斯基事件在大陪审团面前作证，并发表电视讲话就莱温斯基事件向全美民众道歉的同一天。俄罗斯发生的事情不可避免地没有受到美国总统的足够重视。而且国际货币基金组织在俄罗斯事件上也没有表现出足够的热情，7 月份承诺的 203 亿美元的援助实际上只落实 50 亿美元不到。曾经是俄罗斯政治经济改革的顾问的美国哈佛大学肯尼迪政府学院政治学教授阿里森就指出，同样是债务危机，以美国为首的西方国家对波兰出手相救，而对俄罗斯采取了隔岸观火的态度，最主要还是政治考虑，美国并不希望俄罗斯迅速崛起。城门失火，殃及池鱼。没有对俄罗斯的债务危机及时出手相救，并不表明美国就可以独善其身。美国华尔街著名的对冲基金长期资本管理公司因为在新兴国家利率上押注过大，俄罗斯债务危机最终导致这家公司垮台。

2000 年 2 月 14 日，经过长达 18 个月的谈判，俄罗斯政府终于与伦敦俱乐部的国际商业银行们达成债务重新结构化协议，该协议是债务重组和债务互换的混合体。协议规定，西方国际商业银行将免去从苏联以来的俄罗斯政府所累计欠下的320亿美元债务中的36.5%，余下的债务将换成30年期的欧元债券，并有7年的宽限期。前提是债务主体由原来的国有银行改变为俄罗斯联邦政府。俄罗斯还以用商品偿还的方式成功解决了对捷克的部分债务。俄罗斯后来能够迅速走出债务危机的阴霾，最重要的还是21世纪前十年美元的贬值导致石油等能源资源的价格上涨所致。

知耻而后勇。借债无度的恶果俄罗斯人并没有忘记，也许正是曾经的违约事件给这个国家带来深刻的教训，直到今天，俄罗斯都不愿意成为一个负债累累的国家。根据2011年的数据，俄罗斯的国债跟GDP的比例只有9%。“无债一身轻”或许会成为这个国家很长时间的一种国策，当然前提是石油价格保持目前的水平。而且，俄罗斯还表示要到2015年“消灭”赤字。

三、希腊债务危机

2009年10月初，希腊政府突然宣布，当年政府财政赤字和公共债务占国内生产总值的比例预计将分别达到12.7%和113%，远超欧盟《马斯特里赫特条约》和《稳定与增长公约》所规定的3%和60%的上限。鉴于希腊政府财政状况显著恶化，全球三大信用评级机构惠誉、标准普尔和穆迪相继调低希腊主权信用评级，希腊债务危机正式拉开序幕。随着主权信用评级被降低，希腊政府的借贷成本大幅提高。希腊政府不得不采取紧缩措施，希腊国内因此举行了一轮又一轮的罢工活动，经济发展雪上加霜。

除希腊外，葡萄牙、爱尔兰和西班牙等国的财政状况也引起投资者关注，2010年4月27日标准普尔下调希腊主权评级3个级距至BB+级，同时还下调了葡萄牙主权评级至A-。由于市场担忧主权债务危机可能蔓延到欧元区，导致投资者逃离风险较高的资产，欧元兑美元和日元2010年4月27日急剧下跌。2010年5月2日，总理帕潘德里欧表示已确定与欧盟和国际货币基金组织达成协议，至少3年内额外削减预算300亿欧元来换取紧急救援。该计划代表了对欧元区成员的第一次救援。2011年10月27日，欧元区领导人与私人银行和保险公司达成一项协议，使其接受对希腊政府债券的50%损失，以降低希腊的债务负担。2012年2月21日，欧元区财长会议批准对希腊的第二轮救助计划，总额为1 300亿欧元。同日希腊当局和私人投资者就债务互换计划达成基本共识，私人投资者承担希腊债务减计的比例将为53.5%。2012年11月12日，希腊议会通过了2013年预算案，包含了财政紧缩方案，这样就意味着达到了国际货币基金组织和欧洲央行的救助计划的相关协议目标，并通过了国有资产私有化方案，希腊债务危机有缓解的趋势。但到目前为止，希腊主权债务引发的危机还有很大的不确定性，欧洲其他国家的状况也令全球的投资者时刻关注。（希腊债务危机进程详见附录一）

四、欧洲主权债务危机的原因

欧洲主权债务危机，实质是欧元危机。欧元危机是欧洲自1990年以来，也许是自《罗马条约》生效53年以来所面临的最大的挑战。希腊毕竟不是远在欧洲本土几百公里之外的冰岛，它不仅是欧盟成员国，而且是欧元区国家，尽管其经济总量不大，占欧元区比重也很小，但一旦破产，必然会产生骨牌效益，波及到葡萄牙等欧元区其他财政状况不佳的国家，会使欧元区内部业已存在的经济混乱状态雪上加霜，甚至会使号称欧洲一体化象征的欧元集团有崩溃之虞。因此，以德法为首的欧盟破天荒推出最大规模救援行动，是要向外部发出一个强烈的信号：欧盟救助举措并非只是针对希腊一国，更是针对整个欧元区。过去两年多来欧元危机对欧元区结构性矛盾的暴露，对欧洲乃至全球经济恢复所带来的负面影响，危机背后所潜藏的政治意涵及其对欧盟未来的政治影响则更是引人关注。纵观欧洲主权债务危机的全过程，我们可以追踪到其产生的内外部原因。

首先，第二次世界大战后，欧洲各国纷纷建立了以高福利为特色的社会收入分配制度和社会保障制度，政府为此不堪重负。例如，希腊长期财政预算超支，公务员队伍庞大，私人部门赤字过大，经济危机造成的政府收入下降使得情况更加严重。葡萄牙的经济增长在本世纪的前十年迅速回落，其人均 GDP 只有欧盟平均的 2/3；原本以软件出口代工为特色的爱尔兰经济在过去的两年里陷入衰退，美国次债危机后其房地产泡沫破灭，严重影响了政府税收和民众消费能力。意大利经济近年来发展缓慢，并为高失业率、高税收所困扰。西班牙的经济在高于欧盟平均值之上增长十多年之后找不到新的方向，陷入了严重的衰退之中，失业率大幅上升，其财政赤字也远远超出欧盟所允许的上限。

其次，欧元区各国的财政分散，但货币却统一。欧元区由欧洲央行实行统一的货币政策，欧洲中央银行独立运作，不受任何一个国家的制约。众所周知，一个国家调节经济的主要政策包括两个方面：财政政策和货币政策。欧元区的货币体制统一，而欧洲央行一直以来的货币政策非常僵化，死守保持货币稳定一条原则不放。法国前总统萨科齐在任的时候就曾经多次批评过欧洲央行行长特里谢。正是由于欧洲央行的僵化，使得美联储在过去的十年中实现了美元贬值，欧元与美元的比价由欧元刚刚推出时的1欧元兑换0.85美元上涨到美国次债危机之前的1欧元兑换1.6美元。由于美欧之间的科技水平、经济发展程度和工资水平大致相当，欧元的上涨也就意味着欧洲出口产品的竞争力相对下降，美国的产品竞争力相对上升。美联储的频繁降息和欧洲银行的因循守旧，使美国成功地把互联网泡沫破裂引发的经济衰退转嫁给了了欧洲。

欧元危机再次凸显并加深了欧盟主权国家联盟的属性。生存还是灭亡，这在过去十多年一直是欧洲很多国家挣扎的一个问题。毕竟加入欧盟有很多好处，但是也会失去很多自由，这不仅体现在欧盟决策机制、对外政策和安全领域方面，也体现在其经济领域中，各种因素制约和影响着成员国以及欧盟的政策。

近年来，欧盟一体化虽在不断深化，但也常常因内部形形色色的保护主义和所谓的“经济爱国主义”而为人诟病。比如，一向以丹麦克朗为自豪的丹麦民众就毅然决然地投票反对加入欧元区；而2003年瑞典就加入欧元区投票的前夜，瑞典外长在街头被人刺杀。作为经济和货币联盟象征的欧元区，虽有统一的货币政策，却没有统一的财政政策，也缺乏各国间财政政策的协调能力和对成员国财政政策干预的权力；而各国有财政政策却缺乏货币政策的配合，这使一些国家在万不得已的情况下，突破《稳定与增长公约》的限制，实施财政扩张政策以刺激经济发展，最终酿成主权债务危机。而在欧洲主权债务危机爆发后，各国又因受困于国内因素的干扰，迟迟不愿出手相助，以致危机不断蔓延，并危及欧元和欧元区。希腊就是因为缺乏货币政策工具，被迫依赖财政政策，还不能通过货币贬值来增强产品的出口竞争力，从而增加出口，带动经济，也不能通过放松信贷，用宽松的货币政策来刺激经济。[1]经济危机下这些问题日益凸显，希腊和西班牙等国越来越难履行债务，最终引发大规模违约。

第三，国债余额过高。2003 至 2007 年国际金融市场融资环境宽松，希腊政府不断举债，没有理性地控制住债务规模，政府债务约 2 900 亿欧元，甚至比 GDP 的规模还大。随着金融危机的蔓延，之前举借的债务大量到期，希腊急需大量流动性资金来偿本付息。但希腊的财政赤字和贸易赤字双双超过 12%，希腊政府通过借入新债来弥补赤字，这使得债务更加陷入了恶性循环。新政府上台后不愿意背黑锅，被迫捅破窗户纸。试想，如果希腊还是保持原有的货币，当出现类似的经济状况可以采取货币贬值的方法增进出口，刺激经济，而现实的情况是希腊无法通过单方面增发货币来缓解危机，只能坐等欧洲中央银行和 IMF 的援助。

第四，制度设计先天不足。二战以后法国和德国出于各自的需要走到一起，在欧洲之父让·莫内等欧洲领导人的不懈努力和推动下，欧洲一体化进程不断深化，这其中德国和法国起到了骨干的作用。欧盟从无到有，已经不仅仅是崇高的设想，而且已经是伟大的现实。欧元区财政货币政策二元性导致了主权债务问题的产生。对于欧盟内部来讲，既有前神圣罗马帝国与拜占庭帝国之间的差异，也存在南欧和北欧之间的不同。北欧工业发达，南欧很多国家都主要依靠旅游业；南欧主要信奉天主教和东正教，而欧洲北部以德国、荷兰为代表是信奉新教为主，信新教的北欧人比南欧人更具有纪律性。加上地理和气候因素，完全不同的文化背景和人文性格，

[1] 谢世清“历次主权债务危机的成因与启示”《上海金融》2011 年第 4 期

捆绑在同一个货币体系下，必然会带来以下南北欧格局：北欧精工制造，南欧奢华消费；北欧懂得量入为出，南欧债多不愁；北欧出口创富，南欧进口消费；北欧经常账户盈余，南欧经常赤字登门；北欧人追求财富，南欧人追求及时享受。在《希拉克回忆录：步步为赢 1932—1995》中，法国前总统希拉克十几年前就预言欧洲会出现债务危机，理由是，当初欧洲经济共同体是为西欧包括法国、西德、荷兰、比利时和卢森堡等 5 个发达的经济体设计的，欧元集团的盲目扩大必然会引发危机。

进入 21 世纪以来，随着欧盟的不断扩大和经济全球化背景下相互竞争的日趋激烈，各国发现，原先期待的好处并没有想象的那么多，即使有，也已经享受完毕，剩下的责任和义务则需要现实的财政付出，而且深不见底。在这样的背景下，右派势力有所抬头。2005 年法国曾经率先否决了“欧盟宪法”；而在此次欧洲对希腊主权债务救助行动中，德国也驻足不前。尽管德国议会最后一刻批准了欧盟的巨额救助机制，但已经错过了危机处理的最佳窗口期。经历了这次主权债务危机，欧盟成员国之间、欧洲各国民众之间相互指责，不信任感在加剧，甚至有人发出“蓝天金星旗”究竟能打多久的疑问。欧洲援助国家希望对那些受援国家加强金融监管，实行严苛的财政政策，但那些接受经济援助的国家却不愿意其经济政策永远受制于他国的干涉之下，其国民也不愿意承受缩减收入和公共服务以及由此引发的痛苦。希腊民众发起了全国性罢工活动，就充分说明了这一点。

第五，主权债务问题可以视为 2008 年美国次债危机的延续和深化。一般来说，经济繁荣期，私人部门的负债相对较高，而每次危机之后，随着去杠杆化的推进，政府的财政赤字都会出现恶化，只不过政府的财政赤字的恶化有个时滞。美国次债危机引发了全球经济衰退，也点燃了欧洲暗藏于风平浪静海面下的巨大债务风险，成了压垮欧洲部分国家财政的最后一根稻草。次债危机导致各国企业备受打击，利润受损，上交税收大幅度减少；个人投资者也因为股票、房产价格的下跌，个人所得税同样减少，甚至会有一定程度的退税；各国为抵御经济系统性风险的救市开支巨大，部分国家多年财政纪律松弛、控制赤字不力，使得目前欧元区 16 国平均赤字水平超过 6%，各国财政赤字过高和债务严重超标直接引发了本次债务危机。

第六，欧盟内外部的结构性矛盾是债务危机爆发的制度性因素。一方面，由于欧元区内部劳动生产率和竞争力差异的扩大，德国、荷兰等出口大国与希腊等危机国家之间存在巨额经常项目失衡。德国和荷兰基本一直处于经常项目顺差，两国 2012 年经常项下盈余仍高达 GDP 的 5%，而希腊、西班牙等危机最为严重的国家则出现了巨额贸易赤字和经常账户赤字。以希腊为例，其经济结构单一，极易受外部冲击。希腊经济主要依靠农业、旅游业和海运业，其中前两者分别占 GDP 的 12% 和 17%。制造业基础薄弱，船舶、汽车、家用电器等产品严重依赖进口。而出口则以农产品和初级工业品为主，缺少高附加值的技术密集型产品。这种单一的经济结构导致希腊经济极易受到外部环境的冲击影响。随着美国次贷危机引发的全球金融危机的蔓延，希腊海运市场急剧萎缩，旅游收入也大幅下滑，政府财政收入相应锐减。

另一方面，迫于政党和工会组织的压力，希腊等国多年来过度提高工资和养老金等社会福利待遇水平，随着人口老龄化加速，这不仅给政府带来巨大的财政压力，也提高了单位劳动成本，使希腊在与亚洲低成本国家的竞争中不断处于劣势，长时间的积累导致政务债务和对外债务不断攀升。我们用 1999 年—2008 年部分欧洲国家的单位劳动成本和财政赤字占 GDP 比重的散点图来分析，结果发现劳动力成本相对较高的国家，财政赤字也较高。随着经济全球化和贸易一体化进程的加速，面对亚洲市场的竞争，以往传统的劳动密集型制造业优势尽失。欧元区统一的货币政策使得这种欧元区内外的结构性矛盾和不平衡无法通过货币贬值等手段来纠正和调节，政府只能采用财政政策来刺激和维持国内经济发展，这就加剧了财政赤字和债务的产生，使其成为本次危机的导火索。

最后，国际大投行在本次债务危机前后也扮演了不光彩的角色。根据《欧洲联盟条约》《马斯特里赫特条约》与《欧元区稳定和增长协议》，区内各国都必须将财政赤字控制在 GDP 的 3%以下，并且把降低财政赤字作为目标。同时，各成员国必须将国债/GDP 占比保持在 60%以下。上述两条也是其他欧盟国家加入欧元区必须达到的重要标准。10 年前，高盛公司帮助希腊政府掩盖真实债务问题而加入欧元区，2002 年起，诱使希腊购买其大量 CDS 等金融衍生产品，以达到《欧洲联盟条约》《马斯特里赫特条约》的要求。危机发生后，高盛等公司大肆沽空投机欧元。在金融衍生品的助涨下，希腊贷款成本飙升，危机被放大蔓延至整个欧元区。高盛公司暗中操作，致使希腊政府走上歧途。2001 年，希腊刚进入欧元区。根据欧元区《稳定与增长公约》的规定，欧元区成员国必须符合两个标准，即财政赤字不能超过 GDP 的 3%，公共债务不能超过 GDP 的 60%。2001 年，希腊加入欧元区时这两项指标都是不达标的。这时，希腊政府便求助于美国著名的投资银行——高盛集团。高盛公司设计出了一套“货币掉期交易”的方式，为希腊政府掩盖了一笔公共债务，使财政赤字从账面上看仅为 GDP 的 1.5%，从而使希腊从账面上符合了《稳定与增长公约》的要求。其实，当时希腊真正的赤字占 GDP 的比例是 5.2%，远远超过了 3%的要求。到 2009 年，这笔货币掉期交易到期，希腊的债务问题便暴露出来。[1]

[1] 沈君克“欧洲主权债务危机原因分析”《经济师》2012 年第 2 期

第二篇

债券市场

第四章
债券的种类

债券是政府、金融机构、企业等机构为了募集资金向投资者发行，承诺按照一定利率和支付方式来支付利息，并按照约定条件偿还本金的债券债券凭证。

按债券属性和发行主体，债券包括但不限于以下品种：

一、国债

国债的发行主体是国家，所以它具有最高的信用度，一般情况下，国内投资者默认该国国债的信用风险为零。国债被公认为是最安全的投资工具。同时，由于国债具有免所得税的优惠，还有巨大的流动性做保证，深受各类稳健型投资者的喜爱，历来有“金边债券”的美誉。但相对于其他类型的债券而言，国债的利率会略低。我国国债主要品种有记账式国债和储蓄国债。其中，储蓄国债分为传统凭证式和电子式两种。传统凭证式国债通过商业银行柜台发行和分散托管，电子式储蓄国债在中央结算公司集中登记。

国债兼有财政和金融的双重功能，是财政政策和货币政策的重要工具。国债是财政部门融资的工具，是几乎所有金融机构的流动性储备资产的主要构成部分，同时也是中央银行通过公开市场调控基础货币所要买卖的主要资产。《中国人民银行法》第二十九条规定，中国人民银行不得对政府财政透支，不得直接认购、包销国债和其他政府债券。第三十条规定，中国人民银行不得向地方政府、各级政府部门提供贷款。

国债的用途：

（一）弥补财政赤字

在多数情况下，一个国家的财政出现赤字的时候，发行国债予以弥补是一个通行的做法。严格意义上来说，所有国债发行的目的都是为了弥补财政赤字。而此处所指发行国债的目的，是指弥补财政经常项目赤字。包括因为一般社会福利开支以及政府日常开支所造成的财政赤字等等。为弥补预算收支差额发行的国债，称为“赤字国债”，如我国1981年发行的国库券就属于这种性质。当时的中国已经连续两年出现高额财政赤字，财政直接向银行透支，导致通货膨胀。当年统计局公布的通货膨胀率高达6%。在这样的背景下，国债才重出江湖的。

世界上很多国家的国债都是因为财政赤字而发行的。例如日本，财政赤字飙升的背后主要是财税收入不足。日本公民承担的税负在全世界是最低的税负之一。2009年开始，日本的财政预算当中国债发行收入已经超过税收，到现在为止已经连续第三年成为预算最大的来源，从新首相安倍晋三的最新预算案来看，未来发行国债只会变本加厉。日本的社会正在快速地进一步老龄化，其速度超过了世界上大部分国家，日本社会福利支出越来越高。加上2011年发生的地震引起的大海啸之后的超大规模的灾后重建，日本的预算赤字在2011年已经占到了GDP的10.1%，这都需要靠发行国债来弥补。希腊的赤字占GDP的占比也有9%，主要原因是社会福利和庞大的公务员体系导致政府支出过多，收入不足所致。

法国和德国的国债也都是用于弥补财政赤字。自 2007 年底以来，法国公共债务规模急剧扩大。截至 2012 年一季度末，按《马斯特里赫特条约》规定计算的法国公共债务达到 17 894 亿欧元，较上季度增加 724 亿欧元。法国公债增加的原因是政府和社保资金债务的增加。2010 年德国公共债务急剧上升 21.9%，达 12 841 亿欧元，其中包括为应对金融危机成立的坏账银行 1 896 亿欧元、金融市场稳定基金 286 亿欧元以及投资和担保基金 140 亿欧元。

（二）进行大规模基础建设，用以刺激经济

20 世纪 20 年代，美国经历了“柯立芝繁荣”，财政盈余。美国联邦政府的债务余额也从 240 亿美元下降到 17 亿美元。然而，美联储宽松的金融环境加上美国政府奉行的不干预政策导致华尔街投机旺盛，股票狂涨，经济虚假繁荣。1929—1933 年的大萧条不期而至，席卷整个美国，甚至蔓延到了全世界，一时间因为生产过剩、需求不足导致失业率猛增，税收剧降，财政收入锐减。1933 年，罗斯福总统上台后，实施新政，通过大兴公共工程，拉动就业，扩大财政赤字，以刺激经济增长。所有投入到基础工程建设等方面的资金全部用国债筹集。当时刚刚兴起的凯恩斯主义也认为，有效需求不足，中央银行投入再多的资金也无济于事。因为危急时刻企业和个人都以现金为王，不愿意投资。市场产生“流动性陷阱”。这个时候只有政府出面干预经济，才能恢复刺激经济增长，促进就业。而政府投资的资金主要还是通过发行国债来筹集。

我国在面对 1998 亚洲金融危机所带来的经济难题的时候，也采用了类似的办法。2001 年两会期间，朱镕基总理曾经有过这样的一段讲话：

> 1998年至2000年三年发了3 600亿元的国债，一年平均1 000亿元多一点，干了多少事情呀！3 000多亿元的国债，带动了1万亿的银行贷款，加上其他的资金，干了1.5万亿元的工程。出现的结果是经济搞活了。铁路的新建、改建、电气化，差不多1万公里。新修公路17万公里，其中高速公路1万公里。长江大堤都进行了整修，还有退田还湖、退耕还林、停止砍伐天然林，做了多少工作呀。所以，才有今天这么一个繁荣的局面。现在国债的余额，到去年年底是1.2万亿元，按国际惯例的水平来看并不高；而且从去年的财政收入来看，回收得很快，国债一投进去，工程一干，它马上带动原材料工业、加工工业发展起来，它的税收就交给了国家，还你这个钱还有剩余……你们看，财政状况很好。而且，这种形势不可逆转的，只会越来越好。这是已经形成的一个良性循环。[1]

从朱总理的话中可见，特别建设国债在应对亚洲金融危机方面起到了很好的作用。

（三）配合资本市场的发展

西方国家发行国债最初的目的为了战争，和平时期发行国债是为了弥补财政赤字和筹集资金等等。随着国债发行规模的扩大，经济发展的深入，社会财富的积累，国债在国民经济中的影响也越发明显，进而成为调节宏观经济的重要货币工具。当金融市场在国民经济中的作用日益突出之时，国债作为基础性的金融产品，也发挥更多的金融功能。不仅成为金融机构、企业和居民的投资

---

[1] 摘自朱镕基总理2001年3月6日在九届人大四次会议湖南省代表团全体会议上的讲话

对象，也成为中央银行的货币调控工具。因为国债的风险低，所以国债的收益率也可以成为基准利率。国债的这些金融功能奠定了国债市场在金融市场体系中的基础性地位。所以，很多发达国家不仅重视国债的财政职能，多国债的金融职能的发挥也做了很多的努力。

随着欧债危机的愈演愈烈，目前在国际三大评级机构——标准普尔、穆迪以及惠誉的名单上，始终能够保持顶级信用评级和评级展望为稳定的国家只剩下了七个，即新加坡、澳大利亚、加拿大、丹麦、挪威、瑞典和瑞士。而在这七个国家中，新加坡的表现更是不俗，财政盈余占国内生产总值5.5%，位居世界前列。根据新加坡金融管理局的最新数据统计，截至2012年7月为止，新加坡国债余额为1 130亿美元，据资料统计，近14年来，新加坡国债交易量增加了11倍，现在新加坡每天都有价值30亿新加坡元左右的债券转手。新加坡金融管理局在网站上表明，“与其他国家不同，新加坡政府不需要通过发行国债来对开支进行融资”，但是债券的销售能够使“政府着重于资本市场的发展”。[1]

澳大利亚的情况也很类似，本世纪初，澳大利亚因为经济状况一直都很好，财政也在很长时间里保持盈余状态。但是为了使国债期货顺利运行，澳大利亚交易所协同全行业曾经给澳大利亚议会写了相关的报告，阐述了国债的发行对国债期货运行的重要性，国债期货对澳大利亚的基准利率的作用。澳大利亚政府因此一直保持至少500亿美元国债余额，哪怕没有弥补赤字的需要，以保证国债期货的顺利运行。

[1] 陶杰“新加坡国债广受投资者欢迎”《经济日报》2012年9月21日

（四）偿还以前年度的国债本息

今天在全世界范围内国债规模都非常大，占GDP的比重甚至比二战时期还要高。其中一个重要原因就是利息的因素。特别在通货膨胀严重的上世纪70年代末80年代初，国债利率高居不下，每年新发行的国债当中，有很大一部分就是为到期的国债还本付息。目前要解决全世界范围内的债台高筑，除了要压缩赤字，实用的方法还是发行新的债券以偿还旧的债券。

以巴西为例，2011年3月2日，巴西央行再次提高基准利率0.5个百分点至11.75%，是当年的第二次加息，这大幅高于目前巴西6.3%的通胀水平。[1]巴西高企的利率不仅对巴西经济增长的确起到负面影响，也给巴西国库增加了沉重的负担。一方面，高利率意味着投资占GDP的比重低，债务成本巨大。企业也不愿意利用债务融资的方法来扩大再生产，另外一方面，由于利息成本巨大，国家财政每年为国债支付的利息也是一大笔支出。2010年，巴西政府国债利息支出占财政收入总量的比重为15%。按照彭博社的资讯，巴西2011年国债余额9 173亿美元，这样一年要付上千亿美元的利息。1999年，亚洲金融危机和俄罗斯金融危机中，为了维持雷亚尔盯住美元的汇率制度，避免资本外流，巴西中央银行不断提高利率，最高达到41%。这一年，巴西的国债占GDP的比例居然也高达41%，利息占国债非常高[2]。当年俄罗斯发生债务危机的原因之一也是国债在高利率的情况下，已经滚到一个很高的数字，超出了国家的兑付能力。

---

[1] 蔚华“罗伯特·塞图贝：告诉你一个高利率的巴西”《第一财经日报》2011年4月18日
[2] 王宇“巴西退出钉住汇率制度的经验教训”《中国金融》2005年8月22日

二、地方政府债券

地方政府根据信用原则、以承担还本付息责任为前提而筹集资金的债务凭证，是由有财政收入的地方政府及地方公共机构发行的债券。不少国家中有财政收入的地方政府及地方公共机构也发行债券，它们发行的债券也可以称为市政债券。市政债券一般用于交通、通讯、住宅、教育、医院和污水处理系统等地方性公共设施的建设。

同中央政府发行的国债一样，地方政府债券一般也是以当地政府的税收能力作为还本付息的担保。在国外，投资者购买地方政府债券所获得的利息收入一般都免交所得税，因此富人和想省税的企业是市政债券的主要买家。地方政府债券的安全性较高，被认为是安全性仅次于“金边债券”的一种债券。所以又称“银边债券”。我国的地方政府债包括由中央财政代理发行和地方政府自主发行的由地方政府负责偿还的债券。中国之前一般不允许地方政府发行政府债券，2009年为了应对美国次债危机，中国政府宣布发行的2 000亿地方债券是整个4万亿经济刺激计划的一部分。这也是我国公开发行地方政府债券数量最大的一次。

2011年，地方政府发债机制进一步创新，除财政部代理发行地方政府债券1 771亿元以外，上海、浙江、广东、深圳开展地方政府自行发债试点，供发行债券229亿元。地方政府试点自行发债是解决地方政府债务问题的有益探索，有利于推动地方政府债务从隐性走向透明。[1]

2012年全国金融工作会议上，温家宝总理的报告指出要高度重视

[1] 杨农《中国债券市场发展报告2011》中国金融出版社2012年3月

地方政府性债务管理问题。经过清理规范，融资平台公司融资规模膨胀的势头得到有效遏制。要求按照“分类管理、区别对待、逐步化解”的原则，建立规范的地方人民政府举债融资机制，严格控制地方人民政府新增债务。对存量债务要区别不同情况进行妥善处理，既要积极稳妥化解财政金融风险，又要保证国家批准的重点在建项目资金需求，避免局部风险引发全局性、系统性风险。地方政府一定要落实偿债责任，防止逃废债务。继续抓紧规范地方政府融资平台公司，加强监管约束和风险防范。切实规范借贷各方行为，坚决禁止各种形式的违规担保。稳步推进地方人民政府按核定规模发债试点，将地方政府债务收支分类纳入预算管理，构建地方政府债务规模控制和风险预警机制。

三、央行票据

《中国人民银行法》第二十九条规定，中国人民银行不得认购和包销国债和地方政府债券。为了完成公开市场操作的职能，中国人民银行向金融机构发行央行票据，用以回笼货币。其发行人为中国人民银行，期限为3个月—3年，以一年期以下的短期票据为主。央行票据即中央银行票据，是中央银行为调节商业银行超额准备金而向商业银行发行的短期债务凭证，其实质是中央银行债券。之所以叫“中央银行票据”，是为了突出其短期性特点，中央银行发行的央行票据是中央银行调节基础货币的一项货币政策工具，目的是减少商业银行可贷资金量。商业银行在支付认购央行票据的款项后，其直接结果就是可贷资金量的减少。

中央银行为了实现其货币政策目标，主要手段就是动用利率工具和存款准备金调整以及开展公开市场业务。相对而言，公开市场业务是一种平缓的不带冲击力的政策工具，并不像利率调整一样立竿见影，追求的是“润物细无声”的效果。缓慢发挥作用的政策工具。计划经济体制改革强调立竿见影，而市场经济追求的是平缓的效果，所有政策要综合使用。针对不同的经济环境和经济形势来发行央行票据，其实是一个很好的政策。央行票据的发行，能够在一个比较长的时间内平缓地让金融机构的信贷增长和经济增长达到预定目标。

作为中央银行三大政策法宝之一，中国人民银行从 1999 年开始将公开市场业务作为其货币政策日常操作的重要工具。央行票据作为央行的公开市场操作手段之一最早始于 2002 年。发行央行票据，是一种向市场出售证券、回笼货币的过程；如果央行票据到期，则表现为基础货币的投放。跟国债发行的目的不同的是，央行票据发行的目的不是为了弥补财政赤字，而是为了回笼货币，有收紧银根的意味。央行票据跟其他所有类债券根本不同点在于，它不是以筹集资金为目的。央行票据发行后可以在银行间债券市场上流通交易，交易方式有现券交易和回购交易。央行直接从二级市场买入央行票据，也是货币投放的一种形式；卖出央行票据则表现为货币回笼。回购交易分为正回购和逆回购。正回购是央行向市场卖出票据，从市场回收流动性，到期以后央行再按约定价格买回；逆回购正好相反，是央行向市场买入票据，投放流动性，到期以后央行按约定价格卖出。

央行票据对于调控货币供应量、调节商业银行可贷款余额、引导利率走势发挥非常重要的作用。例如，在过去十年间，我国的外汇储备增加非常快，银行的外汇占款急剧增加，为了减少外汇占款增加对基础货币供给增长的负面影响，中国人民银行大量发行央行票据，部分冲销了因为外汇占款增加造成的货币过度投放。央行票据在过去几年公开市场业务中扮演了重要的角色，同时也因为其灵活性、主动性和权威性的特点，在市场基准利率形成方面也渐渐成了市场的一个风向标，在引导银行间市场、交易所市场和相关债券市场形成相应期限，特别是短期基准利率，有重要的作用。尤其是央行票据的发行利率，更是短期利率的重要参考指标。

央行大手笔发行票据回收流动性

2008 年 2 月 14 日　CCTV《经济信息联播》

春节长假刚过，央行立即踩下资金回笼的“油门”。今天央行在公开市场发行三期，共计 1 950 亿元央行票据，创下近一年以来单次央票发行的最高纪录。为了保证南方受灾地区以及春节期间的资金供给，从今年年初到春节，央行累计向市场净投放资金 4 720 亿元，创历年来新高。到今年 6 月底，央行还将大约有 1.3 万亿元的央行票据等到期，其中，3 月份到期释放的资金量接近 6 000 亿元。

中国社科院金融研究所研究员郭晓亭说：“这次发行央行票据给市场传递一个明确的信号，就是今年回收流动性的压力依然很大，后续还会频繁地使用数量型的工具来回收流动性，例如继续提高存款准备金率，发行央行票据，甚至还会使用特别国债等措施。”

在今天央行发行的票据中，3 个月发行量为 300 亿元，一年期发行量为 750 亿元。值得注意的是三年期的发行量猛增至 900 亿元。而在今年以来的 6 周内，三年央票的最高发行量仅为 230 亿元。中国社科院金融研究所研究员郭晓亭说：“从回收流动性的效果来看，长期央行票据要比短期央行票据效果好，这次大量地发行3年期央行票据可以有效地实现深度冻结流动性。”

四、金融债券

金融债券，是银行或其它金融机构发行的债券。金融债券发行的目的一般是为了筹集长期资金，其利率也一般要高于同期银行存款利率，而且持券者需要资金时可以随时转让。金融债券包括政策性金融债、商业银行债券、特种金融债券、非银行金融机构债券、证券公司债、证券公司短期融资券等。商业银行债包括商业银行次级债券和商业银行普通债。

国家开发银行自1994年成立以来就确立了以发债为主的筹资模式，是我国仅次于财政部的第二大债券发行体。截止2012年底，国家开发银行金融债市场存量达到6万亿元左右，余额占中国债券市场的近1/4，是全球发行债券余额最大的银行。是名副其实的“债券银行”。以2007年报数据为例，国家开发银行人均债券筹资量是存款性商业银行人均筹资的20倍以上。目前开行的资产负债结构保持了比较合理的匹配，五年期以上中长期债券占债券存量95%，较好克服了存款性银行普遍存在的资产负债期限错配问题，为开行中长期贷款发放提供了最根本的保障。截至2012年6月30日，开发银行资产总计达到7万亿元。对于国家开发银行来说，开发金融债券融资具有集约、规模、高效的优势。国家开发银行曾创造过半小时招标发行600亿元债券的记录。

开发性金融债券成为中国财政政策的放大器。国家开发银行通过债券融资，引导大量的社会资金，有力地支持了国家基础设施、基础产业、支柱产业等重点项目建设。开发性金融债券是央行公开市场操作的重要品种，为央行货币政策操作提供了重要的工具，从而使开发性金融债券成为中国货币政策的传导器。开发性金融债券成为中国产业政策的助推器，开发性金融债券为中国产业结构调整和技术升级提供了强有力的资金支持。目前，商业银行和保险公司是开发性金融债券重要投资人，分别持有开发性金融债券总量的78%和14%，国家开发银行的金融债券为机构投资者提供了新的利润来源。[1]

商业银行次级债也是金融债券的一种，是指偿还次序优于公司股东权益，但是低于客户存款的一种特殊债务形式。这里所指的商业银行次级债中的次级仅仅是按照债务清偿顺序而言，跟美国房地产次债的涵义完全不同。商业银行次级债并不代表债券的信用等级。次级债的发行主体是中国各大商业银行，募集资金的用途在于补充资本充足率。2004 年 6 月 23 日，中国人民银行和银监会联合制定出台了《商业银行次级债券发行管理办法》，之后，中行和建行分别完成 600 亿元和 400 亿元的次级债的发行，工行于 2005 年成功发行首期次级债 350 亿元。2011 年下半年，在二级市场低迷，利用股票再融资比较困难的情况下，各家银行掀起了发行次级债的小高潮，用以缓解资本金压力。中国工商银行发行 1 000 亿元人民币左右的次级债券，用于补充资本，浦发银行公开发行总额不超过 184 亿元人民币的次级债，交通银行也发行 260 亿元人民币次级债，建行发行 400 亿元人民币次级债券。另外还有多家股份制商业银行发行了规模不等的次级债券。发行次级债的商业银行，其资本结构又发生了新的变化，即除了核心资本，还有以次级债形式表现出来的附属资本。

2010 年 9 月 12 日，巴塞尔银行监管委员会管理层会议通过了

---

[1] 晓健“推动中国金融债券持续健康发展”《国际融资》2010 年 7 月

加强银行体系资本要求的改革方案，主要涉及最低资本要求水平和过渡期安排，包括将普通股最低要求从 2% 提升至 4.5%，建立 2.5% 的资本留存缓冲和 0—2.5% 的逆周期资本缓冲。新规定过渡期最长可到 2019 年。协议核心内容是，在 2015 年 1 月 1 日前银行普通股与风险加权资产的比例至少达到 4.5%，以及资本充足率也就是包括普通股在内的一级资本与风险加权资产比例至少达到 6%，总资本充足率维持在 8%。这就要求银行在加强风险管理的同时，也要加强资本金多元化，以满足巴塞尔协议的新要求。当然，银行次级债券只是在一定期限内具有资本的属性，并非银行的自由资本，到期需要还本付息。因此次级债券并不能从根本上解决银行资本金充足率与存款大幅度增长之间的矛盾，他只是给银行提供了一个改善资本结构的缓冲期。

五、企业债券（主要在银行间市场流通）

企业债作为企业直接融资的工具，为企业改善融资结构、筹集投资项目中长期建设资金，发挥了积极作用。包括中央企业债券和地方企业债券。也可以称之为公司债券，它是由非金融性质的企业发行的债券，其发行目的是为了筹集长期建设资金。一般都有特定用途。

按有关规定，企业要发行债券必须先参加信用评级。按照信用评级，又分为投资级债券和高收益债券，后者也称垃圾债券。投资级债券是穆迪评级在 Baa3 以上，标普评级在 BBB - 以上的债券，信用风险相对较小，发行者一般为运营情况良好，负债比重不太高的成熟稳定型企业。而垃圾债券的发行公司通常有运营问题，或是负债比重较高，这类债券信用风险高，收益波动大，从交易的角度讲有时更像股票而非债券。因为企业的资信水平比不上金融机构和政府，所以公司债券的风险相对较大，因而其利率一般也较高。在我国，信用评级达不到一定标准，是不能发行企业债券的。2011 年企业债市场发展稳定，全年累计发行企业债 195 只，募集资金2 485 亿元。发行期限主要集中于 7 年及以下。第三方担保为受邀增信方式，其次是土地和建筑物的抵押。2011 年有 9 家企业债采取了无担保信用债的方式发行，无担保企业债在市场上的接受程度也在增高。募集资金用途城投化的特征明显。

2012 年，在宏观调控稳增长、政策鼓励直接融资的大背景下，企业债市场快速扩容。全年企业债累计发行 484 支，共募集资金 6 499. 31 亿元，分别比上年增加 148%和 161%；共有 62 家券商参与企业债承销。承销家数前六名的证券公司分别为国开证券、国信证券、银河证券、宏源证券、中信建投和平安证券。其中，国开行强大的承揽能力为国开证券提供了丰富的项目资源，该公司 2011 年尚未进入排名前三，2012 年即以独立主承销 25 家、联席主承销 37 家的成绩一跃摘得承销家数桂冠；排名第二的国信证券此前在债券承销业务方面表现平平，2012 年引入新的固定收益团队后，债券承销业务实现跨越式发展，以独立主承销 36 家、联席主承销 3 家的业绩占据次席。募集金额方面，国开证券、中国银河证券和国信证券分别以 643. 8 亿元、529. 8 亿元和 433 亿元领跑。2012 年企业债市场在规模迅速扩张的同时，还呈现如下特点：平台债仍然是企业债的主要组成部分，占比超过 80%；全年企业债发行节奏呈现明显的波动性；券商竞争日趋激烈，佣金费率快速下降。[1]

[1] 赵旭“2012 年企业债发行规模翻番 募集资金 6 499 亿”《上海证券报》2013 年 1 月 4 日

六、公司债（在证券交易所流通）

公司债是指上市公司依照法定程序发行、约定在一年以上期限内还本付息的有价证券。是由证监会监管的中长期直接融资品种。新的《公司法》对公司债券的定义是："指公司依照法定程序发行、约定在一定期限内还本付息的有价证券"。公司债券是公司外部融资的一种重要手段，是企业融资的重要来源，同时也是金融市场上的重要金融工具之一。

2011 年，证监会大力发展公司债市场，公司债市场实现了跨越式大发展。在审批环节上，证监会单独为公司债开辟了绿色通道，并且对于净资产规模 100 亿元以上或者信用等级为 AAA 的发行人，予以快速处理，审批时间大为缩短，由原来的数月缩短到一至两周。公司债的投资者队伍也在扩大，上市商业银行经银监会批准也可以进入交易所市场投资。2010 年发行公司债 23 只，到 2011 年就发展到 83 只，发行规模也达到 1 291 亿元，较 2010 年增长 152.4%。全年交易量 960 亿元，增长 64%。发行期限以 5 到 7 年为主，信用等级机构呈现哑铃型。公司债的增信方式基本上以本集团担保或者母公司担保为主，第三方担保只有一只。

七、中期票据

中国人民银行 2008 年度工作会议提出创新直接融资产品，研究开发能够实现企业直接融资的中期票据，期限为 3 到 7 年，以 5 年期为主，占 50%以上。中期票据是 5 年以下中期贷款的替代品，在银行间市场流通的债券。它与公司债券非常类似。2011 年，中期票据市场保持了快速平稳的发展态势。全年共有 316 家企业发行 407

只中期票据，发行额为 7 269 亿元，比上年增长 47.6%。其发行量远大于到期兑付量，2011 年末未到期余额达 19 742 亿元。

需求方面，投资者偏好中短期限的产品，尤其是在资金面不断调整的过程中，中短期限债券配置灵活的特点更加突出。由于中期票据具有发行灵活、上市流程简化、时间短的优点，企业更愿意发行中期票据来融资。在 2011 年发债主体当中，各种行业各种性质的企业都有，而较低信用等级的发行人的比重显著上升。发行主体的信用等级明显下移。

八、短期融资券

短期融资券，是指中国境内非金融企业发行的一年期以内的短期融资工具。证券公司短期融资券不属于本类。对于企业来讲，短期融资券的融资作用与银行短期贷款基本一致，但与银行的贷款利率相比，短期融资券能有效节省融资成本。一年期限银行贷款的利率自 2007 年 12 月 21 日起高达 7.47%，而 2007 年企业短期融资券的一年期平均发行利率在 4.33%左右。短期融资券筹资成本低于银行贷款的原因是，短期融资券属于直接融资，筹资者与投资者直接往来，绕开了银行中介，节省了一笔原付给银行的筹资费用。虽然，发行短期融资券要承担一定的发行成本，但即便如此短期融资券的筹资成本仍然低于银行贷款。

2007 年 1 月 4 日上海银行间同业拆借利率（SHIBOR）正式对外公布，标志着我国货币市场基准利率的培育工作正式启动。随着 SHIBOR 的推出，短期融资券逐步建立了以 SHIBOR 加点的定价模式。2007 年共发行 263 只短期融资券，总发行额 3 349 亿元，以 SHIBOR 为基准的 107 只，发行额为 1 376 亿元，以发行数量计占

40.68%，以发行额计占41.09%。2008年上半年共发行短期融资券133只，总发行额为1 720亿元。以SHIBOR为基准的82只，发行额为711亿元，以发行数量计占61.65%，以发行额计占41.34%。随着我国短期基准利率渐渐由SHIBOR与央行票据以及国债回购利率相结合的，短期融资券的利率基本上保持与基准利率稳定的基差。[1]2011年，短期融资券仍然保持快速平稳发展的态势，非金融企业发行612只短期融资券，发行额8 032亿元，增长19.1%。一级市场发行量持续增长，二级市场交易活跃。高信用等级的短期融资券与SHIBOR的基差稳定在80到120个基点之间。

九、资产支持证券

此类证券在美国很盛行，这是资产证券化的产物。例如房贷抵押债券就是各类房贷打包债券的总称。以前银行用自有资本支持按揭业务，后来华尔街设计了房贷抵押债券，将很多个房贷打包，设计成标准化的债券，转卖给投资者。银行从债主变成中间人，住房贷款的融资渠道大大拓宽，降低了按揭利率。这也是美国的房价持续上涨的一个重要因素。房贷抵押担保债券的模式后来被华尔街移植，出现了汽车融资债券、信用卡债券等等，推动了金融创新的发展，也为次贷危机留下来后患。

与发达国家相比，我国的资产证券化的步伐要晚不少。2000年中国建设银行和中国工商银行获得房地产住房抵押贷款证券化试点资格，但是并没有实施。2005年4月25日，中国人民银行颁布《信贷资产证券化试点管理办法》。同年12月12日，国家开发银行

[1] 高绍福、陈昊“我国短期融资券——历史、现状及发展建议”《会计之友》2010年第10期

发行了国内首支资产支持证券即 ABS（Asset based securities），“2005 第一期开源信贷资产证券”。该交易的基础抵押资产为国家开发银行发行的工商业贷款，共计 51 笔，本金余额为 41.77 亿元。12 月 15 日中国建设银行发行了“建元 2005－1 个人住房抵押贷款证券化信托”，其基础抵押资产池包换中国建设银行发放的 1 万 5 千多笔个人住房抵押贷款，本金余额为 30 余亿元。与此同时，证券系统也依据《证券公司客户资产管理业务试点办法》开展了企业资产证券化试点[1]。

应该说，2008 年美国次债危机给金融衍生产品的发展蒙上了一层阴影，但是无论是从全球金融发展的大趋势，还是我国金融发展的现实需求，稳步推进信贷资产证券化都是很重要的举措。资产证券化不仅可以满足不同投资者的需求，丰富投融资渠道，也可以一定程度上分散金融风险。而我国 M2 增速在过去十年以来一直处在一个快速的通道上，而银行的资本金的增长并不能跟上由于银行资产扩张带来的资本金的需求。信贷资产证券化不仅可以减轻银行的资本金压力，也可以使银行的利率多元化，从原来过度依赖于利差，而转向利差与中间业务并举的经营模式。

而大规模资产证券化的开展对信用评级和资产评估机构的要求有了进一步的提高。如果我国的信用评级和资产评估行业能因为资产证券化而提高，反过来又可以提高整个中国金融生态环境。除此之外，大规模资产证券化还要求中国加强金融市场基础建设的配套，这就要求进一步放松资本市场的管制，建立完善的金融期货、期权市场，包括国债期货、利率掉期等市场。

---

[1] 杨农《中国债券市场发展报告 2011》中国金融出版社 2012 年 3 月

在1929年大萧条以后，美国于1933年制定了《美国格拉斯-斯蒂格尔法案》（Glass-Steagall Act），也称作《1933年银行法》，将投资银行业务和商业银行业务严格地划分开，保证商业银行避免证券业的风险。该法案禁止银行包销和经营公司证券，只能购买由美联储批准的债券。而投资银行也不能经营商业银行的业务，该法案确立了美国金融业银行、证券分业经营的模式。所以，1970年之前，美国并不存在资产证券化和抵押担保债券这个名词。

由于1960年代美国约翰逊总统当政期间，对内以建立“伟大的美国社会”作为施政纲领，进行大规模的经济建设，对外则发动大规模的越战，使美国录得巨额的财政赤字。在加上欧佩克组织的成立，以及石油危机的爆发，导致美国的通货膨胀加剧。美联储提高利率对付通货膨胀。储蓄信贷协会（S&L）简称储贷协会，是一种在政府支持和监管下专门从事储蓄业务和住房抵押贷款的非银行金融机构。储贷协会的主要职能是利用贷款协助美国中低收入者置业。储贷协会的经营模式是所谓的3-6-3，即3%的利率吸收存款，6%的利率发放房贷，下午3点钟准时出现在高尔夫球场。利率的攀升导致了美国储贷协会的经营困难，利率的攀升也导致金融机构为了生存而出现了诸多的金融创新。资产证券化就是这样金融创新之一。它的发明，是战后第一次把华尔街的业务和商业银行的业务紧密地结合在一起。

1970年，所罗门兄弟公司的刘易斯·拉涅里和第一波士顿的拉里·芬克创造了证券化流程，这是一项能够将抵押贷款转换成安全的债券的技术。芬克发明了一项核心的分档技术。通过分档技术，可以按照不同的风险类型将抵押贷款支持证券切割成若干小块。因此一份抵押贷款支持证券就能够卖给多个对风险类型要求不同的投资者；从抵押贷款来的资金流就这样公平有效地被分散出去。在这个过程中，信用评级机构包括穆迪、标准普尔和惠誉都积极参与其中，因为投资者对新型的抵押债券并不熟悉，也因为有很多基金公司、养老保险等投资者的投资范围仅仅局限于信用等级比较高的债券产品。

抵押房地产债券本身是一种有益的金融创新和健康的投资产品，但是由于部分信贷业者和华尔街贪得无厌，将不符合谨慎原则的次级房贷也鱼目混珠也打包成为资产证券化产品，并利用美国国际集团等公司销售的所谓CDS等产品进行增信。加上穆迪、标准普尔和惠誉等评级机构自欺欺人的高信用评级，使这些本来不符合投资条件的产品进入资本市场，在房价上涨时期，问题还可以得到掩盖。2006年，美联储大幅度连续十多次提高利率以后，房地产泡沫破灭，导致次级房贷危机于2007年爆发，在2008年达到高潮。

十、国际机构债

指国际机构在我国境内发行的债券。亚洲开发银行、世界银行系统的国际金融公司在中国境内发行的债券，也称“熊猫债券”。熊猫债券就是国际多边金融机构在华发行的人民币债券，也就是一种外国债券[1]。外国债券是指外国筹资者在一个国家国内市场以发行所在国货币为面值的一种债务工具。根据国际惯例，国外金融机

[1] 国际债券一般可以分为外国债券和欧洲债券两种。外国债券是指某一国借款人在本国以外的某一国家发行，以该国货币为面值的债券；欧洲债券是指借款人在本国境外市场发行的，不以发行市场所在国的货币为面值的国际债券。

构在一国发行债券时，一般以该国最具特征的吉祥物命名，如 IBM 公司在日本发行的债券被称之为“武士债券”，英国天然气公司在美国发行的债券被称之为“扬基债券”，还有英国的“猛犬债券”和西班牙的“斗牛士债券”等。所以，时任财政部部长金人庆将国际多边金融机构首次在华发行地人民币债券命名为“熊猫债券”。

改革开放初期，中国建设资金匮乏，1981 年 1 月，中国国际信托投资公司为仪征化纤项目在日本东京发行总额为 100 亿日元的武士债券。中国首次在国外私募发行债券。谁也不曾想到，25 年以后中国的资本市场已经发达到容纳国际机构在我国发行债券融资的程度。2005 年 10 月 10 日，中国人民银行批准国际金融公司和亚洲开发银行在全国银行间债券市场分别发行人民币债券 11.3 亿元和 10 亿元。这是中国债券市场首次引入外资机构发行主体，是中国债券市场对外开放的重要举措和有益尝试。

十一、可转换债券

可转换债券是债券的一种，它可以转换为债券发行公司的股票，通常具有较低的票面利率。从本质上讲，可转换债券是在发行公司债券的基础上，附加了一份期权，并允许购买人在一定的时间范围内将其购买的债券转换成指定公司的股票。对于投资者来说，可转换公司债的好处是，当投资者不了解发行公司的发展潜力和前景的时候，可以先投资于这类债券。待发行公司经营业绩乐观，股票行情看涨的时候，可以将债券转换成股票，以受益于公司的发展。是一种进可攻退可守的投资方式。美国投资家巴菲特非常善于运用这种方式进行投资。2011 年我国可转债市场延续 2010 年的发展势头，共有 9 家上市公司发行了 413 亿元可转债。截止 2011 年末，可转债托管规模是 19 只，票面余额 1 162.93 亿元。相对于证券市场来说，可转债的交易更加活跃。

中国证券监督管理委员会 2013 年 2 月 26 日宣布，为了便于扩展资产证券化业务深度与广度，将降低证券公司从事资产证券化业务的准入门槛，简化审批程序。证监会在《证券公司资产证券化业务管理规定（征求意见稿)》中表示，将降低证券公司从事资产证券化业务的准入门槛，取消有关证券公司分类结果、净资本规模等门槛限制。具备证券资产管理业务资格、近一年无重大违法违规行为等基本条件的证券公司均可申请设立专项资产管理计划开展资产证券化业务。证监会还称将简化审批程序，因此做市商可在获得证监会批准后将商业票据、信贷资产和不动产财产资产证券化。

分离交易可转债的全称是“认股权和债券分离交易的可转换公司债券”，它是一种附认股权证的公司债，可分离为可转换债券和股票权证两部分，赋予了上市公司一次发行两次融资的机会。2006 年末出台的《上市公司证券发行管理办法》首次将分离交易可转债列为上市公司再融资品种，并对其发行条件、发行程序、条款设定等方面作出较为具体的规定。可转换债券可以在一定时间内以一定的价格转换成公司股票，也可以到期收回本金和利息。股票权证则包括认股权证和认沽权证。赋予持有者按照协议价买入或者卖出股票的权利。分离交易可转债是债券和股票的混合融资品种，它与普通可转债的本质区别在于债券与期权可分离交易。

巴菲特：对可转债情有独钟投资家

我们都知道巴菲特在投资股票的时候独具慧眼，事实上这位股神也是一个投资债券的高手。在选择投资债券的时候，巴菲特对可转债更是情有独钟。巴菲特是一位谨慎的投资者，他的有句名言“投资最重要的原则是：第一，不要赔钱；第二，永远记住第一点。”因此，攻守兼备的可转债非常符合巴菲特的投资原则：安全，有保底，而且一旦股票价格上升，债券转换成股票更是可以获得丰厚的利润。

1980年代，美国资本市场流行恶意收购。1989年，当有恶意收购者企图狙击吉列公司的时候，巴菲特被吉列公司邀请成为英雄救美的白衣骑士。就这样巴菲特通过非公开市场业务，以6亿美元的价格购买了吉列公司年利率8.75%的可转换特别优先股。这些优先股可以在两年以后以50美元的价格转换为1.2亿股的普通。而当时普通股的市场价格为41美元。如果这些可转换优先股不转换为普通股的话，可以在10年内由吉列公司赎回。巴菲特协助吉列成功地抵挡住投机者的恶意收购攻势。可转换优先股也在两年后转换成为了普通股，巴菲特占吉列公司的股份比例10%（后来稀释到9%）。这里的可转换特别优先股实质上就是可转换债券，唯一的区别就是公司清偿时排序在债权人之后。2005年，宝洁公司收购吉列以后，巴菲特持有的吉列公司的股票市值增长到了51亿美元。16年时间投资回报率7倍有余。

巴菲特投资可转债的另一个经典案例是2001年前后的Level 3公司长期债券和可转债。Level 3公司是美国一家提供互联网宽带和网络通信业务相关的运营商。在很多人看来，有点一反常态，因为巴菲特一向回避科技股、网络股。巴菲特曾经说过，“对我而言，任何有关高科技领域的投资决定，我在五秒钟内就可以否决掉。”因为这些公司绝大多数都属于高速变化、极度不稳定的产业，而快速变化的产业被公认是投资者的绞肉机。此外，巴菲特也公开承认，自己对于高科技产业没有把握，所知不多，所以即使错过了包括微软、谷歌在内的众多机会，股神也从来都不觉得遗憾。然而2001年著名投资杂志《巴伦周刊》公开报道：伯克希尔哈撒韦公司居然要购买Level 3公司3.5亿元的低价可转债！一向保守、稳健的投资大师，这次一改常态，确确实实是让投资者跌破了眼镜。Level 3公司股价在2000年达到最高峰130美元，市值460亿美元。因为大量扩张，到了2002年时，债务余额约60亿美元。随着互联网泡沫的破灭，此时的股价只有5元左右，相对于高位跌去了97%。一时间甚至有人担心该公司可能倒闭，Level 3公司40多亿元的可转债债券价格也随股价跌到18～50美分的价格（面值1美元），即使不考虑转股的问题，当成普通债券持有到期的年化收益率也已经高达25%～45%。公司还拥有15亿美元的现金和6.5亿美元的银行借款。这就等于，以18～50美分的价格买一个每年6%利息+到期后1美元本金的债券。巴菲特在市场上高调宣布买入Level 3公司的债券，还进一步接受了公司的定向发行可转换债券。到了2003年，Level 3债券的价格已经涨到73美分。2006年时，公司走出了财务阴影。仅仅从巴菲特的公开债券操作来看，短短一两年，其年化收益率高达180%，总收益高达4亿多美元！而私募的可转债，利润更加丰厚。

2008年美国次债危机最高潮，华尔街金融机构个个岌岌可危之时，巴菲特再次出手认购高盛公司的可转换优先股票。每年固定红利10%，同时获得认股权证，5年内可以以每股115

美元的价格，认购 50 亿美元额度之内的高盛股票。跟前面认购吉列的所谓优先股一样，本质上就是可转换债券。不久，巴菲特再次出手，以同样的条件收购通用电气 50 亿美元可转换优先股。2011 年 3 月 19 日，高盛集团宣布将向股神巴菲特的旗舰伯克希尔哈撒韦公司支付 56.5 亿美元，以购回 50 亿美元的优先股。同时，高盛也会支付一次性的 16.4 亿美元利息。伯克希尔哈撒韦仍持有高盛发出的认股权，账面获利 19 亿美元，因此在今次投资合共获利 37 亿美元，而投资 2 年半的利润率达 74%。

从以上几个案例可以看出，巴菲特几次出手购买上市公司的可转换债券都是在这些公司遇到某些困难之时以白衣骑士的身份出现。最后的结果是既做了人情，还赚得盆满钵满。之所以称可转换债券为可转换优先股票，目的是为了给现有的债券人定心丸，因为巴菲特清偿权在现有债权人之后。

十二、政府支持机构债

在美国，政府机构债券主要指房利美和房地美发行的债券。两房的职能是为美国老百姓买房子提供贷款便利，它们通过直接从银行手中购买住房贷款和提供贷款保险等方式为房贷市场提供资金。由于投资者认为两房有美国政府的隐性担保，所以它们的债券融资成本比信用最好的银行还低，这就使两房有条件用低成本资金为老百姓提供低息住房贷款。但两房随同华尔街盲目的逐利行为也为金融危机起了推波助澜作用，最终导致美国政府在次债危机期间不得不出巨资援助房地美和房利美。中国的政府支持债券目前包括汇金公司发行的债券、2011 年以来铁道部发行的债券等。

按照偿还期限来划分，债券可以分为短期债券、中期债券和长期债券。

一般说来，偿还期限1年以下的债券为短期债券；偿还期限在1年以上，10年以下的债券为中期债券；偿还期限在10年以上的为长期债券。例如，美国国债分为：短期国库券（T-Bills）、中期国库票据（T-Notes）和长期国库债券（T-Bonds）等3类。我国的国债期限的划分也跟美国的类似。我国的企业债券划分标准略有不同。1年以内的企业债券为短期融资券，偿还期限为1年以上，5年以下称之为中期企业债券或者中期票据，偿还期限为5年以上的为长期企业债券。

短期债券的发行者主要是企业和政府。例如，美国政府每年大量发行短期国库券，这是因为美国政府的收入主要来源之一是所得税，而所得税一般都是第二年年初才能归入国库，在这之前政府开支就依靠发行短期国库券。美国政府发行的短期国库券主要分为3个月、6个月、9个月和12个月。我国现在发行短期国库券相对较少。短期国库券一般是折价发行，不附带息票，到期本息为整数100元。短期融资券是指具有法人资格的非金融企业，依照规定的条件和程序在银行间债券市场发行并约定在一定期限内还本付息的有价证券。短期融资券是由企业发行的无担保短期本票。在中国，短期融资券是指企业依照《银行间债券市场非金融企业债务融资工具管理办法》的条件和程序在银行间债券市场发行和交易并约定在一定期限内还本付息的有价证券，是企业筹措短期（1年以内）资金的直接融资方式。

中长期债券发行的主要目的是筹集长期稳定的资金。金融债券一般都是中长期限为主，主要是因为，银行的存款以短期为主，为了优化资产负债表，银行倾向于发行中长期债券用以平衡资产负债结构。我国政府发行的债券主要集中在3到10年。2009年11月27日，我国继成功发行30年期国债以后又在全国银行间债券市场、证券交易所市场成功招标发行总额200亿元的50年期国债，中标利率为4.3%。保险公司和社保基金成为购买50年期长期国债的主要投资者。

2013年关键期限国债发行计划表

发行日期	期　限	发行日期	期　限	发行日期	期　限
1月9日	5年期	5月8日	3年期	8月21日	10年期
1月16日	1年期	5月15日	7年期	9月4日	3年期
1月23日	7年期	5月22日	10年期	9月11日	10年期
1月30日	3年期	5月29日	5年期	10月16日	7年期
2月20日	10年期	6月5日	7年期	10月23日	10年期
2月27日	7年期	6月19日	10年期	10月30日	1年期
3月6日	5年期	7月3日	1年期	11月6日	5年期
3月13日	7年期	7月10日	7年期	11月13日	7年期
3月20日	10年期	7月17日	10年期	11月20日	10年期
4月10日	1年期	7月24日	5年期	12月4日	5年期
4月17日	7年期	8月7日	7年期	12月11日	7年期
4月24日	10年期	8月14日	3年期		

按照付息方式不同，债券可分为：付息债权和贴息债券

付息债权是指债券券面上附有息票的债券，按照债券票面载明的利率以及支付方式来支付利息的债券称之为附息债券。美国一般债券都每半年支付一次利息。债券持有人可以在利息支付日以后将息票从债券上剪下直接存入银行就可以领取利息。我国早期发行的国债基本上都是到期还本付息，中途不支付利息。1993年第三期国债开始，我国也有按年支付利息的国债。随后，中国基本上按照国际惯例支付利息。以2013年拟发行国债为例，10年期国债每半年支付一次利息，10年以下期限的国债，每年支付一次利息。

贴息债券是在发行时按照一定的折扣率发行，不附利息。发行价与票面价之间的差价就是持有期利息。在国外，短期国库券都是贴现发行。如果是长期债券贴现发行，也可以称之为零息债券。公司发行长期零息债券的好处在于，发行公司在债券到期前无须每年支付利息，并且可以享受一定的税务优惠，缺点是到期以后要支出远大于当初发行债券时所得的一大笔金额。此类债券最大的好处在于避免了投资者每年所得利息再投资风险。零息债券对利率敏感度相对要大，债券价格与利率成负相关关系。在我国债券市场，还有一种本随利清债券，跟零息债券相同一点就是到期前无须支付利息。但是到期以后必须按照票面金额和票面利息一次性支付本息。

按照利率变动与否，可分为固定利率债券和浮动利率债券

固定利率债券是指在发行时就已经确定发行利率，并在整个偿还期内不会因为市场情况发生变化而改变利率的债券。浮动利率债券是与固定利率债券相对应的一种债券。它是指发行时规定债券利率随市场利率，或者跟通货膨胀率等指标挂钩，并定期调整利率的债券。浮动利率债券大都是中长期债券。采用浮动利率来发行债券可以避免债券利率与市场利率之间发生重大差异，是发行人的成本和投资者的实际收益事先就带有很大的不确定性，从而导致双方都要承受较高的利率市场风险。发行人为了避免发行债券以后利率重大波动，可以采用利率互换或者利率期货、期权等工具规避风险。

另外，债券还可以按照募集方式分为公募债券和私募债券。按照担保性质，可以分为无担保债券、有担保债券、质押债券等等。

第五章

中国国债市场发展历程

1949 年 10 月 1 日中华人民共和国建国后，新中国百废待兴，为发展经济，为国家建设筹措资金，中央人民政府政务院决定于 1950 年以及 1954 年—1958 年间分别发行“人民胜利折实公债”和“经济建设公债”。1968 年底，这些公债全部还清。1969 年 2 月 21 日，《人民日报》宣布，我国已经成为世界上既没有内债，也没有外债的强大的独立的社会主义国家。人民日报的这篇评论，让当时的中国人民觉得很自豪。

1978 年春，五届全国人大一次会议召开，提出从 1978 年到 1985 年，要建设 120 个大项目，其中有十大钢铁基地、九大有色金属基地、十大油气田等高指标。按这个规划来计算，这 8 年的基建投资规模相当于新中国前 28 年的总和。巨大的投资规模令国民经济难以承受重负。最明显的标志是，1979 年、1980 年连续出现巨额财政赤字，1979 年赤字达 170 多亿元，1980 年赤字达 121 亿元。在这样的背景下，党中央决定重启国库券的发行。

一、以柜台为主的阶段（1988 年—1990 年）

1981 年 1 月 16 日，国务院会议通过《中华人民共和国国库券条例》，确定从1981年开始，发行中华人民共和国国库券，并规定国库券不得当作货币流通，不得自由买卖。1981年，中国首次发行国库券，10年还本付息，年息4厘，自发行第6年起分5年作5次偿还本金，每年还本20%，抽签决定还本的国库券。[1]国库券总金额40亿元，要求全民所有制单位和集体所有制单位购买20亿元，城乡居民购买20亿元。实际发售46.65亿元，超额16.6%完成任务。[2]

1982年2月16日，中央国库券推销委员会成立。1981年至1987年，中国国库券的年均发行规模为59.5亿元，当时我国尚不存在国债市场，国库券的发行采取的是行政摊派的形式，面向国有企事业单位和个人，且存在利率差别（个人购券的年利率要高于单位购券4个百分点）。发行的券种也很单一，除1987年发行过54亿元的3年期重点建设债券外，其它各年份均为5年至9年的中长期国库券，1988年，国家提高国库券利率，将还本期限从5年缩短到3年。1988年，财政部试行不分配发行任务，把国库券摆在银行柜台销售。可是由于多方面原因，这个试验失败了，那年只完成了发行计划的40%。[3]为了推进国库券发行工作，国务院批准自1988年4月起在沈阳、上海、重庆、武汉、广州、深圳、哈尔滨等7个金融改革试点城市，首次进行开放国库券转让市场的试点工作，允许转让国库券，但不得作为货币流通。可以进入转让市场的，限于1985、1986年度面对个人发行的国库券。1988年6月，第二批54个城市开始进行国库券转让试点工作。

---

[1] 张加伦“1980年恢复‘国库券’发行鲜为人知的幕后故事”《解放日报》2006年10月11日
[2] 张冬萍“国库券：国与民之间的财富游戏”《潇湘晨报》2008年5月7日
[3] 张加伦“1980年恢复‘国库券’发行鲜为人知的幕后故事”《解放日报》2006年10月11日

上海知名的股票投资者，人称“杨百万”的杨怀定就是在这个时期抓住机会，赚取第一桶金的。1988年刚刚从厂里辞职不久的杨百万每天都会到上海图书馆去看报纸，希望从中找到致富的蛛丝马迹。有一天杨怀定从报纸上看到一则消息，中国人民银行行长李贵鲜宣布国库券可以自由买卖了。于是他买了一张当天的《人民日报》，到外滩去找上海一家大银行的金融研究所。当他向一个研究员打听“什么时候真正可以买卖国库券”时，研究员愣住了，回答说：“不行！买卖国库券是非法的！”原来他们还没接到红头文件。杨怀定了解到最近的国库券流通的试点城市是安徽合肥市。他就每天关注《安徽日报》国库券的报价。他发现，在上海100元面值的国库券卖102—103元，而《安徽日报》上介绍合肥的同种国库券只卖100元。杨百万从银行里取出了全部存款2万元，又从亲友处借了9万元，连夜坐火车去合肥并买下了合肥市工商银行手上全部10.65万元的国库券。当《安徽日报》记者闻讯赶来采访时，狡黠的杨怀定并没有告诉他们是运到上海去赚取差价，而是告诉他们，买国库券是因为利息比银行高很多。杨怀定第一次贩卖国库券就赚了1 060元，这在当时是一笔不小的数字。就这样，杨怀定那段时间不停地在上海和合肥两地奔走，实实在在地赚了不少钱，为他后来的证券市场上的成功打下了坚实的基础。[1]

二、以上海证券交易所场内市场为主的阶段(1991年—1995年)

1990年12月上海证券交易所成立，国债逐步进入交易所交易。

---

[1] 杨怀定《做个百万富翁——杨百万自述》上海人民出版社2002年4月1日第一版

随后，全国各地的证券交易所纷纷推出债券交易，场内市场交易逐渐活跃。1991 年，财政部和中国人民银行决定，扩大市场交易券种，从 3 月份开始，在全国范围内增加开放国债流通转让市场的城市。至此，国库券市场已走向全面开放。4 月 20 日，我国首次采用承购包销方式发行国库券，以工商银行信托投资公司为承销总干事。同年 7 月，STAQ 系统宣布试行回购业务，这是回购业务首次引入中国。随后，武汉、天津证券交易中心也相继开展了国债回购业务。第一笔非实物国库券分销在 STAQ 系统国债转账结算中心完成交割结算。国债发行市场化迈出第一步，国债发行无纸化进程开始。11 月 1 日，1991 年国库券在上海证券交易所和上海各证券柜台挂牌交易。

1992 年 12 月 28 日，上海证券交易所向券商自营账户推出国债期货交易，尚未对公众开放，交投清淡。首期有 12 个品种。1993 年 10 月 25 日，上海证券交易所国债期货交易向社会公众开放。与此同时，北京商品交易所在期货交易所中率先推出国债期货交易。12 月 15 日，上海证券交易所国债回购业务正式起步。1993 年，国债一级自营商制度成型并参与国债发行承销业务。5 月 7 日，上海证券交易所决定利用各地证券交易中心的联网系统开展异地国债期货交易。7 月 9 日，上海证券交易所国债期货交易持仓限额办法推出，国债期货商的最高持仓限额实行自营和代理的统一。9 月 26 日，上海证券交易所就国债期货 314 品种超限持仓落实强制平仓事宜做出安排，这是上海证券交易所首次实行国债期货的强行平仓。12 月 8 日，上海证券交易所对国债期货交收做出规定，12 日起按合约市值 50%全额缴纳保证金，28 日起保证金比例提高到 85%，持仓合约不得超过核定最高限额的 10%，12 日起各会员不准开设新仓。12 月 28 日，上海证券交易所发出《关于严格制止国债现货交易违规操作的通知》，并规定处罚条例。

1995 年 1 月 9 日，上海证券交易所国债期货首次成功进行混合交收。2 月 23 日，发生国债“327 事件”，327 是国债期货合约的代号，对应 1992 年发行 1995 年 6 月到期兑付的 3 年期国库券，该券发行总量为 240 亿元人民币。3 月 25 日，上海证券交易所决定实行国债期货“多品种混合交收”。4 月 13 日，上海证券交易所对国债期货 F94203 品种违规交易的当事会员做出严厉处罚。5 月 17 日，上海证券交易所落实中国证监会发出的紧急通知，暂停国债期货交易试点。6 月 20 日，上海证券交易所国债回购总金额首次超过股票交易量。由于缺乏中央托管机构，债券市场发生“纸危机”：一些机构以代保管单的形式超发和卖空国债，引起巨大的市场风险，并基于虚假的国债代保管单作国债登记抵押，回购演变为信用拆借，大量资金通过回购渠道违规进入房地产和股市投机。8 月 8 日，国家正式停止一切场外债券市场，武汉证券交易中心、天津证券交易中心、北京 STAQ 系统等区域性的国债市场被相继关闭。证券交易所变成了中国惟一合法的债券市场。

“327”国债事件

（一）历史背景

“327”是国债期货合约的代号，是 1992 年发行 1995 年 6 月到期兑付的 3 年期国库券的国债期货合约，该券发行总量是 240 亿元人民币。

上世纪 90 年代初，中国金融市场建设非常迅速。特别是在 1992 年邓小平南巡以后，在邓小平“胆子要大一些，步子要快一些”的讲话的鼓舞下，我国的金融市场大胆改革，大胆试点。借鉴美国的经验，1992年12月28日，上海证券交易所首次设计并试行推出了12个品种的期货合约。国债期货试行的两周内，交易清淡，仅成交19口。1993年上半年，情况发生变化，因为经济过热引起了较高的通货膨胀，1993年7月10日，财政部颁布了《关于调整国库券发行条件的公告》，决定将参照中央银行公布的保值贴补率给予一些国债品种保值补贴。所谓的保值贴息指的是，由于通货膨胀带来人民币贬值，从而使国债持有者的实际财富减少。为了补偿国债持有人的这项损失，财政部拿出一部分钱作为利息的增加，称之为保值贴息。部分国债开始由固定利率变成了浮动利率，浮动水平跟通货膨胀水平挂钩。1994年10月以后，中国人民银行面对高达两位数的通货膨胀率，提高了3年期以上储蓄存款利率和恢复存款保值贴补，国库券利率也同样保值贴补。保值贴补率的不确定性和保值贴补率每月公布前后信息的泄漏所造成的市场信息不对称，迅速加大了炒作国债期货的空间，大量机构投资者由股市转入债市，国债期货市场行情火爆。1994年全国国债期货市场总成交量达2.8万亿元。占上海证券市场全部证券成交额的74.6%。

由于期货价格主要取决于相应现货价格预期。因此，影响现货价格的因素也就成了期货价格的决定因素。92（3）现券的票面利率为9.5%，如果不计保值和贴息，到期一次性还本付息，而不是按照国际惯例没半年付息一次，本息之和为128.50元。这个是确定的。影响1992年三年期国债现券价格的主要因素有：首先是保值贴补率。92（3）现券从1993年7

月 11 日起实行保值，因而，其中 1995 年 7 月份到期兑付时的保值贴补率的高低，影响着 92（3）现券的实际价值。其次是贴息问题。1993 年 7 月 1 日，人民币三年期储蓄存款利率上调至 12.24%，这与 92（3）现券的票面利率拉出了 2.74 个百分点的利差，而 1994 年 7 月 10 日财政部发布的公告仅仅规定了 92（3）等国债品种将与居民储蓄存款一样享受保值贴补，并未说明 92（3）现券是否将随着储蓄利率的提高进行同步调整。因此，92（3）现券是否加息成为市场一大悬念，直接影响 92（3）现券的到期价值。另外，1995 年新券流通量的多寡也直接影响 92（3）期券的炒作。因为上海证交所采用混合交收的制度，如果新券流通量大，且能成为混合交收的基础券种，那么，空方将有更多的选择余地，市场将有利于空方，如果相反，则对多方有利。这些价格的不确定因素，为 92（3）国债期货的炒作提供了空间。

（二）事件发展经过

1995 年，国务院提出要在三年内大幅降低通货膨胀率。1994 年底、1995 年初的时段，通胀率已经初步得到了控制。众所周知的是，在 1992—1994 年这三年里，因为高通货膨胀率，保值贴息率一直维持在 7%—8% 的高水平。根据这些数据，时任万国证券总经理的管金生认为，当时国家在财政困难的情况下，要拿出那么一大笔钱来支付保值贴补不太可能，毕竟 92（3）国债事先也没有明确一定要进行保值贴补。因此当市价在 147—148 元，比不含保值贴补的本息之和高出 9 元左右，万国证券联合辽宁国发集团，成为了市场空头主力。当时的中国经济开发有限公司（简称中经开），隶属于财政部，成为了多头主力。

1995年2月23日，财政部发布公告称，“327”国债将按148.50元兑付，空头判断彻底错误。当日，中经开率领多方借利好大肆买入，将价格推到了151.98元。随后辽国发的高岭、高原兄弟在形势对空头及其不利的情况下由空翻多，将其50万口做空单迅速平仓，反手买入50万口做多，“327”国债在1分钟内涨了2元。这对于万国证券意味着一个沉重打击——60亿人民币的巨额亏损。管金生为了维护自身利益，在收盘前八分钟时，做出避免巨额亏损的疯狂举措：下午四点二十二，在手头并没有足够保证金的前提下，万国证券先以50万口把价位从151.30元拉到150元，然后把价位打到148元，最后一个730万口的巨大卖单把价位打到147.40元。这笔730万口卖单面值1 460亿元。当日开盘的多方全部爆仓，并且由于时间仓促，多方根本没有来得及有所反应，使得这次激烈的多空绞杀终于以万国证券盈利而告终。而另一方面，以中经开为代表的多头，则出现了约40亿元的巨额亏损。

（三）处理结果

1995年2月23日晚上十点，上海证券交易所在经过紧急会议后宣布：23日16时22分13秒之后的所有交易是异常的无效的，经过此调整当日国债成交额为5 400亿元，当日327品种的收盘价为违规前最后签订的一笔交易价格151.30元。上海证券交易所的这一决定，使万国证券的尾盘操作收获瞬间化为泡影。万国亏损56亿人民币，濒临破产。

1995年2月24日，上海证券交易所发出《关于加强国债期货交易监管工作的紧急通知》，就国债期货交易的监管问题作出六项规定，即 1. 从 2 月 24 日起，对国债期货交易实行涨跌停板制度；2. 严格加强最高持仓合约限额的管理工作；3. 切实建立客户持仓限额的规定；4. 严禁会员公司之间相互借用仓位；5. 对持仓限额使用结构实行控制；6. 严格国债期货资金使用管理。同时，为了维持市场稳定，开办了协议平仓专场。2 月 25 日，为规范整顿国债期货市场，中国证监会和财政部联合颁发了《国债期货交易管理暂行办法》；2 月 25 日，中国证监会又向各个国债期货交易场所发出了《关于加强国债期货风险控制的紧急通知》，不仅提高了交易保证金比例，还将交易场所从原来的十几个收缩到沪、深、汉、京四大市场。1995 年 5 月再次发生恶性违规事件，即“319”事件。

1995 年 5 月 17 日，中国证监会鉴于中国当时不具备开展国债期货交易的基本条件，发出《关于暂停全国范围内国债期货交易试点的紧急通知》，开市仅两年零六个月的国债期货无奈地划上了句号。中国第一个金融期货品种宣告夭折。9 月 20 日，国家监察部、中国证监会等部门都公布了对“327”事件的调查结果和处理决定，决定说，“这次事件是一起在国债期货市场发展过快、交易所监管不严和风险控制滞后的情况下，由上海万国证券公司、辽宁国发（集团）公司引起的国债期货风波。”决定认为，上海证交所对市场存在过度投机带来的风险估计严重不足，交易规则不完善，风险控制滞后，监督管理不严，致使在短短几个月内屡次发生严重违规交易引起的国债期货风波，在国内外造成极坏的影响。经过四个多月深入调查取证，监察部、中国证监会等部门根据有关法规，对有关责任人分别做出了开除公职、撤消行政职务等纪律处分和调离、免职等组织处分，涉嫌触犯刑律的移送司法机关处理，对违反规定的证券机构进行经济处罚。

三、中国国债市场全面走向市场化（1996年—2001年）

1996年，中国国债市场的发展全面走向市场化，国债发行方式实现了由承购包销向公开招标过渡。国债的发行方式也从以实物券为主转向以无纸化电子记账为主，国债的二级市场交易也采取了电子化的方式，极大地降低了发行成本和交易成本，同时也为中央银行运用国债进行公开市场操作创造了条件。1996年1月8日，第一个以价格招标方式发行的国债—“96年记账式（一期）国债”成功发行，此国债为我国国债发行史上第一个贴现式国债。1996年，央行批准市场化发行的政策性金融债券在银行间债券市场流通，可以进行现券交易和回购。1996年4月9日，中国人民银行开始参与国债二级市场开展公开市场操作，以吞吐基础货币，调节商业银行储备头寸。5月3日，沪市回购交易制度又做出重大改进，上海证券交易所发布《关于按季调整上市国债现券折算成回购标准券比率的通知》。6月12日，上海证券交易所各联网交易中心席位可用无纸化国债参与回购交易。记账式国债开始在上海、深圳证券交易所大量发行。随着债券回购交易的展开，初步形成了交易所债券市场体系。12月，经国务院同意，中央国债登记结算有限责任公司（简称“中债登”）在原中国证券交易系统有限公司的基础上改组设立，中国人民银行、财政部及九家金融机构为出资人，成为财政部唯一授权主持建立、运营全国国债托管系统的机构，承担国债的总登记职责，是中国人民银行指定的全国银行间债券市场债券登记、托管、结算机构和商业银行柜台记账式国债交易一级托管人。

1996 年，因为股市行情火爆，一些地方的金融机构明修栈道暗渡陈仓，把银行的信贷资金挪用到股市里去投机。中国工商银行合肥市分行、中信实业银行济南分行拿了一二百个亿去炒股票。经查获后，二位行长都被免职[1]。1997 年 6 月 6 日，应中国人民银行的要求，各商业银行停止在沪深证券交易所及各地证券交易中心的证券回购和现状交易，中债登[2]被中国人民银行指定为市场的债券登记、托管与结算机构。1997 年 6 月 16 日，全国银行间拆借中心开始办理银行间债券回购和现券交易，由此全国银行间债券市场正式形成。11 月 28 日，商业银行在上海证券交易所的国债回购业务全部了结。1998 年 4 月，中国人民银行发布了《企业债券发行与转让管理办法》，加强企业债券发行与上市流通的管理，促进企业债券市场健康发展。加上后来央行陆续批准的其他债券，不同类型的债券加入银行间债券市场，大大丰富了市场交易工具。5 月 26 日，央行开始在银行间债券市场进行人民币公开市场操作。以买进债券和逆回购投放基础货币，为商业银行提供了流动性支持，促进了银行间债券市场交易的活跃。银行间市场债券发行系统启用。9 月 2 日，国家开发银行以招标方式发行金融债券 410 亿元，政策性银行金融债券由此从派购发行向市场化发行转变。10 月，中国人民银行批准保险公司入市。1998 年，财政部发行 2 700 亿元特别国债，用于补充四家银行资本金。1998 年至 2000 年，为了应对亚洲金融风暴，财政部共发行了 3 600 亿长期建设国债，专门用于基础设施建设。

1999 年，325 家城乡信用社、部分证券公司和全部的证券投资

[1] 朱镕基《朱镕基讲话实录》第一卷 人民出版社 2011 年 9 月

[2] 中债登，全称“中央债权登记结算有限责任公司”，习惯上简称“中债登”，另一简称“中央结算公司”。

基金开始在银行间债券市场进行交易。中债登与路透社合作编制了中国第一只债券收益率曲线。2000年，中债登会同中国外汇交易中心组织全国银行间债券市场成员签署《债券回购主协议》，市场的规范化建设迈上了一个新的台阶。

四、以银行间市场为主的阶段（2001年至今）

2001年，银行间债券市场年交易量首次超过交易所市场。此后银行间市场在债券市场中的份额稳步上升，我国债券市场以场外市场为主的格局初步形成。以2011年为例，在交易所发行的各类债券一共1 704亿元，仅仅占全年发行量的2.17%。从交易量来看，银行间市场当年债券交易规模在全市场中占比为89.53%，占据绝对主体地位。全市场债券托管量为22.75万亿元，而银行间市场就有20.64万亿元，占90.72%[1]。这也是从1997年初建立到现在十多年间，银行间市场全体参与者为之付出了巨大的努力的结果。

首先从参与者上，1996年央行要求银行全部撤退出交易所市场，建立银行间市场。但是其他类的金融机构甚至非金融机构逐渐也被吸收加入这个市场。1999年初，325家城乡信用社成为银行间债券市场成员。特别是2002年债券结算代理面向非金融机构开放，以及准入备案制的实施，各地中小银行、保险公司和众多非金融机构投资者进入市场，银行间债券市场参与者数量迅速增长。2007年3月初，企业年金基金获准进入全国银行间债券市场。截止2012年初，在中央国债登记结算有限责任公司开户的投资者就达到11 162户。

[1] 杨农《中国债券市场发展报告2011》中国金融出版社 2012年3月

在发行和交易的品种上，银行间市场更是长袖善舞。除了国债，国家开发银行的政策性金融债以及普通金融债都选择在银行间市场发行，这是因为金融债的主要买家都是银行。2005 年 12 月 13 日，公司债券进入银行间债券市场。2008 年 4 月 22 日，继短期融资券成功推出之后，由中国人民银行主导的银行间债券市场另一创新性债务融资工具——中期票据成功发行，其中中国铁道中期票据采取招标方式成功发行。中石油于 2010 年 4 月 28 日发行 200 亿元的 5 年期中期票据。同一天，铁道部也发行了 100 亿元、期限为 7 年的中期票据。在国有大型企业的参与下，中国人民银行监管下的企业债券在气势上超过证券市场。以 2009 年为例，银行间债券市场共发行各类债券 986 只（期），发行总额合计 86 954. 14 亿元。央票以 43. 98%的发行占比雄居首位。

为了扩大直接融资规模，2001 年以后的债券市场实现了跨越式大发展。这也给银行间市场创造了巨大的发展空间。在国债发行方面，人们观念的改变使超长期国债的发行成为了现实。继 2005 年发行 30 年期国债以后，2009 年 11 月 27 日，备受业界关注的 50 年期超长期国债终于登场。该期国债经投标确定的票面年利率为 4. 30%,200 亿元招标总量共获得市场 397. 9 亿元资金有效认购，认购倍数为 1. 99 倍。随着大规模基础设施建设的展开，各级地方政府也八仙过海，各显神通，地方城投公司等地方融资平台也都到银行间市场发行债券。2008 年 9 月，地方政府的债务已经扩大至 5. 62 万亿元。地方政府债超常规迅速发展，其风险引起了各方关注。

银行间债券市场的发展，为经济建设筹集资金带来了便利同时，也为中央宏观调控政策的传导提供了支撑。2011 年 10 月 12 日，发改委发文认定铁道部发行的中国铁路建设债券为政府支持债券，文件下发后发行的首只铁道债受到市场热捧。2011 年 10 月 24 日，银监会下发通知，支持商业银行通过发行专项金融债的方式募集资金，用来发放小型微型企业贷款，探索解决小微企业融资难的解决之道。

而交易所市场在债券的发行方面相对就要薄弱很多。2007 年 8 月 14 日，中国证监会正式颁布实施《公司债券发行试点办法》。2009 年 4 月 3 日，第一只地方政府债券——“新疆维吾尔自治区政府债券”在上海证券交易所挂牌交易。当年 11 月 3 日，泰康人寿保险股份有限公司次级定期债务在上海证券交易所固定收益平台挂牌转让，这意味着首家保险类债券在交易所市场挂牌。2010 年 12 月 6 日，商业银行阔别交易所 13 年后，再次回归上海证券交易所债券市场，但其象征意义更大些。2011 年 3 月 7 日，上海证券交易所首只证券公司债——6 年期 30 亿元 2011 年国泰君安证券股份有限公司债券挂牌转让，这也说明交易所市场还是有独特魅力的。

银行间市场和交易所市场的主要竞争体现在国债回购业务的发展上面。2002 年 10 月 10 日，上海证券交易所宣布将降低债券交易费率，增加一天期等国债回购新品种，增加企业债回购交易，以此应对银行间市场竞争。2003 年 5 月 19 日，上海证券交易所推出 2 天期国债回购品种，基本完成了 7 天期以内短期回购品种的期限结构布局。2004 年 4 月 8 日，银行间债券市场推出债券买断式回购业务。随后，上海证券交易所也推出国债买断式回购交易。2007 年 6 月 8 日，上海证券交易所宣布新老国债质押式回购成功并转运行，老国债质押式回购退出历史舞台。良性的竞争使我国的国债回购市场越来越活跃，也越来越规范。

由于银行间市场规模较大且不涉及到个人投资者，中国人民银行的公开市场操作和财政部的国库管理一般选择在银行间市场进行。这也为银行间市场的发展添色不少。2002年4月份开始，央行的人民币公开市场操作以定期发行央行票据的方式为主。2004年12月9日起，央行开始发行三年期央行票据，创下了央行票据的最长期限。2006年6月5日，财政部和央行发布《中央国库现金管理暂行办法》，将一万亿元的国库现金推上市场化的道路。在初期阶段，国库现金管理将主要实施商业银行定期存款和买回国债两种操作方式。财政部进行第一次国债买回操作，提前买回三只未到期的国债。以2009年为例，央行公开市场操作累计回笼资金7.995万亿元，投放资金8.208万亿元，净投放资金2 130亿元，为2000年以来首次年度净投放资金，规模创出新高。2012年5月以来，逆回购逐渐成为央行开展日常货币政策操作的绝对主流工具，有效地让资金利率波动频率降低、幅度减小，市场资金面更加稳定，机构预期也趋于正面。

在市场的基础设施建设方面。2003年1月1日，中债登为中国债券市场研发出中国第一个债券指数和收益率产品“中国债券指数”和“中国债券收益率曲线”系列。次日，上证国债指数正式发布。2005年4月，中债登成立“中国债券指数”专家指导委员会。2006年，经过4年平稳运行的中债收益率曲线和指数发布新版，同时根据新版收益率曲线向市场提供中债估值。中债登在债券收益率曲线上的持续努力得到了监管部门的认可。2007年6月15日，银监会下发通知，将中债登的中债收益率曲线作为衡量银行业金融机构市场风险管理计量的参考基准。2007年7月1日起，证券投资基金正式执行新的《企业会计准则》，中债估值被证监会指定作为证券投资基金持有债券的会计核算标准。2011 年 12 月 19 日，银行间市场清算所股份有限公司正式向银行间市场提供现券交易净额清算服务，这标志着银行间债券市场集中清算机制的正式建立。

2009 年 11 月 28 日，银行间市场清算所股份有限公司在上海正式成立。简称“上海清算所”。主要业务是为银行间市场提供以中央对手净额清算为主的直接和间接的本外币清算服务，包括清算、结算、交割、保证金管理、抵押品管理等。本次国际金融危机爆发后，国际社会对建立集中清算制度安排，降低交易对手方风险并实施有效监管达成了普遍共识。目前，信用违约互换的集中清算已在美国及欧盟逐步推行。建立清算所，是为了适应国际金融市场发展的最新趋势，进一步提高场外金融市场的透明度，降低场外交易风险。另外，我国银行间市场是典型的场外市场，交易量也成倍增长，需要更好的、专业的清算服务，以提高金融市场交易效率，降低交易成本，防范交易对手方风险。清算所的建立也有利于提高银行间市场的运行效率。清算所逐步推出以中央对手方模式的集中清算或净额清算服务，将明显节约银行间市场参与者开展各类交易的资金成本，有效地提高市场整体的效率和流动性。清算所的建立，有利于加快银行间市场的业务创新。金融衍生产品固有的高风险特性，要求市场中介机构提供专业化的清算服务，对可能出现的金融风险进行科学管理。清算所的建立，有利于完善银行间市场的监管。监管机构可以通过清算所制度，及时完整地获得银行间市场的交易和风险敞口信息，合理把握和评估重点机构、业务和工具的风险，防范金融市场系统性风险，维护金融市场稳定。

在业务创新方面，银行间市场也引入了债券远期交易和利率互换。2005年6月15日，中国人民银行《全国银行间债券市场债券远期交易管理规定》开始施行。2006年2月9日，中国人民银行开展人民币利率互换交易试点。2008年1月25日，人民币利率互换业务正式推出。与此同时，信贷资产证券化试点工作于2005年3月21日正式启动。2006年6月13日，中国人民银行公布《资产支持证券信息披露规则》。9月6日，国内金融市场首个资产证券化产品——“联通收益计划”正式在上海证券交易所上市交易。12月9日，人民银行批准信贷资产证券化试点单位在银行间债券市场发行资产支持证券。2007年12月15日，银行间市场首批资产支持证券发行成功。“开元”、“建元”分别发行41.77亿元、30.17亿元，其发起机构分别是国家开发银行和中国建设银行。2012年9月7日，国开行成功发行规模为101亿元的“2012年第一期开元信贷资产支持证券”。2012年2月13日，国债期货仿真交易正式启动，这标志着国债期货时隔17年重新启动。

第六章

我国债券市场现状

一、债券融资比重有所上升、企业债券市场前景广阔

“十二五”规划纲要提出，要稳步推进利率市场化改革，加快多层次金融市场体系建设，积极发展债券市场。2012年1月召开的全国金融工作会议就“加快发展债券市场”的工作做出了部署，明确提出“规范发展债券市场。要坚持市场化改革方向，着力培育商业信用，强化市场约束和风险分担机制，提高市场运行透明度，为债券市场发展营造良好的制度环境。稳步扩大债券市场规模，推进产品创新和多样化。完善债券发行管理体制，目前要在部门各负其责基础上，加强协调配合，提高信息披露标准，落实监管责任。加强债券市场基础设施建设，进一步促进场内、场外市场互联互通。同时，要积极创造条件，统一准入和监管标准，建设规范统一的债券市场。”为此，中国人民银行作为银行间债券市场监管部门，证监会作为交易所市场的监管单位，按照国务院的统一安排，结合国际经验和中国金融市场的发展实际，采取了多种措施推动中国债券市场的发展。

在银行信贷增速保持稳定，而经济发展对融资需求不减的背景

下，我国债券市场继续快速健康发展，有力地支持了国民经济发展，充分发挥了促进经济结构调整、落实国家重大发展战略的积极作用。截至 2012 年 12 月末，我国银行业金融机构境内外本外币资产总额为 133.6 万亿元，贷款总额 50 万亿元左右，债券市场存量约为 25 万亿元。目前我国的债券市场的主要权重还是国债和金融债券，国债余额 7.5 万亿元，政策性金融债券 7.6 万亿元，公司信用类债券 4.93 万亿，占我国整个债券余额 23%。但 4.93 万亿的公司信用类债券，商业银行持有了 57%，也就是说债券市场里面只有 2.1 万亿是真正意义上的直接融资[1]。表明中国企业融资结构仍然以间接融资为主，但是债券市场已经在企业融资中扮演越来越重要的角色。2012 年全年债券市场保持了平稳有序的运行态势，公司信用类债券发展势头强劲。就市场规模而言，2012 年债券市场（不含央票）发行量约 8 万亿元，同比增长 25%，政府债券发行约 1.7 万亿元，较 2011 年略有减少；公司信用类债券发行约 3.8 万亿元，同比增长 60%。截至 2012 年底，2012 年全年债券市场净融资额 4.6 万亿元，其中为非金融企业提供净融资额 2.3 万亿元[2]。

我国债券市场存量 25 万亿元，根据国际清算银行公布的最新数据，债券市场存量与 GDP 之比，美国为 174.46%、日本为 248.03%、德国为 76.19%、法国为 127.93%、英国为 74.95%，而我国仅为 45.28%；企业债券存量与 GDP 之比，美国为 21.61%、日本为 15.66%、德国为 10.29%、法国为 10.64%，我国为 8.93%。2011 年，企业债券融资在社会融资总量中占比 10.6%，比 10 年前提高了 8.8 个百分点。2012 年企业债券融资占

[1] 姚刚“中国高度依赖间接融资 未来私募融资空间很大”人民网
[2] 杨农“债券市场创新与发展”《中国金融》2013 年第 2 期

最近两年债券市场主流品种发行情况[1]

2011 年			2012 年			
类　别	发行总额(亿元)	比重(%)	类　别	发行总额(亿元)	比重(%)	同比
国债	15 417.59	24.07%	国债	14 442.38	17.90%	-6.32%
地方政府债	2 000.00	3.12%	地方政府债	2 500.00	3.10%	25%
金融债	23 074.30	36.02%	金融债	25 929.10	32.13%	12.37%
利率债合计	41 491.89	64.77%	利率债合计	44 371.48	54.99%	6.94%
企业债	2 485.48	3.88%	企业债	6 430.31	7.97%	158.75%
公司债	1 291.20	2.02%	公司债	2 598.33	3.22%	101.24%
中期票据	8 199.93	12.80%	中期票据	11 510.62	14.27%	40.38%
短期融资券	10 162.30	15.86%	短期融资券	15 333.47	19.00%	50.86%
信用债合计	22 564.90	35.23%	信用债合计	36 317.20	45.01%	60.95%
新债总计	64 056.79	100.00%	新债总计	80 688.68	100.00%	25.96%

比再上新台阶，企业融资规模达到 2.3 万亿元，在社会融资总额中占比达到 14.4%。经过 10 多年的发展，我国的债券市场已经有了长足的发展。

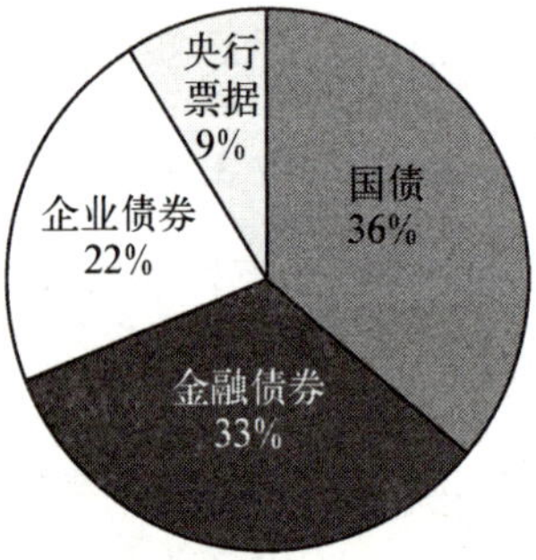

2011 年主要券种市场托管量

我国企业融资结构过度依赖银行贷款的状况得以改善，社会融资结构优化的积极作用已初步体现。从资源配置的角度看，债券市场的发展使得风险与收益的更加匹配合理，债券市场覆盖范围更广，在优化金融生态环境的同时提高了资源配置的效率。从宏观调控的角度看，债券市场体现出了更为直接和精确的调控效果，同时在尽可能较少影响新增货币量的同时激发了存量货币的效能，有效配合了货币政策的实施，实现了促进经济增长和管理通货膨胀之间的平衡。

[1] 王辉“2012 年债券发行突破八万亿 企业债公司债翻番”《中国证券报》2012 年 12 月 28 日

二、以银行间债券市场为主体的格局已经形成

上世纪七十年代之前，即使是在美国，债券投资者一般都是持有债券到期，每年两次剪下息票委托银行收取利息。因为未来现金流比较稳定，但投资收益率相对较低，所以当时的银行债券部门一本被称之为固定收益部门，这个名词沿用至今。另一个沿用至今的习惯就是，债券一般以机构投资者为主体，在场外市场进行交易。同时由于债券交易的短期波动幅度较小，投机空间也相对较小，换手率也没有股票那么高，加之债券交易的收益率相对有限，交易费用相对额较低，只有交易成规模才能降低单笔相对交易费用。债券品种繁多，结构复杂多样，信用等级差异很大，对投资者的专业知识、技能以及风险的识别、承担能力要求较高。个人投资者往往是通过购买债券基金等形式简介参与债券市场。因此，很多人认为债券更适合场外交易方式。

因为历史的原因，我国的国债市场呈分割状态。主要交易场所划分为银行间债券市场、交易所债券市场和银行柜台市场三个部分，彼此不能互联互通。银行间债券市场成立之初，就从国际经验和中国金融市场实际出发，按照场外模式设计了债券发行、交易流通、登记托管等制度。买卖双方可以通过交易系统进行询价，也可以通过电话、传真等方式自行询价、谈判，逐笔成交，然后进行债券的清算。交易方式以询价方式进行，交易双方自主谈判，逐笔成交。而沪深交易所债券市场则面对大量个人投资者以及一些证券公司和小部分机构投资者，以债券零售为主，单笔成交量小，投资者以集中撮合的方式达成交易。经过多年发展，中国已经形成场外市场为主、场内市场和银行柜台市场为辅的债券市场格局。

银行间市场也有交易不连续，不活跃的特点。因此，1999 年开始，银行间市场尝试引入做市商制度，实力较强的商业银行在市场中试行双边报价。2007 年，中国人民银行为了进一步活跃债券市场放宽了做市商标准，加大了对做市商制度的支持力度。目前银行间债券市场共有 20 多家做市商。以 2009 年为例，通过做市商双边报价及尝试做事双边报价现券交易成交量占市场现券交易成交量 1.05%。从 2002 年开始，记账式国债柜台交易业务开始在工农中建银行部分网点开始试点，这些柜台交易商同时也都是银行间市场做市商。债券结算代理人也是银行间市场的重要参与者，是指受市场参与者委托，为其办理债券交易、结算等业务的存款类金融机构。兼具交易代理人和结算代理人性质，目前债券结算代理人仅限于商业银行。从 2005 年开始，非金融机构投资者可以与具备做市商资格或债券结算代理业务资格的金融机构进行债券交易。非金融机构投资者不能直接与非金融机构投资者进行交易。目前做市商和结算代理人是目前银行间市场最核心的参与者，银行间市场 70% 的债券被这些机构持有。

除此之外，从 2006 年 7 月开始，银行间市场建立了经纪制度，上海国利货币经纪公司、上海国际货币经纪公司和平安利顺经纪公司进入银行间市场提供经纪服务。货币经纪公司是为金融产品交易提供信息、促使交易达成的专业机构。主要作用是提高市场流动性、降级交易成本及促进市场公平交易等。有了经纪商以后，市场大量信息汇集，显著降低金融机构寻找交易对手的成本，提高交易效率。另外，经纪商的存在为匿名交易提供了可能，满足了部分市场参与者不愿意暴露身份的要求。

银行间债券市场是机构投资者进行债券大宗批发交易的场外市

场，参与者主要为银行、保险公司、信用社、证券公司、基金类机构以及企事业单位，市场规模逐步扩大，市场功能日渐深化，已经成为具有相当广度和深度的债券场外市场。银行间市场债券托管量22.75万亿元，占总托管量90.72%，交易量占全市场总交易量89.53%。2011年交易所市场短期融资券发行量超过8 000亿元，中期票据发行7 269亿元。其中中期票据比上年度增长47.64%。

银行间债券市场的快速扩容为商业银行提供了资金运作的平台，提高了商业银行的资金运作效率。全国商业银行总资产已经超过100万亿元，而贷款刚刚超过50万亿，大量资金需要寻找出路。银行间债券市场的发展为商业银行提高资金运作收益的同时，显著增强了商业银行资产的流动性。此外，银行间债券市场也已成为中央银行公开市场操作平台。1998年人民银行就开始通过银行间市场进行现券买卖和回购，对基础货币进行调控。为了抑制通货膨胀预期、稳定物价，2011年，中国人民银行实施稳健的金融政策，由于外汇占款的减少，央行票据发行量也相应减少。全年发行央行票据1.41万亿元，兑付3.34万亿元。央行通过央行票据操作共回笼回避1.92万亿元。央行还通过银行间债券市场进行大量的回购操作。

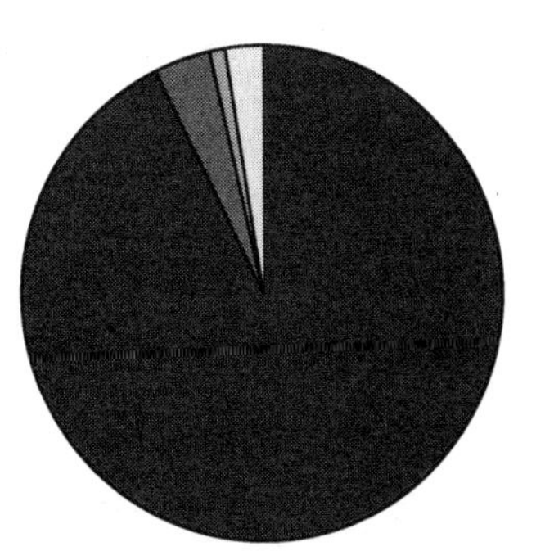

2011年末我国债券市场债券托管量

2011年，交易所市场公司债发行总量1 291亿元，增长52%。但是相对于银行间市场，规模尚小。2012年，上海证券交易所也在发展债券市场下了很大的功夫，着力做好以下三项工作：一是债券品种方面，积极推出中小企业私募债券，继续扩大债券上市规模，争取商业银行和保险公司在上海证券交易所市场发行次级债；二是投资主体方面，推进保险公司、企业年金、信托公司、财务公司等机构投资者参与债券市场的力度；三是在产品和机制创新方面，研究推动交易所市场国债预发行交易，推动一对一回购，推进资产证券化品种创新，推出逐笔实施交收结算模式，率先在中小企业私募债进行试点[1]。由此可见，银行间市场和交易所市场相互取长补短，形成了优势互补、良性竞争的态势。

三、债券发行方式日趋成熟，做市商制度和续发行增强了国债市场的流动性

债券发行作为债券进入市场第一道门槛，是推进债券市场化改革的关键。在中国债券市场，债券可以通过以下三种方式发行：债券招标发行、簿记建档发行、商业银行柜台发行。目前，国债、央行票据、政策性金融债以及铁道债等政府支持的债券绝大多数通过招标发行，部分信用债券通过簿记建档方式发行，传统凭证式国债一般通过商业银行柜台发行债券。

随着我国债券市场的不断发展，债券发行机制也逐步在优化。2011 年 5 月中国人民银行发布了《银行间债券市场债券招标发行管理细则》，进一步规范了债券招标发行工作。将金融债券发行由审批制改为核准制，提高审核透明度，提高审核效率。短期融资券发行备案制，逐步放松发行管制。非金融企业债务融资工具方面，2011 年证监会推出了公司债审批的绿色通道，将债券融资审核与股

[1] 潘圣韬“上交所年内试点国债预发行交易”《上海证券报》2012 年 7 月 17 日

权融资审核分离，优化债券审核机制与流程，缩短审核周期。2011年底刚刚履新的证监会主席郭树清提出发展高收益债；半年后，中小企业私募债闪电开闸，其摒弃了行政审批，采取备案制，在市场化的道路上大步向前。尽管由于制度设计与监管限制，中小企业私募债在经历初期的火热试点后，遭遇了发行不畅，但这一创新品种仍被投资者寄予了厚望。与此同时，交易商协会发布《非金融企业债务融资工具发行规范指引》，进一步发挥市场自律管理作用，推动非金融企业债务融资工具注册、发行和信息披露的规范。正式因为发行制度的优化、相关规则的完善、审批监管的透明化，才使得2011年和2012年企业债券融资出现井喷的势头。企业债增长158%，公司债的发行增长增长101%，短期融资券的发行增长了51%，中期票据发行增长率也达到了40%。

在金融债券方面，依然是政策性金融债券保持着主体地位，无论是发行量还是托管量和交易量，政策性金融债券占全国债券市场近30%的份额。跟其他类型的债券有所区分的是，政策金融债券在浮动利率金融债券的发行方面取得了很好的成绩。以2011年为例，浮息金融债券发行量达到了5 246亿元，其中1 247亿元是以SHIBOR为基准的浮息债券。国家开发银行还推出了固定利率和浮动利率可对称调换和不对称调换的发行方式。国家开发银行还首次发行了10年期浮动利率债券，拉长了我国浮动利率债券的发行期限。至2011年年底全国2.5万亿浮动利率债券存量中，90%都是政策性银行对外发行的。

作为债券市场重头戏，国债发行也进一步向科学合理方向改革。首先，财政部国债定期滚动发行制度日益成熟。目前，财政部已经建立起一套完善的国债市场化发行机制，并对1、3、5、7、10年期关键年期的国债品种采用定期滚动发行制度，即财政部每年底公布次年关键年期国债发行计划，关键年期国债每期发行约 300 亿元，各关键年期国债每季度都至少发行一次。从实际发行情况看，财政部严格执行发行计划，国债发行期数呈逐年增加趋势，各关键年期国债存量增长稳定，覆盖期限范围广泛，中长期国债的占比明显高于短期品种。其次，为活跃国债现货市场，财政部还建立了关键年期的续发行制度，以减少“债券碎片”，从而形成规范有序的国债到期结构提高国债二级市场流动性增强国债收益率曲线的深度。

中国人民银行支持 12 家上市商业银行进入交易所市场，将国债托管在交易所市场，促进了国债市场融合。深化改革储蓄国债管理制度，促进商业银行向居民销售储蓄国债。全部储蓄国债（电子式）采用代销方式发行，实施自由抓取额度分配方式促进承销团成员良性竞争。组建 2012—2014 年国债承销团。根据储蓄国债改革发展需要，首次组建储蓄国债承销团替代凭证式国债承销团。优胜劣汰，分别减少记账式国债承销团成员 4 家储蓄国债承销团成员 2 家。会同人民银行证监会批准 55 家记账式国债承销团成员 38 家储蓄国债承销团成员，为 2012—2014 年国债发行奠定了基础。

自 2011 年 6 月 1 日起，全国银行间债券 16 家市场做市商应当对 1 年、3 年、5 年、7 年和 10 年 5 个关键期限中至少 4 个关键期限的新发国债进行做市，并且在每个关键期限最近新发的 4 只国债中至少选择 1 只进行做市。此举可以进一步完善市场价格发现机制，推动债券市场健康发展，有助于提高市场流动性，发现真实的价格，促进债券利率体系形成。根据投资者需求变化，降低短期记账式国债发行比例，稳定中长期国债发行比例，使用荷兰式招标发行 50 年期国债。根据人民银行加息情况，科学调整制定储蓄国债发行利率，降低 1 年期储蓄国债发行比例，提高 5 年期储蓄国债发行比例。

国债续发行是指对已上市交易的单期国债予以增量发行。续发行国债的交易代码、票面利率、还本付息日等各项要素均与原国债相同，上市后与原国债合并。目前，无论发达经济体还是新兴市场国家，都广泛采用国债续发行技术；续发行技术在减少国债碎片[1]、提高国债市场流动性、形成规范有序的到期结构等方面显示出良好的效果；为了让投资者形成良好的预期，续发行应当有序和规律运行；稳定的续发行框架需要以国债定期发行机制为前提；续发行对国债期货的平稳运行也有相当的好处，可以防止恶意逼仓行为的发生。

美、英两国是较早引入国债续发行制度的国家。其中，美国 1980 年 5 月首次对 1979 年发行的 10 年期国债进行了续发行。英国对 1981 年发行的 15 年、25 年期国债在较长时期内分别进行了 2 次、19 次续发行。此后，美、英两国逐步形成了各具特色的续发行模式，并显示出优越性引起其他国家争相效仿。美国模式主要特点是具有明显的短周期性。例如美国 10 年、30 年期国债续发行以 3 个月为一个周期，其中 2 月、5 月、8 月、

[1] 债券碎片，是指太多的小规模债券分散在市场上，使得发行人和投资者在考虑兑付结构、管理投资组合时变得困难。债券碎片对国债一、二级市场发展存在消极影响。续发行能够减少国债只数，增大单只规模，从而减少债券碎片。以英国为例，虽然国债余额在过去 20 年间大幅增长（根据 OECD 数据，2010 年英国国债余额约为 1998 年的 3 倍），但通过续发行，常规金边债券从 1992 年 3 月底的 79 只下降到 2011 年 5 月 20 日的 37 只；单只发行规模从 1992 年的平均 19 亿英镑增加到 2011 年的平均 221 亿英镑，最大的达到 366 亿英镑。再如美国，10 年期国债首次发行规模一般在 200—250 亿美元，连续两次续发行后，单只国债规模达到 600—700 亿美元。

11月发行新债，随后两个月进行两次续发行。单只债券累计发行量约为初次发行量的3倍。以英国为代表的续发行模式，主要特点是在国债存续期内持续进行续发行操作。以8 1/2% Treasury Loan 2007为例，1986年初次发行时待偿期为21年，此后19年续发行25次，平均每年续发行1.3次。有时英国政府一年中能对同一只债券续发行6次。持续进行续发行使很多单只债券的累计发行量达到初次发行量的10倍以上。

当前，中国国债余额已居世界第7位，年度国债发行面值超过1.5万亿元人民币。在国债期限上，形成了从3个月到50年较为完整的期限结构。在发行方式上，目前占国债发行量约75%的记账式国债全部通过招标方式发行。但国债年换手率只有1倍左右，远低于美国国债约30倍的换手率。需要以续发行技术科学规划国债期次、单只国债规模、还本付息日分布等安排，以进一步提高国债市场流动性，为利率市场化改革夯实无风险利率基础。

流动性是指金融资产以合理价格顺利变现的能力，买卖双方能够在较短的时间内找到交易对手，在合理的价格上成交较大数量金融资产。如果国债市场缺少流动性，就会提高国债筹资成本，并使国债收益率曲线易受少数交易影响而发生大的波动。目前我国用中债估值的方法试图对此进行修正，但是效果有限。单只债券规模是影响流动性的重要因素。流动性好的国债一般比流动性差的国债具有更低的收益率或发行利率，即存在流动性溢价。研究表明，美国续发行比新发行的26周国债收益率小0.4个基点（17%），两次续发行后形成的13周短期国债比一次续发行后形成的13周短期国债收益率小1.6个基点

(28%)。特别是本次金融危机后，投资者对金融资产流动性的要求大幅提高。

实践证明，续发行对提高国债市场流动性提高效果明显。中国实行国债续发行制度以后，做市报价次数增加、买卖点差缩窄、交易活跃程度的改善明显。交易的活跃为降低交易成本提供了条件，从而可以进一步促进交易的活跃。到期日集中度和债券流动性密切相关，债券流动性越好，到期日集中度就越不重要，因为投资者可以很方便地在二级市场变现。

流动性的提高也有助于形成科学准确的国债收益率曲线。国债收益率由于无风险的特征成为很多国家的基准利率，在没有国债期货的国家尤其如此。作为基准利率的国债收益率应当由大量的真实交易形成。因此，提高国债市场流动性、夯实国债收益率基准地位对于推进利率市场化改革具有重要意义。稳定的国债续发行框架对国债发行日期的规律性有较高要求。这是因为，初次发行月份决定了到期月份和付息月份，长期按照统一规律对初次发行月份做有序的安排，能够使各期限国债存量在月度间呈现有序的分布，例如10年期国债总是在2月、5月、8月、11月到期。这种分布一方面便利国债管理，另一方面也是对国债到期日的标准化，有利于期货等衍生品的发展。续发行制度也可以使到期结构更加规范有序，能够降低国债还本付息的复杂程度和操作风险，便于政府、投资者根据国债还本付息现金流，合理安排发行结构或管理投资组合。由于续发行不增加新到期日，因此财政部门能够在发行频率较高的情况下维持较少的到期日，保持简明的到期结构。

2009年以来随着国债发行量和国债余额的增加，本息兑付日期日益密集，需要进行更加科学的规划。2012年记账式国债付息214次，到期21只。而国债余额比中国高的英国2011年全年只有4只国债到期。较多的国债还本付息日较不规律地散布在全年各个时期，增加了政府和投资者的管理难度。对于政府而言，还本付息日期的增多和不规律性大幅增加了还本付息业务的复杂性和操作风险，增加了库款资金波动。对于投资者而言需要花费大量的精力对许多只特征接近但又不完全相同的券种进行报价或投资选择。

2011年开始，中国加大了续发行运用力度，对当年发行的大部分记账式国债均进行了一次续发行，全年续发行共计16次。16次续发行减少了16个到期日和每年相应的付息日，实现了还本付息日的适度集中。我国的国债续发行以年内短周期续发行为主，较为接近美国模式。在发行量充裕的情况下，采用“1+2”的具体做法，即以三个月为周期，第一个月发行新债后，后两个月各进行1次续发行；单只国债最终规模900—1 200亿元。目前中国国债续发行制度考虑到商业银行等投资者的需要，重点对7年、10年期进行较大强度续发行。其中，需求最稳定、在国际市场上最重要的期限10年期完全按“1+2”做法续发行。3年、5年、7年期按“1+1”做法续发行。由于1年期国债续发行后将成为短期国债，因此1年期国债的续发行与短期国债统筹考虑。[1]

[1] 财政部国库司“借鉴国际经验 建立中国国债续发行框架”《竞争力·中国债券》2012年第6期

四、投资者队伍持续扩大，债券基金和理财产品不断涌现

投资者队伍扩大在银行间市场表现更为明显。1997 年 6 月，银行间市场成立之时，全部市场参与者仅仅只有全国性的 16 家大银行。1999 年扩大到了基金公司和证券公司也可以参与银行间市场交易。因为交易费用较低和拥有更多可交易债券，随后财务公司等一些非银行金融机构，甚至工商企业也都加入了银行间市场。2004 年以后，企业年金等一些非法人机构投资者也被批准在银行间债券市场开立账户进行交易。2008 年以后保险公司的保险产品和基金管理公司的专项基金，以及证券公司的委托理财产品等集合型资金也都加入到银行间债券市场。截止到 2011 年底，在中央国债登记结算公司开户的投资者共有 11 162 家，在上海清算所开户的投资者共有 1 839 家。还有 38 家境外机构也获准进入银行间债券市场，丰富了投资者的类型，促进了债券投资需求的多元化。

2012 年是资产管理行业的快速发展的一年，一方面，随着监管部门对券商、基金、期货、保险公司资产管理业务投资限制和投资范围逐步放宽，各类资产管理产品也将逐步实现融合发展，整个资产管理行业规模迅速增长。另一方面，基金产品大力创新，推出短期理财型基金、货币基金 T+0 等产品，指数型债券基金数量增多。资产管理行业的百花齐放，不仅为债券市场带来更多的市场需求，还对投资者结构优化发挥了重要作用。资产管理行业的快速发展为个人投资者简介参与债券市场架起了一座桥梁，资产管理行业利用人才和信息等便利，帮助风险规避性投资者在获取利息的同时，还能享受到了债券差价收益。到 2011 年末，基金持有债券达到 1.78

万亿元，占银行间债券市场总量的8.18%，仅次于商业银行和保险公司。

2011年银行间债券市场各类投资者持有债券托管量[1]

投资者类别	托　管　量	占　比
商业银行	146 808.52亿元	67.41%
保险公司	20 732.56亿元	9.52%
基　金	17 808.69亿元	8.18%
特殊结算会员	17 179.22亿元	7.89%
信　用　社	5 318.77亿元	2.44%
交　易　所	3 502.75亿元	1.61%
个人投资者	2 240.39亿元	1.03%
证 券 公 司	2 033.44亿元	0.93%
非银行金融机构	904.66亿元	0.42%
非金融机构	381.16亿元	0.18%
其　他	866.60亿元	0.40%
总　计	217 776.66亿元	100%

五、不断创新推动市场发展、夯实基础设施建设

随着中国经济规模的不断扩大，经济的持续发展，实体经济对直接融资需求十分旺盛；利率市场化改革不断的深化的今天，金融脱媒日益显著，债券市场获得了巨大的发展机遇。在这一过程中，创新始终都是债券市场发展的重要推动力。在国债、金融债券、非金融企业债务融资工具等基础产品种类完备的情况下，市场对更富灵活性，同时也是更加复杂性的资产证券化产品需求逐渐显现。而资产证券化一方面可以使风险和收益对接更加充分，风险和收益在新的载体上得到合理的传递。也可以使银行在简化财务报表、轻装上阵，利润来源可以更加多元化。而利率市场化的大背景下，银行

[1] 杨农《中国债券市场发展报告2011》中国金融出版社 2012年3月

利润来源过度依赖信贷利差的状况将会得到改变，通过资产证券化赚取中间收入将逐渐成为重要的盈利模式。而投资者对不同产业和不同公司证券化产品的偏好也可以使社会资源得到更加科学合理的调配。2012 年，在相关部门重新启动信贷资产证券化试点的背景下，交易商协会创新推出资产支持票据，标志着我国资产证券化迈出规范发展的关键一步，为今后债券市场的结构化产品创新奠定基础。从 2012 年 9 月开始，国开行拉开了本轮信贷资产证券化的大幕，上汽通用汽车金融公司、交通银行和中国银行跟进，企业集团财务公司亦首次加入试点。

2011 年，在信贷规模调控下，中小企业融资困难的情况愈加突出，中国人民银行和银监会等部门为此专门推出重要举措支持小微企业贷款的专项金融债，希望借此拓宽筹资渠道并缓解存贷比压力。多家商业银行和城市商业银行都积极筹备和参与了这项工作。政策推出不到两个月，市场就以极高的效率发行了 1 500 亿元的小微专项金融债券，其中兴业银行就在 2011 年 12 月底发行了 300 亿元支持小微企业的专项金融债。

债券增信方式更加多样，更加有针对性。信用增加作为债券市场很重要的制度安排，在分散、转移投资者风险方面有重要的作用，也为信用等级较低的企业进入债券市场提供了可能。在中国目前信用评级并不十分健全、违约率却非常低的情况下，企业债券的增信市场大有可为。2011 年，交易商协会在中小企业集合票据的基础上进行再创新，推出区域优化融资模式，鼓励地方政府设立偿债基金，支持第三方担保机构参与信用增信，为中小企业发债提供支持。也从某种程度上保障了投资者的权益。2012 年 12 月 28 日，中债信用增进投资股份有限公司公告称，其去年发行的中小企业集合票据由于联合发行人之一常州高力彩钢板有限公司银行账户被冻结，若无法如期偿付本息，将会代偿本息。为了防止道德风险的发生，未来应该优化增信方式，让投资者部分承担因为无法到期还本付息所产生的损失，是投资者更加关注风险，也有利于社会资源的有效合理分配。

在债券市场国际化方面，近年来我国债券市场也走出了坚实的步伐。2005 年，国际金融公司和亚洲开发银行获准在全国银行间债券市场各发行人民币债券 20 亿元，截至目前国际金融公司已经完成全部 20 亿元债券发行，亚洲开发银行已经完成 10 亿元人民币债券发行。内地金融机构如国家开发银行等也到香港发行人民币债券。2011 年 11 月 25 日，宝钢集团还在香港成功发行量 36 亿元离岸人民币“点心债”。与此同时，2011 年我国也开放 38 家境外商业银行进入银行间债券市场。

近年来，银行间债券市场不断加强基础设施建设，积极组织外汇交易中心和中央国债登记结算有限责任公司等市场中介机构，对银行间债券市场基础设施进行升级改造，完善系统功能。目前，银行间债券市场交易结算系统机制灵活，借助现代化的信息技术，实现了债券交易直通式处理（STP），提高了交易效率。资金清算系统高效安全，借助人民银行现代化支付系统，能够满足大规模且频繁的金融市场交易所产生的资金清算需要。在债券结算方面，借助人民银行大额支付系统，银行间债券市场近年实现了国际上通行的券款对付的结算方式，避免了债券结算风险，提高了市场功能。目前，银行间债券市场基础设施中的各个系统有效联结和协调运转，降低了交易成本，增强了各个市场之间的连通与互动，为债券市场的进一步发展提供了一个有力的技术支持和坚实的运行平台。

从托管体系看，中央债权登记结算有限责任公司直接托管银行间债券市场参与者的债券资产，银行间债券市场采用实名制一级账户托管体制，托管依托簿记系统进行。当中央结算公司作为中国债券市场的总托管人时，中证登公司作为分托管人托管交易所债券市场参与者的债券资产，四大国有商业银行作为二级托管人托管柜台市场参与者的债券资产。转托管，是指处于不同市场由不同机构分别托管的债券可以通过转托管业务将债券从一个市场转移到另一个市场进行交易。目前，跨市场转托管的债券主要是部分国债和企业债。经中国人民银行批准，自2011年9月1日起，上海清算所将开办短期融资券的登记托管结算业务。债券市场主流产品或将逐渐从中债登转移到上海清算所登记托管结算，以实现央行推动上海清算所成为中央对手方的初衷。

交易与结算，分属债券交易的前台和后台。如在银行间债券市场，债券交易一般由中国外汇交易中心提供报价和交易平台，也可由交易双方自行谈判达成，债券结算则统一通过中央结算公司的中央债券综合业务系统完成。近年来，高效、安全的直通式处理（STP）的交易结算构架日益受到国际证券业的重视。2005年在中国人民银行的统一部署下，中央债权登记结算有限责任公司的债券系统与外汇交易中心的报价交易系统实现联网，银行间债券市场的交易、结算从此可以实现自动化程度更高的直通处理方式，市场基础设施建设又迈上新台阶。STP使得交易确认能于交易达成当日及时进行，对市场参与者而言提高了业务处理效率，同时也便于其内部更及时有效地进行结算风险控制。

银行间市场自成立以来一直采用全额、逐笔双边清算方式，虽然债权债务清晰、流程简单，但随着银行间市场交易规模不断发展，大量手工操作及全额资金清算模式影响资金效率和清算效率。根据市场参与者的选择，结算周期可以是T+0或T+1，目前几乎全部的直接成员之间的交易在当日确认。结算成员可以在线实时查询交易对手的结算状态；只有交易双方的结算指令匹配，CDC系统才会生成结算合同并进行后续处理。交易所债券市场采用日终净额结算方式，配合集中性撮合交易。商业银行柜台市场是二级托管市场，由银行作为二级托管人和投资者进行逐笔全额交易结算。[1]

六、问题和展望

由于我国债券市场发展历史还不是很长，虽然取得了很大的成绩，也不可避免存在一些美中不足。首先由于历史原因造成的债券市场严重割裂的问题，导致投资者在两个市场间不能自如、低成本买卖转移债券，更无法进行跨市场套利。其次，债券市场的多头管理也是制约中国企业不能充分有效利用债券市场进行融资的一个重要原因，公司信用债券曾经因为这个原因发展停滞。公司信用类债券余额4.93万亿占我国整个债券余额23%左右。按照审批机关不同，可分为三类：第一类是企业债，是由国家发改委审批的债券，余额1.4万亿。既在交易所市场挂牌交易，也在银行间市场挂牌交易。第二类是短期融资券和中期票据，是由人民银行审批的企业债券。到期时间在1年以内的称之为短期融资券，1年以上的叫中期票据。短期融资券和中期票据加在一起将近3万亿余额。第三类是中国证监会核准发行的三种债，5 000亿左右。包括上市公司债券、可转债和可分离债。三个部委分头监管，执行不完全相同的审批标

[1] www.chinabond.com

准，银行间市场和交易所市场分头挂牌交易。导致企业债券市场规模小，市场分割，监管机构分割，是中国的债券市场不太发展的一个重要原因。[1]

不同债券类别的监管

债券类别		监管机构
政府债券		财政部、证监会、中国人民银行
央行票据		中国人民银行
金融债券	政策性银行债 特种金融债券	中国人民银行
	商业银行债券 非银行金融机构债券	银监会、中国人民银行
	证券公司债 证券公司短期融资券	中国人民银行、证监会
短期融资券 中期票据		交易商协会（自律管理）
资产支持证券		银监会、中国人民银行、证监会
企业债		国家发改委、中国人民银行、证监会
国际机构债券		中国人民银行、财政部、国家发改委、证监会
可转换债券		中国人民银行、证监会
上市公司债		证监会
中小企业私募债		沪深交易所（自律管理）

债券市场的超速发展，不可避免带来了信用风险的积聚。2012年初AAA级的鞍钢集团中期票据出现延期兑付的乌龙，地杰通信违约代偿事件，以及山东海龙、江西赛维与新中基的偿债危机，表明中国债市已经开始出现信用风险警示，但是大部分事件都在地方政府干预或者直接政府兜底让投资者有惊无险，不过这是这些债券投资者的幸运却不是中国债券市场的幸运，中国债券市场需要进一步的改革，让投资者真正独立行走，摆脱一味的政府信用，我国的债券市场才能成熟起来。

[1] 姚刚“中国高度依赖间接融资 未来私募融资空间很大”人民网

第七章

我国国债回购和场外衍生品市场发展状况

一、国债回购市场的发展

国债回购是指国债持有者在卖出未到期国债给买入方时，双方约定在将来某一日期以约定的价格，由卖方从买方买回数量相同的，品种相同的国债的交易行为。国债回购分为质押式回购和买断式回购两种。在美国，国债回购是从一战开始采用的，当时美联储利用这种方式来向美国出口商提供货币。国债回购的大规模运用是二战后的20世纪50年代，到了20世纪70年代国债回购的衍生产品也开发并广泛运用开来。为了加强对国债回购的管理，美国公共证券委员会（PSA）于1984年制定了标准化合约，同时美联储SEC也采取了措施来规范国债回购交易。20世纪80年代回购在全世界范围内开展，PSA与国际证券市场协会（ISMA）于1992年设计了全球使用的国债回购协议（GMRA）。

质押式回购是交易双方以债券为权利质押的一种短期资金融通业务，资金融入方（正回购方）在将债券质押给资金融出方（逆回购方）的同时，双方约定在将来某一日期由正回购方按照约定的利率计算的资金额向逆回购方返还资金，逆回购方返还正回购方质押的债券。质押式回购最短 1 天，最长为 1 年。

买断式回购是指债券持有人也就是正回购方，将债券卖给逆回购方的同时，交易双方约定在未来某一日期，正回购方在以约定的价格从逆回购方买回相等数量同样品种债券的交易行为。买断式回购以首期和到期两次交易价格报价，回购利息和支付债息都通过两次交易的价差来体现，相当于两笔债券交易。在交易期内，逆回购方不仅可以获得利息收入，也可以获得回购期间的债券所有权和使用权。逆回购方可以在回购期内卖出此债券，到期日买回还给正回购方即可。由于买断式回购融资成本相对于质押式回购要高，加上买断式回购的会计处理方法还没有明确，所以目前交易规模相对较小。

我国的国债回购业务最早始于 1991 年的 STAQ 系统，随后武汉交易中心也推出国债回购交易。1993 年 12 月 13 日，上海证券交易所推出国债回购业务，此后深圳证券交易所等也推出了此项业务。但是最初一些证券交易中心不规范的管理导致了国债回购市场出现重大风险。很多交易中心国债回购没有足额的债券保证；金融机构特别是信托投资公司等违规吸纳和运用资金。以国债回购之名，行资金拆借之实。1995 年央行、财政部和证监会联合对国债回购进行大规模整治，规定回购业务必须将国债和金融债券集中托管在证券托管机构。整顿结束以后，债券回购业务集中在上海证券交易所交易。1996 年开始，因为股票市场的活跃，债券回购也异常火爆，商业银行大量资金通过回购市场进入证券公司和机构投资者的账户，进行股票投机活动。1997 年，为了防止信贷资金进入股市，央行发布通知要求商业银行全部退出证券交易所市场。同年 6 月，银行间债券市场成立，国债回购主要阵地转移至银行间市场。

2001年开始，随着中国证券市场的低潮，证券公司因为亏空造成资金短缺。部分机构开始利用交易所债券回购制度的漏洞，向客户开立所谓的“国债代保管凭证”，挪用客户债券进行融资。2003年以后，问题开始暴露。富友证券挪用客户债券回购资金高达39亿元，爱建证券挪用回购资金20亿元买卖港股导致大量亏空；大连证券违规回购7亿元，鞍山证券违规回购5.8亿元等等，这些公司后来都因为无法归还亏空而破产倒闭。中国证监会成立风险办公室对这些资不抵债的证券公司进行托管和清算，并成立投资者保护基金。据不完全统计，交易所市场债券回购违规金额近千亿元。

1993年采用的是分券种的债券回购制度。1994年9月开始，设立不分券种，统一按照面值计算持券量的回购合同。2006年2月，交易所市场对质押式国债回购制度进行了改革。将原来按照面值计算的做法，改成按照不同期限品种、按照折算率折算为一定数量的具有相同价值的标准券，用以确定回购融资额度。跟银行间市场不同的是，交易所市场一直都是撮合成交机制，系统自动对融资需要和融券需求进行撮合。中央证券登记托管公司担任中央对手方，按席位进行净额清算和结算。交易所市场主要是质押式回购，买断式回购在2004年11月推出，在2006年之前共成交2 100亿元左右，之后基本上没有成交。而质押式回购的交易量一直都相当大。以2012年6月为例，标杆品种1天回购除了6月7日以外的所有的交易日，成交金额都在1 000亿元以上。而利率变化非常大，在新股申购火爆的年份，每到新股申购日，利率高企，申购资金解禁利率立即大幅度回落。季末资金紧张之日，回购利率也会大幅度升高。以2012年6月底为例，1天回购年利率达到18.01%，月初立即回落到2.55%。利率的市场化程度非常高。[1]

根据中国银行间市场交易商协会发布的数字，我国银行间债券回购市场年度成交量从1997年的309.87亿元，市场占有率2.5%，增加到2012年的151.7万亿元，市场占有率90%以上。参与主体日益丰富，从市场成立之初的16家商业银行，增加到包括银行、保险、证券、信托、基金等金融机构和部分非金融机构投资者共2 200余家。我国债券回购的市场时间虽然不长，但目前已经发展成为金融机构调节短期流动头寸的重要场所。回购市场跟拆借市场区别在于，它是流动性、收益性和安全性统一得最好的市场。参与者越来越广泛，利率的代表性也越来越强。

其次，债券回购市场同时也是中央银行公开市场操作的主要平台。目前已经逐渐取代央行票据，是货币政策执行和传导的最佳场所。央行通过银行间债券市场开展回购业务，收回或者放出基础货币，适时调节货币供应量。

再次，由于我国的利率市场化从货币市场开始，债券回购利率完全由交易双方自行决定。随着债券市场交易日趋活跃，其深度和广度不断拓展，目前债券回购利率已经成为我国市场化程度最高的利率之一。由于SHIBOR只是利率出价，报价商并没有成交的义务，所以债券回购利率为发行市场债券价格的确定和流通市场交易价格报价提供了更加可靠的基准。此外债券回购利率也成为许多金融衍生品如人民币利率互换、远期利率协议等参考利率基准，促进了金融衍生品市场的发展。

---

[1] 王媛"成交动辄千亿上交所拟限制回购杠杆倍率"《上海证券报》2012年7月3日

二、债券远期交易

债券远期交易在功能方面跟国债期货有很多相似之处。如果投资者预测市场利率将会上升，某只债券价格将会下跌，则可在限额内对该只债券远期卖出。只要远期合约的卖出收益率低于远期合约履行时即期市场的收益率，投资者便可从即期市场买入该债券并履行远期卖出合约，继而从中获利。反之，则反向操作。如果投资者担心较长时期持有的债券未来价格下跌从而导致不确定的损失，则可以在当前利用远期卖出交易提前锁定收益。同样，未来将要买入债券的机构也可以通过远期交易来提前锁定买入收益率水平，从而提高资金运营的管理水平。

其次，债券远期交易可以和买断式回购相组合，实现无风险的产品间套利。如果投资者预期收益率水平将会上升，则可以通过买断式逆回购交易融入债券，立即通过即期交易卖出，同时进行一笔相同债券、相同数量，期限与买断式回购期限相同的的远期买入交易。只要远期买入交易的收益率高于买断式回购到期买回收益率，投资者便可获得无敞口风险的利差收益，同时还能获得回购交易的利息收入。

再次，债券远期交易使得投资者可以进行基差套利。期限相同或是特性相同的债券之间存在明显的收益率相关性。如果相关性很强的两个债券的收益率差出现了明显的扩大，则必然存在着盈利的机会。投资者在此时可以买入收益率较高的债券并持有，而对收益率较低的债券远期卖出。在远期合约到期时，只要两只债券的收益率差缩小，投资者都可以通过高收益率债券价格的升高，或低收益率债券价格的下跌获得盈利，反之亦然。这一套利机会在现有的债券市场是不存在的。[1]

债券远期交易是指交易双方约定在未来某一日期，以约定价格和数量买卖标的债券的行为。债券远期交易推出的背景是2005年，我国债券市场已经呈现快速发展的势头，年初债券市场托管总量已经超过5万亿元，2004年的债券交易总量已经达到18万亿元。与此同时，债券市场交易工具缺乏，特别是具有避险功能的金融衍生工具，导致债券市场的流动性不强，价格发现的机制不充分，没有一个合理的收益率曲线，缺乏做空机制，很容易变成单边市场，加剧价格的不合理波动，严重制约了债券市场的发展。[2]

在这样的背景下，中国人民银行发布了《全国银行间债券市场债券远期交易管理规定》，在银行间债券市场推出了债券远期交易，自2005年6月15日起施行。远期交易从成交日至结算日的期限由交易双方确定，但最长不得超过365天。远期交易实行净价交易，全价结算。远期交易双方应于成交日或者次日将结算指令及辅助指令发送至中央结算公司。远期交易到期应实际交割资金和债券。任何一家市场参与者单只债券的远期交易卖出与买入总余额分别不得超过该只债券流通量的20%，远期交易卖出总余额不得超过其可用自有债券总余额的200%。市场参与者中，任何一只基金的远期交易净买入总余额不得超过其基金资产净值的100%，任何一家外资金融机构在中国境内的分支机构的远期交易净买入总余额不得超过其人民币营运资金的100%，其他机构的远期交易净买入总余额不得超过其实收资本金或者净资产的100%。

2011年，债券远期交易全年成交436笔，累计成交金额1 030

[1] 陈力峰“债券远期的交易策略及风险”《上海证券报》2005年6月24日

[2] 沈炳熙、曹媛媛《中国债券市场:30年改革与发展》北京大学出版社2010年

亿元，比2010年下降68%。下跌的主要原因是清理了部分没有签署中国银行间市场金融衍生产品交易主协议的机构。相对于2010年，农村类金融机构和外资退出了市场，只有城市商业银行、股份制商业银行、证券公司和国有商业银行参与。2011年参与债券远期交易的金融机构只有14家，比2010年减少21家。从交易量月度分布来看，波动很大。最低的5月份只有5亿元，最高的9月份有261亿元。从期限品种来看，7天品种最为活跃，共成交640亿元，占总交易量的62%，较2010年下降12个百分点；14天品种和21天品种交易量占比上升较快，较2010年上升6个百分点。就标的债券来说，政策性金融债占比最高，达63%，其次是企业债和央行票据。整体看政府信用类债券在债券远期交易中占比较大，共占83%。就参与交易的机构来看，城市商业银行是债券远期交易的主要参与机构，交易量占比68%，其次是股份制商业银行和证券公司。[1]

三、利率互换

在利率互换中，交易双方同意交换定期的利息支付。所交换的利息支付金额根据预先确定的本金金额来计算。其中，预先确定的本金金额被称为名义本金金额。交易双方中的各方支付给对方的金额等于双方商定的定期利率与名义本金金额的乘积。互换双方交换的只是利息支付额，而非名义本金金额。最常见的互换类型是，交易一方同意在合约期间的指定日期向另外一方支付固定利率的利息，这一方被称为固定利率支付者或浮动利率接受者。另一方则同

[1] 杨农《中国债券市场发展报告2011》中国金融出版社2012年3月

意向前者支付随着某种参考利率浮动的浮动利率的利息，这一方被称为浮动利率支付者或固定利率接受者。利率互换可以用来改变机构资产的现金流特征，交易双方都能锁定利率的资产负债目标，从而使资产与负债更好地匹配。[1]

利率互换是最为主要的利率衍生产品。根据国际清算银行（BIS）最新统计，2011年底，全球衍生产品未到期合约名义本金为706.09万亿美元，利率衍生合约本金为557.40万亿美元，占比78.94%，其中，利率互换合约本金为402.61万亿美元，在全球利率衍生产品中的占比为72.23%。利率互换是非常成熟的利率衍生产品。国际市场上，利率互换虽然在出现时间上略晚于利率期货，但迅速发展成为规模最大的利率衍生产品，并且全部采用双边询价的场外交易方式，合约设计灵活、期限结构完整、参与主体广泛，特别贴近实体经济需求。[2]

中国人民币利率互换是在我国利率市场化改革逐步深入和债券市场快速发展的背景下推出的。2004年10月29日，中国人民银行放开贷款利率上限。这使得商业银行开始面临较大的存贷款期限结构、利率结构错配的风险，对利用利率互换进行资产负债管理的需求也日益迫切；与此同时，随着债券市场的发展，越来越多的金融机构持有大量的以固定利率债券为主的债券资产，而政策性银行、商业银行发行的政策性金融债券、商业银行次级债券和一般性金融债券的规模越来越大，也迫切需要利率互换对其日益复杂的资产负债结构进行管理。2006年2月9日，中国人民银行正式开展利率互换试点，2008年1月全面开展利率互换业务。

[1] 法博齐《债券市场分析与策略》第七版 中国人民大学 2011年1月
[2] 卫容之“加快建设场外利率衍生品清算机制”《国际金融报》2012年7月20日

利率互换业务推出之初，由于市场对其业务规则和实际用途认识有限，交易并不活跃。2006 年平均余额交易量只有 20 亿元左右。而到了 2011 年，利率互换交易笔数和规模为 20 202 笔、26 759.60 亿元，占场外利率衍生工具市场份额分别为 97.87%、96.28%，同比分别增长 73.51%、78.36%[1]，比 2006 年增长高达 1 300 倍。可见，利率互换不仅占有绝对市场份额，还呈现高速增长态势。此外，利率互换的活跃参与机构接近百家、且参与机构的异质化特点日益突出，利率互换市场的价格发现、风险管理等功能已经得到广泛认可。2011 年底，我国国债余额 7.38 万亿元，但同期的贷款余额 53.28 万亿元，票据贴现、委托贷款和信托贷款余额 8.47 万亿元，金融债和企业债余额 12.62 万亿元，这些利率产品规模远大于国债。由于利率互换的高速发展，对市场的利率风险管理的理念有实质性的培育。一旦国债期货推出，将与衍生、现货两个市场，利率互换和国债期货两个工具协调联动共同发展。

---

[1] 卫容之"加快建设场外利率衍生品清算机制"《国际金融报》2012 年 7 月 20 日

第三篇

利率、通胀、货币政策

第八章
债券利率的决定因素

17 世纪中叶，政治经济学之父威廉·配第认为，利息是由于地租存在而产生的，是因为暂时放弃货币的使用权而获得的报酬，这就是所谓的“利率报酬论”。亚当·斯密对利息实质有了较为深刻的认识，他认为利息代表剩余价值，始终是从利润中派生出来的。马克思认为利息是财富的分配形式，同意亚当·斯密利息来源于剩余价值的一部分的观点。马克思的利率决定理论是从利息的来源和实质的角度，考虑了制度因素在利率决定中的作用的利率理论，其理论核心是利率是由平均利润率决定的，利息量的多少取决于利润总额，利息率取决于平均利润率。英国经济学家西尼尔为代表的“节欲论”则认为，把利息看成是货币所有者为积累资本放弃当前消费而“节欲”的报酬。以费雪和马歇尔为代表的新古典学派在时差利息论的基础上，提出了“均衡利息论”，认为利率作为使用资本的报酬或者资本的价格是由资本的供求决定的。

1936 年，凯恩斯发表了著名的《就业、利息和货币通论》。他提出人们对货币需求三大动机：交易动机、预防动机、投机动机，所有人对现金是有流动性偏好的。凯恩斯认为利息是人们在特定时期内放弃货币周转流动性的报酬，利率并不取决于储蓄与投资，而是决定于货币存量的供求和人们对流动性偏好的强弱。影响利息率的因素，主要有资本的边际生产力或资本的供求关系。此外还有承诺交付货币的时间长度以及所承担风险的程度。

70 多年过去了，虽然现在利率市场化和经济全球化的宏观经济环境跟凯恩斯所在的时代完全不同，但是凯恩斯留给世人的思想财富仍然熠熠生辉。他的货币理论仍然深深影响着各个国家的货币当局，包括美联储、中国人民银行、日本央行等等（欧洲央行受货币学派的影响更大）。大萧条以后，利率政策就一直是很多国家货币政策最重要的工具，为了干预经济，中央银行可通过调整利率的办法来间接调节通货。在经济不景气时期，降低利息率，扩大货币供应，刺激经济发展；在经济过热的情况下，就必须采取紧缩的货币政策提高利息率，减少货币供应，抑制经济的恶性发展。现代经济中，利率作为资金的价格，不仅受到经济社会中许多因素的制约，而且，利率的变动对整个经济产生重大的影响。

一、利率水平要与企业总体承受能力相适应

利息是信用活动的标志，有信用就有利息。改革开放前，我们国家实行的是计划经济体制，利息曾经一度被看作是服从计划管理需要的工具。改革开放后，人们逐渐认为社会主义下的利息来源于利润，是社会纯收入的一部分，体现了企业、银行、居民之间按照生产要素分配的经济关系。从利率的本质看，它是借贷的代价，也可以说是一种虚拟资本的价格，财富重新分配的尺度。虚拟资本的发展是商品信用经济向高层次阶段推进的重要内容。虚拟资本价格围绕真实投资资本适度波动，有利于推动物资财富的配置与积累。马克思认为在资本主义制度下，利息是利润的一部分，是剩余价值

的一种转换形式。利息的独立化，对于真正显示资金使用者在再生产过程中所起的能动作用有积极意义。社会主义市场经济中，利息仍作为平均利润的一部分，因而利率也是由平均利润率决定的。根据我国经济发展现状与改革实践，这种制约作用可以概括为：利率的总水平要适应大多数企业的负担能力。合理的利率，对发挥社会信用和利率的经济杠杆作用有着重要的意义。

以 2011 年 4 月份的巴西为例，巴西通货膨胀 CPI 水平为 6.3%，但一年期存款利率却达到 11.75%，一年期平均贷款利率则高达 38%。之所以这么高的存贷款利率，是因为在 1994 年实施雷亚尔计划之前，巴西曾经受害于恶性通货膨胀长达几十年，货币置换五六次，仅仅 1993 年巴西的通货膨胀率就高达 2 500%。所谓一朝被蛇咬，十年怕井绳。巴西不得已采用高利率的手段，来压制通货膨胀预期。这是一个长期实际利率水平为正的经济体。当时的巴西总统，同时也是发展经济学家的罗塞夫上任之初便承诺要降低利率，但却被不断高企的通胀“绑住了手脚”。对于通货膨胀，巴西政府是讳莫如深，巴西人民则是谈虎色变。即便巴西的利率如此之高，巴西的储蓄率也还是非常低的，惊弓之鸟般的老百姓对恶性通货膨胀还记忆犹新，不愿意存钱。巴西经济体系里未偿还贷款总额达到 1.738 万亿巴西雷亚尔（约合 1.042 万亿美元），占巴西 GDP 总量的 46.5%。平均贷款期限为 472 天，其中，消费者平均贷款期限为 563 天，公司平均贷款期限为 388 天。相对于其他国家，巴西的指标要低很多。高企的利率对巴西经济增长的确起到了负面影响。高利率意味着投资占 GDP 的比重低，债务成本巨大。由于利息成本巨大，2010 年，巴西政府国债利息支出占财政收入总量的比重为 15%。[1]

[1] 蔚华“高利率的巴西”《第一财经日报》2011 年 4 月 18 日

利率太高，会导致企业的财务成本过高，加大企业经营的风险。从而打击实体经济的积极性，可能会造成企业主放弃企业的经营，出售工厂企业，减少投资，把资金存放到银行。远期会造成经济的后劲不足，需求减少，最终影响经济的增长，导致失业率的上升。企业为了规避风险就可能减少借贷，从扩大的再生产回到简单的再生产，社会进步就会受到阻碍。1981 年，美联储主席沃尔克为了对抗通胀，收缩银根，导致利率大幅度上升。联邦利率最高达到接近 20%的高位。很多企业停工，工人失业。很多行业协会到美联储门前组织大规模的示威抗议活动。当然，美国的情况比较特殊，是为了对抗通胀的一时之举，最后也成功实现了软着陆。

而 1997—1998 年亚洲金融危机前的泰国就没有那么好的运气。1984 年开始，泰国实行以盯住美元为主的“一篮子货币”的汇率制度。1995—1996 年，由于美元汇率上涨，泰铢汇率跟随上涨，泰国出口增长下降，资产价格泡沫破灭、短期资本开始外流，泰国经济增长速度明显放缓。此时，需要实行扩张性货币政策来刺激经济增长。但是，为了维持盯住美元的固定汇率，也为了吸引海外投资，防止国内资金外流，抑制资产价格泡沫，泰国中央银行被迫提高利息。1996 年，泰国利率达到 13.25%，是当时亚洲国家和地区最高水平。与此同时，高利率政策使风雨飘摇的泰国经济雪上加霜，从某种意义上讲，正是高利率政策催生了泰国金融危机。高利率政策进一步抑制了投资和消费，加剧了经济衰退，造成了商业银行的巨额不良资产。高利率加大了企业债务负担，迫使企业转而向国际金融市场筹资，因为国际市场资金成本相对较低。这就进一步扩大了对外负债规模。1997 年泰国外债达到 900 亿美元，相当于 GDP 的 50%，其中，短期外债占到了 60%，仅 1997 年 6 月开始的一年内到期的外债就高达450亿美元。泰国的高利率吸引了大量的国际游资。但是泰国的实体经济并不能承担这么高的回报。当局面难以控制的时候，游资纷纷出逃，而泰国的外汇储备远远不足以按照既定的汇率兑付。在1997年7月2日，泰国央行无奈宣布放弃固定汇率制度，实行浮动汇率制，从而引发了亚洲金融风暴。[1]

相反，利率总水平也不能过低。融资成本过低，容易导致重复建设，造成资源的浪费。利率过低，会导致投资无序，使经济增长处于粗放、低效状态。利率过低，会导致金融机构收取的利息不能覆盖贷款潜在的风险。美国次债危机原因之一就是贷款机构竞争过度，没有考虑未来房价下跌带来的风险，利率定价过低。利率太低，也会导致信贷膨胀。长时间的低利率还驱使企业和居民进行高风险的投机活动，造成资产价格泡沫，尤其是房地产价格。2008年美国次债危机结束后，很多人反思这次金融危机的根源。最主要的原因就是格林斯潘担任美联储主席期间，为了应对2000年互联网泡沫破裂和2001年“9·11”事件，把美国基准利率调整过低，时间过久。虽然格林斯潘下台之前已经意识到这一点，并试图通过加息来压制资产泡沫，但是由于继任的美联储主席伯南克在把握加息节奏方面缺乏经验，导致美国房地产市场崩溃，引发次债危机。格林斯潘在他的自传里辩护说，低利率至少可以让很多原来不用买房子的人买到住房，化解了阶级矛盾。实际上格林斯潘所说的是无稽之谈，因为利率过低，房价上涨数倍，穷人买房不是容易了，而是更加困难了。

不仅如此，当一国中央银行将利率水平降低到不能再低时，很

[1] 王宇“泰国退出：宏观政策的失误”《中国经济时报》2004年9月24日

容易导致“流动性陷阱”。凯恩斯的流动性偏好利率理论认为，货币是一种最具有流动性的特殊资产，利息是人们放弃流动性取得的报酬。当利率下降到一定程度时，无论增加多少货币，都会被人们储存起来，形成凯恩斯所谓的“流动性陷阱”。发生“流动性陷阱”时，再宽松的货币政策也无法改变市场利率，使得货币政策失效。另外，利率如果太低，进一步调降的空间会缩小，利用利率这个价格工具来调节经济的能力就会减弱，利率的杠杆作用就不容易生效。比如，日本的基准利率长期在0—0.25之间，即使从区间的上端0.25涨一倍到0.50，社会经济单元都不会特别敏感。名义利率长期保持低位是对利率工具本身的弱化，一旦需要降息，降无可降。日本长期以来采用的低利率甚至零利率的政策，以及美联储在美国次债危机以后采用的零利率政策的效果都是很有限的。

利率也是社会财富分配的重要工具。利率太低，对于资金的所有者来说也不公平，人为压低存贷款利率就造成存款人补贴贷款人。低存款利率最终造成向低收入群体吸收存款，再用低贷款利率贷给大型企业和富裕阶层，居民补贴企业的现象加大了消费与投资的比例失衡。低收入阶层缺乏理财渠道，而且需要预防更多的困难和不确定性，储蓄方式主要是银行存款。依靠积蓄养老的普通老百姓尤其如此。低利率导致居民收入差距进一步拉大。

1929年，美国因为华尔街过度投机，后来股市泡沫破灭，导致大萧条，大批银行倒闭。1933年，罗斯福上台以后，美国通过了《格拉斯斯蒂格尔法》的Q项条款规定，禁止商业银行向活期存款账户支付利息，也就是活期存款实行零利率。这是对商业银行的一种保护。战后初期，美国3个月期国库券利率只有1%左右。不过这样的状态只持续了一两年的时间。次债危机之后，美国不仅实行超低的利率，而且连续实行几轮量化宽松。这样做的原因一方面还是按照凯恩斯主义的理论在寻找经济复兴之路。另一方面，由于日本连续多年实行零利率政策且并没有出现资产泡沫和通货膨胀也给了美国一个很好的示范。也许美联储主席伯南克认为，这是一个范式改变，情况跟以前不一样了，即使长时间实行零利率政策也未必会造成通货膨胀。

二、物价变动和经济增长

格林斯潘曾经说过："长期利率是远期通胀的预期。"他同时提到，经济增长会促进就业市场活跃，就业人数的增多和工资的上涨都是通货膨胀发生的重要条件。因此经济增长对远期利率也有一定的影响。换言之，国债长期利率反映了对将来增长率以及物价的预测。著名的费雪方程式将长期利率表示为实际利率、预期通货膨胀率，以及由各种不确定因素所引发的风险溢价之和。

国债利率 = 实际利率 + 预期通货膨胀率 + 风险溢价

2004 年 4 月 20 日，格林斯潘在国会作证，称美国经济通货紧缩的威胁已经过去，随后，对美联储利率政策反应最敏感的美国 2 年期国债的收益率升至 2.17%，为 2003 年 10 月以来的最高点。次日，格林斯潘又表示美国经济正在强劲增长，且未形成大范围引发通胀的压力。他认为，"正如以前说过的，必须适度上调联邦基金率，以防低利率最终导致通胀出现。迄今为止，长期维持低利率还没有引发大范围通胀出现。"实际上，长期的低利率已经造成房地产价格大规模上涨。一方面房地产价格也是广义物价的一部分，另一方面，房价的上涨最终也会传导到消费物价的环节。虽然格林斯潘认为正在上升的商品价格并不是通货膨胀的威胁，但格林斯潘的这番评论使得一些交易商和经济学家更加确信美联储将于当年内升息。果然，2004 年 6 月，格林斯潘开始了他的加息之旅。美联储在随后的两年里连续 17 次加息。

同样道理，当前世界各国的央行在应对通货紧缩时采取的措施就是长期的宽松货币政策，低利率，甚至零利率。日本央行自从 1990 年泡沫破灭以后，长期采取这样的政策，希望能够刺激经济，促进就业。2012 年底安倍晋三内阁上台以后，更是把通货膨胀的目标提高到 2%，这也就意味着，宽松的政策会进一步加码，除了零利率以外，还会辅以央行购买国债，大量释放基础货币。美国在 2008 年次债危机以后也采取了类似的方法，并配合央行的资产购买计划。在这样的背景下，美国的长期国债利率连续创历史新低。由于通货膨胀是影响债券利率最关键的因素，因此另外有专门一章谈利率在通货膨胀治理当中的作用。

三、资金的供求状况

古典学派认为，资本是一种生产要素，利息是资本的价格。利率的高低由资本供给（即储蓄水平）和资本需求（即投资水平）决定；储蓄是利率的减函数，投资是利率的增函数，均衡利率取决于投资流量和储蓄流量的均衡。凯恩斯认为货币是一种最具有流动性的特殊资产，利息是人们放弃流动性取得的报酬，因此，利息是货币现象，利率决定于货币供求，由交易需求和投机需求决定的流动性偏好，和由中央银行货币政策决定的货币供给量是利率决定的两大因素。在货币需求一定的情况下，利率取决于中央银行的货币政策，并随货币供给量的增加而下降。凯恩斯把利率看成是货币现象，认为利率与实际经济变量无关。可贷资金理论认为利率是由可贷资金的供求来决定的，也就是储蓄和短期新增货币供给量，以及投资和因人们投机动机而发生的货币需求量决定的。由此可见，各种经济学派别都认为资金的供求是影响利率的一个非常重要的因素。货币学派在理论和政策主张方面，强调货币供应量的变动是引起经济活动和物价水平发生变动的根本的和起支配作用的原因。这也是为什么货币学派主张控制通货膨胀要从源头着手，也就是控制通货膨胀就要控制货币供应量。

在中国资金市场上，还有一些特殊因素也会造成资金供应紧张，进而导致利率上升。例如，2012 年 6 月 21 日，一家美国著名的第三方独立调查公司 CITRON 研究公司发布了对广州恒大地产的研究报告，对恒大地产资产负债表提出了 5 点质疑。其中，怀疑恒大地产伪造了假的银行现金余额单，现金流量仅为 119 亿元，而不是恒大报表上所述的 284 亿元。理由是恒大的利息收入远远没有那么多。恒大对此逐一作出了澄清。姑且不论 CITRON 和恒大究竟谁的说法更加准确，不争的事实是——在中国，每次到了季度末、年末，很多公司甚至很多金融机构为了粉饰财务报表，往往会在最后几天不惜以高的利息拆入资金，造成资金暂时的紧张。到下月初，一切恢复正常。每年每季度如此，周而复始，这都会引起短期国债利率波动。几年前，在新股认购热火朝天的时候，上海证券交易所的国债回购市场利率也跟随新股发行认购的节奏，做剧烈运动，几天以后，申购资金返回，回购利率回归正常。

应该说，货币供求状况绝大部分时间是因为中央银行为了实现货币政策目标，利用公开市场操作、存款准备金等手段来影响市场。放松银根意味着降低投资成本，刺激经济，利率也会随之下降，债券的价格会上升；反之收紧银根，意味着央行要提高投资的成本，企业的投资会因此而收缩或者推迟，债券的利率也会跟随上升，债券的价格会下跌。所以，从根本上来说，资金供求状况还是取决于央行的金融政策。

案例：2008 年 5 月 20 日至 6 月上旬，10 年期国债收益率在 4.2%附近窄幅弱势整理。6 月 7 日，中国人民银行宣布提高法定存款准备金率一个百分点至 17.5%。这一举措直接导致 6 月 10 日当天回购利率一举从前期 3.3%上行到 4.9%，伴随着短期利率的急剧上行，长期利率也突破 4.2%的平台，6 月 12 日，10 年期国债利率上行至 4.35%。[1]

四、政策性因素

现在各国中央银行根据货币政策目标来运用货币政策工具，其中最重要的办法就是调控利率。或者说，调控利率是实现货币政策目标最快捷有效的方法。以美国为例，1994 年开始，格林斯潘就逐渐放弃相机抉择，而是根据泰勒规则来运用利率工具，这对美联储完成货币政策终极目标非常实用。保持实际短期利率稳定和中性政策立场，当产出缺口为正和通胀缺口超过目标值时，应提高实际利率；当产出缺口为负值和通货膨胀缺口低于目标值时，就降低实际利率。利率已经取代货币供应量成为货币政策的中间目标。

中央银行起源于 17 世纪中后期的欧洲。1668 年，瑞典政府将私营的瑞典银行收购国有后，将货币发行权向瑞典银行集中，从而

[1] 董德志《投资交易笔记——2002—2010 年中国债券市场研究回眸》第 72 页 经济科学出版社 2011 年

使瑞典银行具有某些中央银行的特点。1694 年，英格兰银行作为历史上最早的股份制银行一诞生就跟英国政府保持特殊的关系，具备最完整的中央银行特征，并成为其他国家建立中央银行的范本。1907 年，美国的金融恐慌以后，美国就筹划建立一个中央银行。1913 年，美联储成立的主要目的是成为最后贷款人。在美国自由经济的大环境下，最初实行的是中性货币政策。根据现任美联储主席关于大萧条的研究发现，1929 年大萧条发生后，美联储并没有完成使命。大批银行倒闭，美联储没能防止通货紧缩局面的出现，也没能防止生产和劳动力市场的崩溃。

1936 年，凯恩斯发表《就业、利息与货币通论》。凯恩斯通过利率把货币经济和实物经济联系起来，打破了新古典学派把两者分开的两分法。他认为货币不是中性的，货币市场上的均衡利率要影响投资和收入，而产品市场上的均衡收入又会影响货币需求和利率，这就是产品市场和货币市场的互相联系和作用。凯恩斯以他内在逻辑一致的三大心理规律，也就是边际消费递减规律、资本边际效益递减规律和流动性偏好规律导致有效需求不足。他对经济危机作了全新的说明，并在此基础上形成摆脱危机，走出萧条的全新思路。他认为中央银行可以通过公开市场业务、变动法定准备金率和再贴现率来调节货币供给的大小，从而影响均衡利率水平，进而起到调节宏观经济的作用。有效需求往往低于社会的总供给水平，从而导致就业水平总是处于非充分就业的均衡状态。因此，要实现充分就业，就必须抛弃自由放任的传统政策，政府必须运用积极的财政与货币政策，以确保足够水平的有效需求。

当美联储把货币供应量作为货币政策的中介目标的时候，很多人把它理解为美国实行的是货币学派的经济理论。这完全是个巧合，要知道，沃尔克当初把联邦基金利率的中介目标改为货币供应量完全是个阴差阳错之下的无奈之举。1979 年沃尔克上任不久，为了应对严峻的通胀形势，提议加息。第一次加息会议中，7 个公开市场委员会成员中居然有三人投了反对票。一个多月后的第 2 次例行会议中，如果沃尔克再次提议加息，有可能被公开委员会否决。不得已的情况下，沃尔克只好更改货币政策的中介目标。而根据美联储的议事规则，货币供应量是不需要投票决定的。就这样，沃尔克弄拙成巧，任内一直用货币投放量作为美联储的货币政策中间目标，直到 1994 年美联储宣布将中间目标由 M2 改为联邦基金利率。

美国的经济学家就像美国的政党一样，分为两个派别。其中一派支持凯恩斯主义观点的经济学家们认为，自由市场的行为有时是无效的，是自我破坏型的，不时需要采取整改方针措施，比如政府刺激消费措施。这些经济学家认为市场不完全是理性的，市场经常是失灵的，人们经常会采取不理性的行为，其行为往往会与他们的远期利益背道而驰，需要政府采取措施，进行干预。这一派经济学家主要分布在美国的东西海岸的高校，所以称为“咸水派”。另一派经济学家认为，自由市场天生就是合理的和有效的，政府不需要干预经济，市场会自我调节和自我修复。这一派经济学家以芝加哥大学为中心，集中在五大湖地区，所以又称为“淡水派”。淡水派主要代表人物就是货币学派掌门人弗里德曼。

大萧条之前 70 年左右的时间里，美国绝大部分时间是共和党执政。共和党奉行的就是自由市场理念，政府无为而治。马克吐温的“镀金时代”里，我们可以看到这样的场景：原始资本积累加剧，工业文明的拜金主义无可遏制地膨胀，投机牟利之风盛行，贪污受贿，营私舞弊丑闻不断，道德沦丧。马克·吐温以辛辣的笔调，刻划出一系列投机家、企业家及政客的虚伪面目和心态，向人们展示了那个时代的缩影。但我们也不得不承认，这个时期的美国经济突飞猛进，包括摩根、洛克菲勒、福特在内的一些大的财团也是在那个时期崛起的。没有任何限制的投机最终导致了1929年的大萧条，奉行无为而治的共和党在大萧条面前显得束手无策。

民主党总统罗斯福上台以后实行新政，一方面对经济实行严格的管制，金融分业经营；另一方面大力干预经济，推行大规模的基础设施建设，刺激经济。罗斯福之后的几任总统基本上也都是执行凯恩斯主义的经济理念，甚至包括以共和党身份参选总统的艾森豪威尔，在任内执行低利率政策，建设了纵横全美国的高速公路系统等。凯恩斯主义的影响是如此之深，以至为了解决高失业率的状况，1971年根深蒂固的共和党人总统尼克松在国会公开表示，我们现在都是凯恩斯主义者了。

1980年，里根上台以后，情况发生了改变。一方面是因为长期的经济刺激和石油危机导致严重的通货膨胀，而凯恩斯主义并非是通货膨胀的良药，相反，货币学派对通货膨胀有很好的疗效。共和党的货币学派却又需要坚决地贯彻执行紧缩的财政和金融管制才能施行。执行金融管制显然是民主党的拿手好戏，特别是铁面无私、品德高尚的坚强的民主党人士保罗·沃尔克就是这样一个乱世英雄。如果不是沃尔克的坚忍不拔的品德，美国80年代初的通货膨胀能否一举克服没有人知道。连续三年的紧缩政策，使通货膨胀从此远离美国，也使美国经济连续增长近20年，直到2008年的次债危机。危机过后，别无他途。共和党的伯南克面对现实，又开始举起凯恩斯主义的大旗，大力放松银根，希望通过刺激，使美国经济早日走出低迷的境地。由此可见，货币学派和凯恩斯主义都是伟大的经济理论，只是适用范围不一样。当通货紧缩的时候，凯恩斯主义能帮助刺激需求；通货膨胀的时候，则使用货币学派。

欧洲的情况跟美国又不太一样。自从设立了欧元区以后，欧洲的货币政策主要由设在法兰克福的欧洲中央银行独立施行。而欧洲中央银行的首要政策目标是保持货币币值的稳定。这就是典型的货币学派的思想。

同样是利率工具，中国人民银行与美联储调控的重点并不一致。美联储现在大多数情况均以调整联邦基金利率，来影响银行间的隔夜拆借利率，从而间接影响中长期利率。甚至有时候当美联储的利率政策并不能影响长期利率的时候，美联储也不以为意。比如，格林斯潘利率之谜就是2004年年初，美联储加息，短期利率上升200个基点，长期国债收益率不升反降。2011年9月21日，美联储宣布，将采取“卖短买长”的“扭转操作”，意在刺激经济复苏。而中国人民银行每次调整存贷款利率都是针对一定期限的存贷款利率调整，对隔夜拆借利率反而不十分关注，基本由市场自发形成。SHIBOR是上海银行间同业拆放利率的简称，以位于上海的全国银行间同业拆借中心为技术平台计算、发布并命名，是由信用等级较高的16家银行组成报价团自主报出的人民币同业拆出利率计算确定的算术平均利率。2007年建立以来，经过五年多来的建设培育，目前SHIBOR结合国债回购市场形成的短期利率已基本确立了我国货币市场基准利率地位。

五、国际经济的环境

很久以前，随着国际贸易的开展，世界各国的货币制度就开始相互影响。比如，明朝时因为和西班牙、葡萄牙贸易，银币大量流通，于是中国成为使用银本位的国家。又比如，大萧条时期，英国为了摆脱经济困境放弃金本位，就是为了使英镑贬值，从而增加英国商品在国际上的竞争力。今天，在世界经济一体化大潮下，世界各个主要经济体都越来越开放，经济模式也有很多相似之处，各国都在相互学习治国经验，也都千方百计学习大萧条中的英国。各个国家要想在跟别国博弈中获得额外的好处，利率是一个很好的工具。

加入WTO以后，我国与其他国家的经济联系日益密切。在这种情况下，利率也不可避免地受国际经济因素的影响，主要表现在以下几个方面：1. 国际间资金的流动，通过改变我国的资金供给量影响我国的利率水平；2. 我国的利率水平还要受国际间商品竞争的影响；3. 我国的利率水平，还受国家的外汇储备量的多少和利用外资政策的影响。

2004年6月开始，美联储数次加息后，美国联邦基金利率已经从1%提高至3.25%，提升了2.25个百分点，而与此同时，美国10年期国债的收益率却从4.7%左右降至4.2%左右，下降了0.5个百分点，导致美国10年期国债与联邦基金利率之间的利差进一步走低。格林斯潘2005年2月在国会听证会上回答质询的时候提出“长期利率之谜”，没有因为近几个月来经济的良好表现有所攀升，相反却继续维持在低迷状态，这种短期利率不断增加而长期利率萎靡不振的反常现象使得收益率曲线逐渐变平。后来很多资料显示，之所以长期利率下降，是因为中东美元以及中国等国家外汇储备购买美国长期国债所致。

在《世界是平的》一书中，汤马斯·佛里曼描述了当代世界发生的重大变化。科技和通信领域如闪电般迅速进步，使全世界的人们可以空前地彼此接近。一些大的主权财富基金、对冲基金等利用全球经济发展不平衡，利用越来越发达的金融衍生品市场，翻江倒海，企图影响甚至操纵利率汇率市场，以期获得超额利润。

1997 年 7 月，香港顺利回归中国，恒生指数曾经突破 16 000 点大关。随即，亚洲金融危机爆发。一些国际上对冲基金因为亚洲各国纷纷放弃盯住美元的货币政策，货币大幅度贬值，认为香港也会在这些对冲基金的冲击下最终放弃联系汇率制。所以 1998 年 8 月初，乘美国股市动荡、日元汇率持续下跌之际，国际炒家对香港发动新一轮进攻。这些国际炒家的路径是，大规模以美元抵押从香港各家银行借入大量的港元，并沽空恒生指数各成份股；这样做的好处是大幅度拉高香港的港币利率。当时香港的股票市场的主要成分股都是香港各大房地产商，利息的高企使得房地产上的成本大幅度升高，使得房屋购买者的买屋计划推迟，从而使房地产市场下挫，房地产股票大幅下跌。房地产股票下跌正好会导致恒生指数下跌。

如果港币能够贬值，这些对冲基金还能以更低的价格买入港币归还给香港的银行。这种进攻路线当时被不可一世的对冲基金自诩为完美路线图。按照这个路线图，这些国际炒家把香港当作“超级提款机”。恒生指数也因此一度跌至 6 600 多点。但是这些国际炒家没有想到的是，香港特区政府予以回击，金融管理局动用外汇基金进入股市和期货市场，吸纳国际炒家抛售的港币，将汇市稳定在 7.75 港元兑换 1 美元的水平上。经过近一个月的苦斗，使国际炒家损失惨重，无法再次实现把香港作为“超级提款机”的企图。在加上当时任国务院副总理的朱镕基严正表态要帮助香港保持联系汇率制，以及8月下旬俄罗斯债务危机爆发，长期资本公司破产，国际炒家无功而返。我们可以看到，这次国际炒家对香港的冲击当中最重要的一环就是拉高香港的利率。

2008年上半年，中国通货膨胀形势非常严峻。中国人民银行多次提高存款准备金率，希望能够遏制通货膨胀的预期。令人意外的是，遏制通货膨胀最有效的工具——“利率”却一直没有使用。以至于很多人认为中国人民银行对通胀的态度过于暧昧，对治理通货膨胀的决心还不够大。实际上，当时中国人民银行之所以没有加息，是因为当时中国的进出口顺差很大，外汇储备增速过快，再加上人民币快速升值当中，很多国际热钱通过各种渠道进入中国，如果中国大幅度加息，无疑会拉大国内外利差，对国外投机资金的吸引力会加大。当然也有很多人认为，中国外汇管制严格，在这种环境下从事利差交易（Carry Trade）难度很大。

所谓利差交易就是利用不同货币的利差谋取收益的交易方式。由于日本长期实行零利率，为了追逐利差收益，国际投资者纷纷借入日元购买那些以其他币种计价的高收益资产，希望从中获利。据估计，日元利差交易的规模可能高达数千亿美元。日本的零利率政策使得廉价的日元大量涌入全球市场，买入高息债券或者涌入股市，从而推高了各国流动性水平。在2008年金融危机爆发前，金融市场盛行一个高收益的套利交易模式：以较低的利率借得日元，转换成巴西雷亚尔，并买入巴西国债，每年可以获得10%以上的高额国债利息，还享受30%以上的雷亚尔货币升值，最终录得50%左右的高额回报。实际上，这50%的投资回报大部分要由未来巴西的经济体来偿还。

城门失火，殃及池鱼，国际因素导致利率变化的例子还有很多。例如，2001 年，阿根廷发生了债务危机，并导致巴西的货币恐慌性贬值。7 月 4 日，巴西中央银行为遏止雷亚尔持续贬值，宣布将基本利率由 16.75%提高到 18.25%，成为当时世界上利率第三高的国家。

六、信用等级

债券信用评级实质上就是对债券发行主体还本付息的能力进行评估，也就是对投资者购买该债券所承受的信用风险的评级。这种信用评级，是为投资者购买债券和证券市场债券的流通转让活动提供信息服务。进行债券信用评级最主要原因是方便投资者进行债券投资决策。债券信用评级的另一个重要意义，是减少信誉高的发行人的筹资成本。等级越高的债券，能够以较低的利率出售；而资信等级低的债券，表明风险较大，只能以较高的利率发行。中国的债券市场起步比股票市场要早，但是债券市场的发展严重滞后，原因之一就是债券评级系统不够健全。

首先，我国债券信用评级的法律法规不健全，政出多门。这是因为我们国家债券的归口管理部门过多引起的。证监会、中国人民银行、发改委分别都可以批准发行不同期限和类型的债券，而债券又可以在不同的市场流通转让，分割严重。其次，债券信用评级机构过多，且独立性得不到足够保证，机构数量比较多，存在较大程度恶性竞争。我国不少评级机构还未完全改制，仍没有与原主管部门脱离关系，不利于体现债券信用评级应有的公信度和权威性。美国有穆迪、标准普尔和惠誉 3 家，日本有日本公社债研究所、日本投资家服务公司和日本评级研究所 3 家，英国有国际银行信用分析公司一家。我国企业债券规模并不大，居然有 9 家评级机构。评级机构数量过多，势必造成企业债券评级领域过度竞争，使得评级机构受制于发债企业的压力不得不给出较高的信用等级，从而造成评级结果的失真。

再次，债券评级技术不很成熟。从业人员的专业知识、综合分析能力、道德素质参差不齐，在相当程度上影响到债券评级的技术水平。当前我国信用评级仍然以经济体报表财务比率分析为主，从国外的成熟经验来看，评级方法应以定量分析为主，定性分析为辅。评级的可靠程度，更多的依赖于经验丰富、信息充分的分析人员的综合平衡意见。在我国，债券评级机构的评委只能依据事先确定的指标计算的实际值给出分数，而无法作出自己的综合判断，这样就不能对企业债券信用作出全面的评价。而且对于高级计量法的实施，国内也缺乏优良的人才储备，优秀的建模分析师也是一将难求。

最重要的一点是，评级实际上取决于对违约率的分析，如果不容忍违约，很难找到科学的评级方法。而我国的监管部门不愿意首先在违约问题上开闸。1992 年之前曾出现过部分偿付问题，但 1992 年整顿市场后，已经鲜有债券出现偿付违约等风险。近年来债券市场两度出现低评级债券，2006 年受困于上海社保案的福禧债和 2012 年的海龙债，最终都通过各方努力得到偿付。只有容忍违约，才能培育出成熟的投资者，培育出健全的信用评级制度。没有违约，债券评级也有没有存在的意义。

第九章
利率在货币政策中的地位与作用

一、货币政策的目标

货币政策的目标一般可概括为：稳定物价、充分就业、经济增长、国际收支平衡和金融稳定。然而，这五个目标之间的关系较复杂，有的一定程度上具有一致性，如充分就业与经济增长；有的相对独立，如充分就业与国际收支平衡；更多表现为目标间的冲突性，例如充分就业与物价稳定之间就有矛盾。

新西兰经济学家W·菲利普斯于1958年在《1861—1957年英国失业和货币工资变动率之间的关系》一文中，最先表明失业与通货膨胀存在一种交替关系的曲线，通货膨胀率高时，失业率低；通货膨胀率低时，失业率高。菲利普斯曲线是用来表示失业与通货膨胀之间交替关系的曲线。当失业过多时，就需要扩张信用和增加货币供应量，以刺激投资需求和消费需求，扩大生产规模，增加就业人数；同时由于需求的大幅增加，会带来一定程度的物价上升。反之，要实现物价稳定，又会带来就业人数的减少。当各个目标之间出现冲突的时候，中央银行一般只能优先考虑其中一个。鱼和熊掌不可兼得的时候，只能舍鱼而取熊掌，在首要目标实现的前提下尽可能兼顾其余。西方有句谚语："Please everybody, please nobody."——"如果要想让每个人满意，最后会导致每个人都不满意。"所以，中央银行只有根据具体的政治环境和社会经济条件，寻求通货膨胀率和失业率之间某一适当的平衡点。

物价稳定与经济增长也存在矛盾。要刺激经济增长，就应采用宽松的货币政策，放宽信贷条件、降低利率、放松银根，结果会带来物价上涨；为了防止通货膨胀，就要采取信用收缩如提高利率等措施，这有会对经济增长产生不利的影响。

物价稳定与国际收支平衡存在矛盾。若其他国家发生通货膨胀，本国物价稳定，则会造成本国出口增加、进口减少，国际收支发生顺差；反之，则出现逆差，使国际收支恶化。

经济增长与国际收支平衡的矛盾。随着经济增长，对进口商品的需求通常也会增加，过量就会出现贸易逆差；反之，为消除逆差，平衡国际收支，需要紧缩信用，减少货币供给，就会导致经济增长速度放慢。由此可见，鉴于各政策目标间存在的矛盾性，中央银行应根据不同的情况对政策目标进行取舍。

例如，欧洲央行在维持物价稳定与经济增长方面，明显将天平朝着价格稳定方向倾斜。根据《欧洲联盟条约》第一百零五条第一款的规定，欧洲央行体系的主要目标是维持欧元区的物价稳定。在不影响这一目标的前提下，欧洲央行体系应该支持欧洲联盟内部的其他经济政策。欧洲央行体系应该根据条约第三条 a 项所确定的原则，并在遵守自由竞争开放的市场原则和有助于资源有效分配的前提下采取行动，支持欧洲联盟的总体经济政策。欧洲联盟和各成员国的这些活动意味着应该遵守以下指导方针：稳定的价格、健康的公共财政和货币状况以及平衡的国际收支。

欧洲央行的总部设在德国的金融中心法兰克福，德国是欧洲央行的第一大股东，约占全部股份的 19%，有很大的话语权。欧洲央行的货币政策很大程度上继承了德国中央银行原有的做法。众所周知，德意志联邦银行多年来在稳定马克币值方面有良好的记录。2011 年 9 月欧洲央行决定实施“直接货币交易（OMT）”计划，德国央行就表示过反对。因为，德国央行的首要职责是保持物价和币值的稳定，然后才是促进经济增长。德国货币政策的理念就是货币政策不能为财政政策买单，而德国也一直试图以这个理念来影响或左右欧洲央行。[1]

但是，回顾过去十多年的历史，欧洲中央银行在这段时间里执行维护欧元稳定的前提下兼顾经济增长的货币政策虽然不能说是失败的，至少可以说是顾此失彼。欧元区国家为了维护所谓的币值稳定，付出了沉重的代价。1999 年前后，1 欧元兑换 0.85 美元左右，到 2008 年美国次债危机前夕，1 欧元升值到可以兑换 1.6 美元左右，欧元相对于美元升值 90%以上。欧元的升值也就意味着欧洲商品在国际市场上竞争力的下降，尤其是南欧国家的出口产品的可替代性较强，很多采购商因而将订单转到成本更低的地区。保持币值稳定，也意味着实行偏紧的金融政策，也压抑了欧元区国家内需。双管齐下，导致欧元区国家经济萎靡，进而导致财政收支失衡。这些都是欧债危机发生的重要原因。

根据新华社的报道，萨科齐在 2008 年 6 月 30 日晚接受法国电视 3 台采访时说，他认为欧洲央行可以保持独立的货币政

[1] 王勇“欧洲央行货币政策‘声东击西’意欲何为”《上海证券报》2013 年 1 月 30 日

策，应当考虑欧洲经济增长问题，而不应把目光局限于控制通货膨胀。法国经济部长拉加德2008年6月29日也曾表示，最重要的是要实现地区间利率的平衡，而欧洲央行的货币政策却在加剧这种不平衡。她指出，目前美国的联邦基金利率只有2%，而欧元区的主导利率已经高达4%。欧洲统计局最新评估数据显示2008年6月份欧元区的通胀率可能达到4%，从而创下1999年欧元问世以来的历史新高。欧洲央行行长特里谢2008年6月10日曾表示，为了抑制通货膨胀，不排除在今年7月份加息的可能性。

上述美国联邦利率与欧元区的主导利率之间的2%的差价正是美元相对于欧元贬值最重要的原因。由于国际上大宗商品的价格基本上是以美元计价的，美元的贬值也就意味着大宗商品的价格上涨，实际的情况也正是这样。上述欧洲统计局2008年6月份通胀的预估的背景也是因为2008年上半年石油价格达到历史最高价接近150美元一桶，铁矿石价格更是连续几年以50%以上的速度上涨。这样一来，欧洲央行实际上陷入了自己设置的陷阱里不能自拔，欧洲央行加息导致欧元上涨美元下跌，美元下跌导致大宗商品价格上涨，大宗商品价格上涨导致通胀，通胀导致欧洲央行再加息，再加息会导致欧元上涨美元下跌，美元下跌导致大宗商品价格上涨……这样的循环在2008年次债危机之前已经连续上演了将近十年，然后是美国次债危机，欧洲主权债危机。由此可见，欧洲央行利用利率这个货币政策工具来调节货币政策目标，从过程上来看是抱薪救火，从结果来看是作茧自缚。

根据《美国联邦储备法》，美国的货币政策目标是控制通货膨胀，促进充分就业。目前美联储货币政策的操作目标是联邦基金利率。美国联邦基金利率是指美国同业拆借市场的利率，其最主要的是隔夜拆借利率。这种利率的变动能够敏感地反映银行之间资金的余缺。美联储瞄准并调节同业拆借利率就能直接影响商业银行的资金成本，并且将同业拆借市场的资金余缺传递给工商企业，进而影响消费、投资和国民经济。

作为同业拆借市场的最大的参加者，美联储并不是一开始就具有调节同业拆借利率的能力，因为它能够调节的只是自己的拆借利率，所以能够决定整个市场的联邦基金利率。其作用机制是：当美联储需要放松银根的时候，就会降低其拆借利率，商业银行之间的拆借就会转向商业银行与美联储之间，因为向美联储拆借的成本低，整个市场的拆借利率就将随之下降。如果要收紧银根，美联储提高拆借利率，在市场资金比较短缺的情况下，联邦基金利率本身就承受上升的压力，所以它必然随着美联储的拆借利率一起上升。在市场资金比较宽松的情况下，美联储提高拆借利率，原本可能向美联储拆借的商业银行就会转向其它商业银行。但是，美联储可以在公开市场上抛出国债，吸纳商业银行过剩的超额准备金，造成同业拆借市场的资金紧张，迫使市场拆借利率跟随联邦基金利率同步上升。美联储一般通过纽约联储在市场上反复多次的操作，就会形成合理的市场预期，形成路径依赖。久而久之，美联储对联邦基金利率的调整就像巴普洛夫的铃声，市场闻风而动，甚至是否要辅之以其它操作手段也就变得不那么重要了。

相比较而言，再贴现率的变动只能影响那些符合再贴现资格的商业银行，再通过它们的超额准备余额影响同业拆借利率，因为能够获得再贴现资金的商业银行有限，且从理论上讲，这些资金不能拆出牟利，这就阻断了再贴现率下降的扩张性效应。同样再贴现率的上升，还款的商业银行未必很多，商业银行超额准备的紧张也比较有限，其紧缩性效应也难以完全作用到位。由此可见，再贴现率不及调节联邦基金利率那样直接有效。尽管对联邦基金利率和再贴现率的调节都是由美联储宣布的，但是，其方式则有行政规定和市场作用之分，其调控效果也有高低快捷等差别，这也许正是联邦基金利率逐渐取代再贴现率、发挥调节作用的一个重要原因所在。

相对而言，美国的过去十几年的利率政策既有成功之处，也有失败之笔。成功之处主要是在格林斯潘担任美联储主席之时。当时美国因为互联网泡沫破灭，以及 2001 年“9·11”事件影响，经济低迷。格林斯潘多次大幅度调降基准利率，其目的就是要影响汇率，致使美元贬值，并辅以政治压力使日元和人民币升值。这些措施都成功增加了美国产品的出口，从而促使美国经济增长，改善美国就业形势。虽然美联储主席和美国财政部长隔三差五对外发表强势美元的言论，而实践证明都是口是心非，喊喊口号而已。虽然有人批评美国的做法是以邻为壑，但至少美联储利用“利率”这个货币政策最有效的工具实现了其货币政策的优先目标：增加出口、增加就业。

当然，美联储的做法也不可避免地有很多副作用。首先，由于美元贬值导致大宗商品价格上涨，美国增加出口的收入又很大程度上被进口石油等原材料多支付的美元而抵消；其次，长时间的低利率政策催生了美国的房地产泡沫，直接导致美国次债危机。美国的利率政策的失败之处还在于，美联储自 2004 年 6 月到 2005 年 12 月，连续 13 次提高短期利率后，联邦基金目标利率从 1%一路升到 4.25%的“中性水平”，而长期利率却仍保持在相对低的水平。

2005年12月底，10年期国库券收益率甚至降到了低于2年期国库券收益率的水平，这种情况是5年来首次发生。这种“反向收益率曲线”的现象过去通常发生在经济陷入衰退之前，因而引起了一些人的担忧。却没有引起当时的美联储主席格林斯潘和随后继任的伯南克的注意。加息一直延续到17次才停止，导致了美国经济硬着落，房地产泡沫迅速破灭，次债危机由此而生，全球经济大幅度衰退。由此可见，水能载舟，亦能覆舟，利率工具使用得当，会成功完成货币政策，一旦失败，后果非常严重。

二、美国货币政策演变历程

在联邦储备银行建立之前，中央银行的职能是分别由一些私人和政府机构承担的。那个时期的美国金融体制，集中反映了当时的以自由放任主义和坚信市场机制自动均衡为主流的经济思潮。从1913年联邦储备体系诞生，直到20年代联储完全建成，美国的中央银行制度才真正建立起来。联邦储备法案通过以后，时任美孚银行行长职务的本杰明·斯特朗于1914年被威尔逊总统任命为美联储体系中最有权力的职务——纽约联邦储备银行行长，也就是美国次债危机期间盖特纳担任的职务，一直到1928年去世。实际上，1907年摩根靠一己之力帮助总统解决金融危机的时候，斯特朗就是他的助手。斯特朗在任期间一直致力于推行信用扩张政策，并没有实施强有力的手段去管理监督金融机构和金融市场，而是采取一种自由放任的态度。货币主义学派的大师米尔顿·弗里德曼曾经倾注心血研究大萧条的起因。他无比痛心地说，如果当时纽约联邦储备银行的总裁斯特朗不是恰好在1928年英年早逝的话，或许就不会爆发1929年的金融危机。在斯特朗任内，美国曾经出现了两次经济衰退，一次是在1923—1924年间，另一次是在1926年—1927年间。每一次，美联储都及时采取了增持政府债券的办法，果断而小心翼翼的，没有让小的金融动荡酿成大的经济危机。遗憾的是，就在美国历史上最严重的一次金融危机的前夜，斯特朗去世了。

1929—1933年大萧条期间，失去斯特朗的美联储变得瞻前顾后、缩手缩脚。1929年股市崩溃的时候，当斯特朗之后继任纽约联邦储备银行行长的哈里森在公开市场投资委员会上提议大量买入政府债券。当时任美联储主席的罗伊·杨尤其看不惯纽约联邦储备银行藐视权威的作风，告诉公开市场委员会："目前总体情况还不够清晰，因而美联储无法制定并采取永久性的公开市场操作政策"。在罗伊·杨之后担任联邦储备委员会主席的是尤金·迈耶。迈耶理解并支持哈里森的做法，但却遭到其他联邦储备银行行长的阻挠。1929年10月股市崩溃之后，美联储本来应该积极出手救助，但它反而紧缩货币政策。美联储从道德的角度，对市场上的投机性行为感到痛心疾首。他们先是直接施加压力，尤其是道德说教，后来直接提高贴现率，结果是物价急剧下跌，经济活动紧缩。1931年英国正式宣布废除金本位制度，英镑贬值30%。英镑危机之后，市场上纷纷猜测接着退出金本位的可能会是美国，国外的央行和金融机构纷纷抛售美元资产、囤积黄金。这时候，美联储同时面临着两个危机，一个是国外的黄金挤兑，另一个是国内的银行挤兑。美联储在1931年10月9日将再贴现率提高到2.5%，仅仅过了一周，又于10月16日将再贴现率提高到3.5%。如此猛药，固然阻止了黄金外流，但却导致国内银行倒闭和银行挤兑现象激增。1932年4月，在国会的压力下，美联储开始放松货币政策，尤其是实行大规模的公开市场政府债券回购。1932年4月至6月间，美联储的大量回购操作，为市场上注入了流动性，慢慢地，物价企稳，经济也开始回暖。

大萧条发生后，率先放弃金本位的英国得以较快复苏，而坚守金本位的法国、波兰、比利时，合称“黄金集团”，则陷入长时间低迷。美国由于其独特的“单一银行”体系，爆发了大规模银行倒闭潮。现任美联储主席伯南克在他的有关大萧条的研究的博士论文中，对当时美联储的货币政策提出了明确的批评，指出从 1928 年中期到 1931 年春这段时间，美联储不仅拒绝将流入美国的巨额黄金货币化，反而设法把储备的净流入转换成了货币存量 M1 的负增长，这实际上是在积极地破坏金融稳定和经济稳定。由于美国经济规模庞大，所以 1931 年前全球通货紧缩的大部分归咎于美联储的这些政策。

危机过后，金融管理的指导思想由以前的鼓励竞争转向限制竞争，利率政策由以前的市场利率转向管制利率。理由是：竞争尽管是有效率的，但也是有成本的。过度的竞争可能迫使金融机构涉足过多的风险业务，从而威胁金融体系的安全，并导致社会福利巨大损失。整个 20 世纪 30 年代，美国国会通过了一系列金融立法，对金融进行严格的全面管制。如 Q 项条例，对储蓄及定期存款规定了最高利率限制，禁止对活期存款支付任何利息。其结果是使美国金融体制发生了历史性的重大变革，政府对金融体系的监督和控制空前加强。30 年代的重点是加强宏观控制、限制竞争，这一时期联邦储备系统对货币和信贷的控制是大为强化和集中了。

二战后直到上世纪 70 年代前，则是以凯恩斯的理论为依据，为了刺激经济的稳定发展，实行的是低利率的管制政策。二战后，美国联邦储备银行的贴现率一直很低。除 1969 年后期和 1970 年的大部分时间贴现率达到6%外，其余时间一直在4%左右。整个50年代和60年代，美国GNP实际年均增长率都在4%上下，失业率和通货膨胀率也都在较低的区间波动。1961—1965年，年均失业率与年均通货膨胀率分别为5.5%和1.3%。1966—1970年，两项指标分别为3.9%和4.5%。战后，美国曾提出实现6 000万人就业的目标，实际上，1952—1973年，就业人数从5 240万增加到8 400万人。许多人把这一阶段视为美国经济发展的“黄金时代”。由于越战和后来的两次石油危机，进入70年代以后，通货膨胀愈演愈烈，与此同时，经济增长停滞，终于形成了“滞胀”的局面。“滞胀”表明凯恩斯主义以促进经济高速增长和实现充分就业为主要目标的低利率政策走到了尽头。

1979年，面对严峻的现实，刚刚上任不久的美联储主席沃尔克弄拙成巧，在美联储内部出现反对加息的声音之后，决定将原先以调节利率为主要货币政策工具改为货币投放量，并把跟通货膨胀做斗争列为最主要的货币政策目标。20世纪70年代末和80年代初，新保守主义宏观经济学包括货币主义和供应学派等理论应运而生。巧合的是，弗里德曼为代表的现代货币主义反对凯恩斯主义者把利息率作为货币政策的中间目标。他们认为，货币供给的变动是影响整个再生产过程的决定力量，凯恩斯主义刺激需求的货币“扩张”政策，即廉价货币政策，只能在短期内起作用，从长期来看，必然带来“滞胀”的后果。根据美国的经济发展情况，弗里德曼建议，美国的货币供应量应按照4%—5%的固定增长率有计划地增长。

沃尔克就任联邦储备委员会主席后，为了把已经急剧发展的通货膨胀降下来，沃尔克领导的联邦储备委员会于80年代初实行了紧缩性的货币政策，严格控制货币供给量。在经历了1981—1982

年的短期经济衰退后，美国的通货膨胀率逐步回落，物价趋于稳定，并从1983年开始出现了长达7年的经济复苏，实现了持续的没有通货膨胀的低速经济增长。

1987年8月，里根总统任命格林斯潘担任美联储主席。上台不久，1987年10月19日，华尔街经历“黑色星期一”，道琼斯工业股票平均指数全天跌幅达到创纪录的23%。美联储迅速发表简短声明，承诺向任何处于困境的金融机构提供贷款帮助。所幸股灾并没有酿成持久的经济危机。格林斯潘前期的货币政策，主要是灵活地运用公开市场操作，在发展经济和保证物价稳定之间找平衡点，很大程度是一种相机抉择的模式。

1993年，泰勒教授提出了针对通货膨胀率和产出增长率来调节利率的货币政策法则，认为FED若要达成最有效率的货币政策，应该将其采用的政策操作工具——联邦资金利率跟随着两项总体目标变数作合理的正向回应。这两项变数一是实际物价膨胀率与物价膨胀率目标之差距，二是实质经济成长率与潜在经济成长率的差距，前项差距称为物价膨胀缺口，后者则称为产出缺口。1994年2月4日，美联储放弃原先把货币投放量作为调控目标的做法，宣布将联邦基金利率，即银行间同业拆借利率作为调控的目标。在整个90年代中后期通过频繁调整联邦基金利率，为美国经济的发展创造了相对稳定的政策环境。

另一方面，格林斯潘以其独到而又朦胧的语言表达才能，让全世界人民看到了格式太极拳的神功。1994年2月22日，格林斯潘在众议院银行委员会上宣布，美联储将以“中性”的货币政策来确定实际利率水平，即要使利率水平保持中性，对经济既不起刺激作用，也不起抑制作用，从而使经济以其自身潜在的增长率，在低通胀下持久地增长。因此，美联储以 2.5%左右的实际经济增长率为标准，作为调整实际利率的主要依据。高于 2.5%时，就提高利率，低于 2.5%时就降低利率。

当 1993 年第 4 季度和 1994 年上半期国民生产总值增长分别达 5.3%和 3.85%时，联储从 1994 年 5 月—1995 年 2 月连续三次将贴现率由 3%调至 5.25%。同时，联储从 1994 年 2 月至 1995 年 2 月连续 7 次将联邦基金利率由 3%提高至 5.5%，其目的在于防止 1994 年上半期以来因经济速度转快和失业率下降可能引发的通货膨胀。随着 1995 年美国经济增长基本得以控制，这一时期联储官方利率呈稳定状态。1996 年 12 月 5 日，格林斯潘在公开演讲中提出股市上涨反映了“非理性繁荣”。华尔街股市应声而跌，但随后回弹。但随着 1996 年第 4 季度以来美国经济发展又出现升温现象，联储在 1997 年 3 月再次将联邦基金利率调高 0.25%，由 5.25%上调至 5.5%，以防通货膨胀复燃。1998 年 9 月 29 日，美联储开始连续三次快速降息，联邦基金利率从 5.50%降至 4.75%，成功抵御了亚洲金融风暴和长期资本管理公司濒临倒闭给美国经济带来的冲击。当 1999 年经济出现过热迹象时，连续三次加息，以抑制经济过热和抑制通胀上升。

美国经济经历了 9 年多的高速增长后，到 2000 年末开始出现减速的迹象。有鉴于此，联邦储备委员会采取了下调利率的政策，2001 年 1 月至 6 月，连续 6 次降低利率，将联邦基金利率和贴现率分别降低了 2.75 个百分点，联邦基金利率由 6.5%降至 3.75%，贴现率由 6%降至 3.25%。中性利率政策的实施，及时调节和维护了美国经济的发展。美国经济自 1991 年 3 月摆脱衰退后，出现了持续 117 个月的经济增长，这是美国历史上最长的一次经济扩张。

虽然经济持续增长是许多因素作用的结果，但如果没有格林斯潘的“中性”利率政策的“保驾护航”，要保持低通货膨胀率下的长期不中断的增长，是难以想象的。[1]美国经济在这段时间所呈现的高增长、高就业率、低通胀的状况之前从来没有出现过，被经济学家称为新经济。道琼斯指数从1990年的2 000点左右上涨到2000年12 000点左右。纳斯达克更是疯狂，1991年才500点左右，到2000年已经超过5 000点。1996年12月5日，格林斯潘就已经警告，美国股票市场出现了“非理性繁荣”。到2000年前后互联网泡沫才破灭。加上2001年“9·11”事件，以及后来出现的安然事件、世通事件，美国经济出现了衰退，美联储主席格林斯潘将利率降到1.25%，而且持续很长时间。虽然是美国经济摆脱了衰退，但是造成了美国房地产市场的泡沫。2004年6月30日开始，格林斯潘以及续任的伯南克掌管的美联储为了应付房地产过热，连续17次调升利率，5.5%，最后结果适得其反，房地产泡沫破灭，美国经济硬着陆，出现了大萧条以来最严重的一次金融危机——次债危机。次债危机过程中，美联储和美国财政部合作，大幅度降低利率，向市场提供广泛的流动性。危机结束以后至今美联储保持0%—0.25%的零利率政策，并已经实行了第三次量化宽松计划，就是为了使经济恢复增长。

三、中国货币政策回顾

自1949年建国以来，我国的利率基本上属于管制利率类型，利率由国务院统一制定，由中国人民银行统一管理，在利率水平的制

[1] 闫素仙“20世纪美国利率政策的演变及启示”《当代经济研究》2004第5期

定与执行中，要受到政策性因素的影响。例如，建国后至十年动乱期间，我国长期实行低利率政策，以稳定物价、稳定市场。1978 年以来，对一些部门、企业实行差别利率，体现出政策性的引导或政策性的限制。可见，我国社会主义市场经济中，利率不是完全随着信贷资金的供求状况自由波动，它还取决于国家调节经济的需要，并受国家的控制和调节。利率政策是我国货币政策的重要组成部分，也是货币政策实施的主要手段之一。中国人民银行根据货币政策实施的需要，适时的运用利率工具，对利率水平和利率结构进行调整，进而影响社会资金供求状况，实现货币政策的既定目标。

1980 年 4 月 1 日，中国人民银行将 3 年期存款利率从 4. 5%提高到 6. 84%，1982 年进一步提高到 7. 92%以后，保持了三年。从 1984 年起，国家经济体制由计划管理转变为以国家调控为主的宏观管理，中国人民银行开始行使中央银行职能，货币政策工具开始使用，但信贷规模计划管理仍是我国货币政策的重要中间目标。1985 年 8 月 1 日进一步提高到 8. 28%。1988 年通货膨胀形势出现了紧张的局面，中国人民银行加息以对，到 1989 年 2 月 1 日 5 年期存款利率达到了 13. 14%的高点，8 年期存款更是高达 17. 64%。1990 年和 1991 年，因为经济出现了大幅度的回落，央行两次减息，三年期利率到 7. 92%，回到 1982 年的利率水平。1993 年经济过热，3 年期利率也提高到 12. 24%直到 1996 年 5 月才开始回落。这期间，央行同时扩大贷款利率浮动区间，加大公开市场操作力度来调控基础货币，取消贷款限额控制，灵活运用信贷政策，调整贷款结构。

1996 年之前，抑制通货膨胀是主要的货币政策目标。1997 开始，货币政策的侧重点逐渐转为如何防止通货紧缩趋势并保持必要的经济增长。1998 年 1 月，为了应对亚洲金融风暴，同时经过几年的大刀阔斧的财政改革和国企改革，全国出现了消费物价指数持续负增长，企业开工不足，失业人口不断增长，宏观经济衰退导致的局势不稳定的情况，人民银行取消了信贷规模管理，大幅度降低利率。1998 年中央银行共 3 次下调利率，3 年期存款利率由 6.21% 下降到 4.14%，1999 年 6 月 10 日和 2002 年 2 月 21 日又 2 次下调利率，3 年期利率进一步下降到 2.52%。在随后的几年里，随着国际市场利率重心的下移，我国一直实行相对较低的利率。2007 年因为通货膨胀再起，中央银行连续 6 次加息，3 年期存款利率升至 5.4%，并在次债危机以后逐渐调整到 3.33%。随着 2009 年中央宣布 4 万亿投资计划，中国经济很快走出次债危机的阴霾，资产价格泡沫再起，居民消费物价指数也有抬头之势，央行分别于 2010 年和 2011 年三次调整利率，3 年期存款利率升至 4.5%。

近年来，中国人民银行加强了对利率工具的运用。利率调整逐年频繁，利率调控方式更为灵活，还制定金融机构存贷款利率的浮动范围，调控机制日趋完善。随着利率市场化改革的逐步推进，作为货币政策主要手段之一的利率政策将逐步从对利率的直接调控向间接调控转化。利率作为重要的经济杠杆，在国家宏观调控体系中将发挥更加重要的作用。

1994 年中国人民银行将货币供应量作为我国的货币政策中间目标，1996 年开始公布货币供应量的年度调控目标。1996 年 4 月首次开展公开市场业务。1998 年恢复后，公开市场业务日益成为货币政策操作的重要工具。1999 年公开市场业务债券操作成交 7 076 亿元，净投放基础货币 1 919.7 亿元。1999 年以来，公开市场操作已成为中国人民银行货币政策日常操作的重要工具，对于调控货币供应量、调节商业银行流动性水平、引导货币市场利率走势发挥了积极的作用。

这就像毛主席说的那样，为了打鬼，借道钟馗。调节货币供应量的最终目的还是为了影响利率，毕竟利率才是资金的成本。但利率是猛药，不到万不得已是不能用的，效果好，副作用也相对较大。中央银行为了实现货币政策目标，日常使用的是公开市场操作，慎用利息杠杆。就像我们日常健身强体，生病才能吃药，不能把抗生素当作茶叶来用的道理是一样的。公开市场操作还有一个好处就是以低成本的方式把货币当局的意图告诉市场，如果市场能正确接收信号，市场数据在一定时间内达到货币当局的期望，可能就不必要再用到利率手段。在调控货币供应量方面，中国人民银行主要调整存款准备金率。最典型情形发生在2008年上半年。为了防止加大国内外利差，央行没有选择加息，而是大幅度、高密度提高存款准备金率。2008年6月7日，央行当年第5次提高存款准备金率，幅度为1%。这也是2006年7月5日以来第17次提高存款准备金率，两年时间里，法定存款准备金由7.5%提高到了16.5%。

跟很多西方国家不一样的是，中国市场经济制度尚不完善，而且中国在过去这些年经济增长迅速，尤其是地方政府与国有企业的预算软约束问题尚未得到彻底解决，因此经济对于利率调整的反应不够灵敏。在这种情况下，货币当局认为货币的数量调控在效果上优于价格调控，确定中介目标水平的指导思想就是货币数量论。由于中国的经济成分相对比较复杂，既有国有企业，也有外资企业和民营企业。当中国人民银行每次利用数量工具，也就是压缩货币供应量的时候，首先遭殃的往往是民营企业，国有大中型企业往往受紧缩的货币政策的影响比较小。相对而言，利率这个数量工具对各种不同类型的经济体来说，比较公平一些。

在公开市场业务方面，在新增外汇占款规模庞大的时代，央行票据一直是流动性管理的主要工具之一，是对冲外汇占款、调节市场流动性的绝对主力。除此之外，央行票据的发行利率，也逐渐成为货币市场的一个风向标。央行票据是人民银行发行的短期债券。央行通过发行央行票据可以回笼基础货币，央行票据到期则体现为投放基础货币。这一工具的出现，有着强烈的时代背景。2003 年 4 月起，随着流动性过剩压力增大，中国人民银行发行央行票据，为顺利完成公开市场对冲操作任务提供了可能。加入 WTO 以后，中国双顺差的格局持续存在，由此带来了每月新增外汇占款大多在 3 000 亿元人民币以上的困境。可以说，央行票据为对冲外汇占款、控制通货膨胀立下了汗马功劳。

但随着新增外汇占款出现结构性的变化，发行央行票据对冲过剩流动性的必要性正逐渐降低。从 2011 年第四季度开始，新增外汇占款逐月下降。这样一来，央行票据已经完成历史使命，淡出了央行公开市场操作的舞台，取而代之的是回购交易。回购交易分为正回购和逆回购。正回购，是央行向一级交易商卖出有价证券，并约定在未来特定日期买回有价证券的交易行为。正回购为央行从市场收回流动性的操作，正回购到期则为央行向市场投放流动性的操作。逆回购，即央行向一级交易商购买有价证券，并约定在未来特定日期将有价证券卖给一级交易商的交易行为。逆回购为央行向市场上投放流动性的操作，逆回购到期则为央行从市场收回流动性的操作。

第十章

利率在治理通货膨胀中的作用

一、通货膨胀的定义

虽然没有多少人真的喜欢通货膨胀，但是到目前为止，世界上还没有一个国家从来没有发生过通货膨胀。所以有人开玩笑说，“人一生有三个东西是躲不掉的，税收、通胀和死亡。:

1974年诺贝尔经济学奖得主奥地利学派经济学家哈耶克认为：“通货膨胀一词的原意和真意是指货币数量的过度增长，这种过度增长会合乎规律地导致物价上涨。”他认为物价上涨是否具有通货膨胀性，关键看其原因何在。如果是货币数量过度增加而引起的物价上涨就是通货膨胀；如果不是货币数量过多，而是由于其他原因引起的物价上涨，就不是通货膨胀。在哈耶克看来，并不存在“成本推进”等供给因素造成通货膨胀的情况，只要货币数量不增加，无论是较高的工资，还是较高的石油价格，或是一般进口品的较高价格，都不能抬高商品的总体价格水平。因此，哈耶克的结论是：只有货币数量过多引起的物价普遍上涨才是真正的通货膨胀。从这个定义出发，哈耶克认为，通货膨胀的唯一原因是货币数量过多。

比哈耶克晚两年获得诺贝尔经济学奖的货币主义的掌门人弗里

德曼和很多英国和美国的经济学家都一样，他们认为，物价普遍的上涨就叫做通货膨胀。弗里德曼强调说：通货膨胀在任何时候任何地方都是货币现象。这个命题十分重要。承认了这一点，才可以开始认识通货膨胀的原因。显然也只有承认了这一点，才能开始认识如何医治通货膨胀。

通货膨胀一般指物价水平在一定时期内持续地普遍的上升的过程，或者说货币价值在一定时期内持续下降的过程。可见，通货膨胀不是指这种或那种商品及劳务的价格上涨，而是物价总水平的上升。物价总水平或一般物价水平是指所有商品和劳务交易价格总额的加权平均数。这个加权平均数，就是价格指数。衡量通货膨胀率的价格指数一般有三种：消费价格指数、生产者价格指数、国内生产总值价格折算指数。简单说，当政府发行过多货币时，物价上升。

按发生原因，通货膨胀可以分为：需求拉动型、成本推动型、结构型、混合型、财政赤字型、输入型等。

需求拉动型是指总需求过度增长引起的通货膨胀。按照1988年弗里德曼来我国访问时，当时中央领导人的解释，我国1988年通货膨胀的根本原因是我们国家过去是传统的社会主义模式，这个模式有一个通病，叫短缺经济，需求超过供给。基本建设投资规模过大，地方消费基金增长速度过快。属于需求拉动型通货膨胀。

所谓成本推进型，是指由于工会力量或行业垄断引起工资水平或利润水平的提高，超过物价上涨水平而推动通货膨胀。西方国家的通货膨胀常常是这种模式。1973年10月第四次中东战争爆发以后，石油输出国组织（OPEC）为了打击以色列及支持以色列的国家，宣布石油禁运，暂停石油出口，造成油价上涨。当时原油价格曾从 1973 年的每桶不到 3 美元涨到超过 13 美元。涨幅超过 300%。石油是很多重要工业产品的原材料，也是汽车的燃料，在当时经济中占有重要的比例。这也是上世纪 70 年代初美国出现的通货膨胀的一个重要原因。

除此之外，结构型是指由于部门性经济结构不均衡引起的通货膨胀。混合型是指需求、成本和社会经济结构共同作用引起的通货膨胀。财政赤字型是指因财政出现巨额赤字而滥发货币引起的通货膨胀。信用扩张型是指由于信用扩张，即由于贷款没有相应的经济保证，形成信用过度创造而引起的通货膨胀。输入型，指由于进口商品的物价上升，费用增加而引起的通货膨胀。

按表现状态划分，分为开放型、隐蔽型。开放型也称公开的通货膨胀，即物价可随货币供给量的变化而自由浮动。隐蔽型通货膨胀，即国家控制物价，主要消费品价格基本保持人为平衡，但表现为市场商品供应紧张、凭证限量供应商品、变相涨价、黑市活跃、商品走后门等的一种隐蔽性的一般物价水平普遍上涨的经济现象。我国曾经长期实行计划经济，表面上看物价很稳定，实际上，商品供应非常紧张。

按通货膨胀程度划分为爬行式、小跑式、飙升式等。爬行式又称温和的通货膨胀，即允许物价水平每年按一定的比率缓慢而持续上升的一种通货膨胀。凯恩斯主义认为适度的通货膨胀率有助于经济的发展，从而减少失业率。小跑式通货膨胀，即通货膨胀率达到两位数字，在这种情况下，人们对通货膨胀有明显感觉，不愿保存货币，而是抢购商品用以保值。中国改革开放以来经济的几次通货膨胀都是这个类型。飚升式又称恶性通货膨胀，即货币急剧贬值，物价指数甚至可达到天文数字。第一次世界大战结束以后的魏玛共和国曾经经历过这样的通货膨胀。

二、通货膨胀的影响

哈耶克认为，通胀给社会带来的危害是严重的，一般概括为物价上涨，社会动荡和人心不安。对于大多数以工资或者薪金，以及退休金为收入来源的社会成员来说，通货膨胀意味着实际工资水平的降低。工资水平降低势必会导致工会或者其他社会团体利用罢工或者游行示威的方式来争取自己的权利，这样会导致社会混乱，加剧社会的沟通成本。如果严重的，还会引发重大的政治事件，甚至政府垮台，发生战争等。通货膨胀是经济中的毒瘤，它不但会吞噬人们积累起来的财富和劳动，还可能加深社会各阶层之间的矛盾。例如，2001 年春天发生在突尼斯、利比亚、埃及等国的社会动荡，最后形成所谓的“茉莉花革命”。虽然究其原因错综复杂，但通货膨胀毫无疑问是动荡爆发的导火线。因为物价上涨，人民生活水平下降，引发了民怨，最后导致利比亚卡扎菲政权垮台，卡扎菲在战争的混乱中死于非命，埃及总统穆巴拉克下台后被逮捕。同年 8 月 6 日晚上，数十万名以色列人在特拉维夫集会游行，抗议生活用品价格上涨。

魏玛共和国通货膨胀

魏玛共和国是形容 1919 年至 1933 年期间统治德国的共和政体之历史名词。由于共和国的宪法是在魏玛召开的国民议会上通过的，因此这个共和政府被称为魏玛共和国。共和国于德意志帝国崩溃、德国在第一次世界大战中战败后成立。虽然共和国废除帝制，但仍然保留以前的正式国名德意志国家或德意志帝国。根据《凡尔赛条约》规定德国除了割让阿尔萨斯洛林以外，共需赔偿 2 260 亿马克（约合 113 亿英镑）的战争赔款，且以黄金支付。沉重的债务压得德国喘不过气。凯恩斯曾经表达过对《凡尔赛条约》的不满和预言，“德国不可能履行所有的承诺……有这样的条约，我看不到任何希望，只能是混乱和战争，而且越快越好。”

1921 年上半年，德国马克对美元的汇率还十分稳定。但是 1921 年 5 月的“伦敦最后通牒”要求德国每年支付战胜国 20 亿金马克以及 26%的德国出口额。这实际成为了德国马克大幅度贬值的开始。1923 年，德国因无法向战胜国支付巨额赔偿致使法国和比利时占领了德国鲁尔工业区，并以此来要挟德国履行一直被拖延的赔偿义务，从而引发超级通货膨胀。

当时的德国，各个政党争权夺利，治安混乱，暗杀活动猖獗。为了不让鲁尔工业区的外国占领者的要求得逞，德国政府直接、间接地鼓励工厂倒闭。为了补偿因为工厂关门而失业的德国工人，德国政府开动印刷机，大规模印刷钞票支付给失去工作的德国人。德国国家银行行长哈芬斯泰因明确指出，德国国家银行作为纸币的唯一发行者，将承担起公众不断增长的纸币需求的责任。他还说，德国国家银行的庞大印钞机构已经开足马力，这也造成对人员的极大需求。其结果是餐馆价格不断上涨，客人必须在吃饭前就把餐费付清，因为吃完饭价钱可能要涨好几倍；工人工资不得不每天支付两次；印刷货币消耗了大量的纸张；人们为了保值，疯狂地购买股票，股票飙涨，金融投机活动到处泛滥。对于那些敢于搏运气的人，这是一个不错的发财时期。但是对于那些靠辛勤劳动和储蓄积累财富的普通老百姓，这绝对是灾难。德国的储户们被彻底洗劫一空。人们用钞票来当柴火烧，因为柴火在当时比货币更值钱。买东西用的钞票甚至都不用点，直接按照捆来计算。

魏玛共和国时期的恶性通货膨胀其实并没有直接导致希特勒上台，但是为希特勒的上台后的所作所为埋下了伏笔。在媒体的煽动下，原本持有存款的德国中产阶级纷纷把怨恨的对象由法国转向了银行家和投机者，认为是他们带来了通货膨胀，而恰恰他们当中很多人是犹太人。希特勒正是看到了这个趋势，拿犹太人开刀，凝聚了德国国民的向心力。

为了终结这一“疯狂的繁荣”，德国政府发行“地产抵押马克”，每一地产抵押马克兑一万亿旧马克，全面回收旧马克并将其废止，并保证地产抵押马克的发行将严格限制在固定数额上，并持续一段时间，德国国家银行被禁止印刷钞票来填补之前的巨额政府赤字。随后的解决方案是美国出台了《道威斯计划》，美国资本输出到德国，德国经济恢复后向英法等国赔款，英法等国向美国偿还债务，这才勒住了通胀这匹脱缰的野马。[1]

通货膨胀会破坏市场机制，包括对资源和劳动力的错配等。加速度的通胀更是会把经济带到一个危险的境地，要么悬崖勒马，要么全面崩溃，别无它途。到达这种境地后，无论如何选择，出现大量失业是必然的。通胀一方面破坏市场机制，导致供求失调，造成资源在极大范围内的配置不当，使大规模失业在所难免，另一方面，扰乱了相对价格和工资体系，产生很多错误的信息，将劳动力

[1] 默里·罗斯巴德《银行的秘密——揭开美联储的神秘面纱》第74页 清华大学出版社 2011年9月

引导到并不是社会真正重要的部门中去。劳动力错误地在部门间转移，实际上加剧了劳动力市场的矛盾。因此，哈耶克认为，通胀是失业增加的原因，而不是治理失业的药方。按照哈耶克的说法，房地产泡沫也是一种通货膨胀，导致大量的资源投入到房地产的建设当中去。

例如上世纪 90 年代初期，海南建设了大量的房地产，最后泡沫破灭，很多都成为了烂尾楼。2001 年初，三亚市政府采取强制措施，炸掉了很多幢“半拉子”工程。2011 年初，在房地产泡沫的背景下，内蒙古耗资 50 多亿打造的面积达 32 平方公里的内蒙古康巴什是一座豪华新城，但同时也成了一座无人居住的“鬼城”。这些都是房地产价格暴涨的环境下，投机所造成的资源错配。这些年遍布各大城市大街小巷的房地产中介公司的门面房，加上拉客的房地产经纪也是被房地产泡沫这股洪流错误地拉入这个行业的，等到房地产热潮消退，都是失业的源头。通货膨胀使市场价格信号失真，导致商品价格升降并不能真正反映商品供求关系的变化。失真的价格导向会使社会资源盲目流动和组合，从而引起社会资源的巨大浪费。

由于货币政策频繁变动，巴西在 1994 年以前，曾经很多年饱受通货膨胀之苦，甚至到了惯性通货膨胀的地步。巴西也曾经为此 5 次改变货币，用新的货币替换旧的货币。在 20 世纪初期，巴西的货币叫做“里斯”（Reis）。1942 年，由于严重的通货膨胀，政府不得不进行一场货币改革，把原有货币改为克鲁赛罗（cruzeiros）。1967 年，克鲁赛罗又改为克鲁赛罗诺瓦（cruzeiro novo），又称新克鲁赛罗，新币跟旧币的差别就是比旧币少三个零。巴西经济的年增长率都保持在10%左右，而通货膨胀率也在15%到300%之间徘徊。到20世纪80年代中期，巴西的通货膨胀越发严重，如脱缰的野马，达到了2 000%。1986年，克鲁赛罗的面额又被迫去掉三个零，货币的名称也改为克鲁扎多（cruzado）。1989年，克鲁扎多又改名为克鲁扎多诺瓦（cruzado novo），同样是在旧币的基础上减去三个零后。1993年巴西发行新货币克鲁塞罗雷亚尔，还是在旧币的基础上减去三个零。克鲁塞罗雷亚尔只流通了一年半的时间，巴西在1994年7月1日采用新货币雷亚尔，1雷亚尔等于2 750克鲁塞罗雷亚尔。当时的汇率为1雷亚尔=1美元。

经过多年疯狂的通货膨胀，和连续5次货币转换，20世纪60年代所流通的克鲁赛罗到1994年，每克鲁赛罗的价值下降到万亿分之一美元之下。货币几乎不再能衡量价值，甚至不再充当交换媒介。巴西的惯性通货膨胀让老百姓苦不堪言。1994年，巴西政府开始推行以下政策：宪法修正案允许中央银行不再负担财政赤字；中央银行有权认定地方银行购买政府债券违法；工资冻结并发行新货币克鲁塞·雷亚尔（cruzeiro real）。在这些政策的综合作用下，巴西从1994年7月起物价开始迅速回落。到1997年，巴西国内的通货膨胀率开始接近国际标准。

通货膨胀带来了经济周期的变化，带来了市场经济的兴衰循环。因为商品价格上涨会引发囤积和投机，即价格越上涨，投机越剧烈，反之，投机越剧烈，价格越上涨。通货膨胀使通货膨胀更加严重。这样的循环过程最终将可用资源消耗尽为止。价格上涨会对生产与消费构成越来越大的压力，但通货膨胀的最大危害还不仅仅局限于价格上涨阶段，一旦价格下跌，就会使花费在投机上面的大量资金面临亏损风险，从而导致社会资金链与债权债务链条的断裂，如果银行风险控制不完善，也可能会卷入风暴的漩涡。每一次经济危机，绝大部分都是由资产泡沫导致的，价格由高涨下跌，资产纷纷贬值。因此，防止通货膨胀，是宏观经济的基本主题。只要防止了通货膨胀，就意味着防止了泡沫，也就可以抑制经济周期。

拿 2008 年的次债危机来说，实际上源于美联储 2001 年 1 月开始的连续 11 次的降息，从 2001 年 1 月到 2003 年 6 月，联邦基金利率从 6.50% 下降至 1.00%，利率低而又持续时间很长。美联储之所以采取这个行动，主要是应对 2000 年前后互联网泡沫的破灭以及“9·11”事件。美联储认为有必要加大刺激经济的力度，于是通过扩张性的货币政策释放出巨大的流动性，导致房地产过热。在美联储释放巨大流动性过程中，华尔街所谓“资产证券化”的各种旨在转嫁金融风险的“金融创新”，犹如击鼓传花的游戏在各家金融机构之间进行。于是美联储又在 2004 年 6 月至 2006 年 6 月连续 17 次升息，利率从 1.25% 上升到 5.25%。加息是在格林斯潘仍然在任的时候开始的，伯南克上任以后萧规曹随，由于加息过快过高，美国房地产迅速降温，价格下降过快。好在美联储主席本·伯南克是所谓的美国大萧条研究专家。他认为大萧条时不应该实行紧缩的金融政策，而应该大规模放松银根。他在 2002 年的一次讲话里提到，如果有必要，可以开直升飞机向市场撒钱。美国次债危机以后，外号人称“直升飞机本”[1]的伯南克终于有机会实践他的撒钱理论，QE1，QE2，QE3…

[1] 伯南克，全名本杰明伯南克，昵称“本”，所以美国人戏称他为“直升飞机本”。

三、利用利率杠杆治理通货膨胀的经典案例

1964 年美国大选，因肯尼迪被刺而上台的约翰逊总统以压倒性优势取得竞选胜利，其所在的民主党也在参议院和众议院取得了绝对优势地位。这样一来约翰逊总统“伟大社会”的计划在国会得以畅通无阻，1965 年社会福利开支 300 亿美元，占预算 25%，排在联邦财政支出的第一位。此后这个项目预算连年增加，到 1980 年达到 2 800 亿美元，相当于预算 48%。1965 年下半年，因为正式参加越南战争，美国的国防开支猛增。由于经济日渐繁荣，美联储准备提高贴现率。约翰逊总统为了不让经济复苏的步伐被打乱，邀请美联储主席威廉·马丁到他的得州农场去做客。最后公关成功，美联储表现不独立性，推迟了提高利率。1966 年，美国消费物价指数上升到 3.4%，这是战后物价上涨水平最高的一年。美联储开始采取了紧缩的货币政策，而约翰逊总统则试图通过管制物价和工资的方法，以免使用紧缩的财政政策和货币政策。当 1967 年初，经济衰退，失业率也升高，美联储转而采用了扩张的经济政策。年终时，失业状况好转，经济回升，而 CPI 又升到 3%以上的时候，美联储再次转向实行紧缩。但是为时已晚，1968 年底通货膨胀率已经达到 5%左右了。为对抗通胀，美联储把利率最高提高到 9%。

共和党的总统尼克松尽管赞同自由市场，承认通货膨胀是自己要解决的重要问题，但是又十分讨厌失业。1969 年货币政策紧缩，1970 年初，经济增长放缓。1970 年 2 月，尼克松任命跟他关系密切的伯恩斯接替威廉·马丁担任美联储主席。因为尼克松总统对美联储的所谓独立没有把握，他一直怪罪美联储是他 1960 年选举失败的罪魁祸首。伯恩斯就职的时候，尼克松发表评论说：“我尊重

他的独立。然而，我希望他会自主地紧随我的观点。”经济独裁意图昭然若揭。跟汽车的发明人亨利·福特 1914 年说的那句话有异曲同工之妙：“你可以选择任何车身颜色，只要它是黑色的。”

一开始，尼克松政府既希望压制通货膨胀，又想压低失业率。实际的结果是顾此失彼，最后两边都不讨好。1970 年中期失业率达到 5%左右，通货膨胀率也是 5%左右。1971 年 8 月，国会明确表示，尼克松总统未能通过直接手段制止通货膨胀，进而避免失业，负有不可推卸的责任。尼克松总统黔驴技穷之下，于 8 月 15 日在戴维营宣布了“八点方案”，其中包括，不准提高物价和工资，不准买日本车、意大利鞋和法国葡萄酒等等。同时也宣布不再按照布雷顿森林协议向外国支付黄金。美国人民欢呼雀跃，道琼斯指数也因此上涨 32.9 点，创日涨幅纪录。

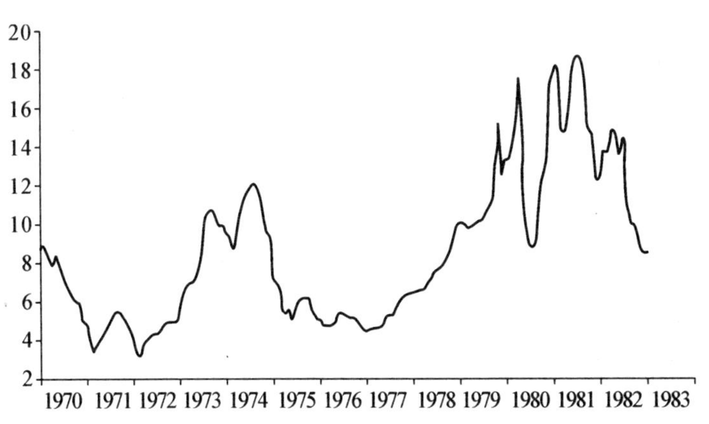

1970 年至 1983 年联邦储备实际利率

美国经济学家弗里德曼曾经在 1988 年跟中国领导人见面的时候谈到这段历史。他说：1971 年通货膨胀率是 4.5%，当时尼克松总统说百分之 4.5% 太高了，他采取控制物价和工资的办法，把个别物价和工资冻结了。三年后，由于这种控制措施使美国经济发展很不顺利，不得不放弃了，但那时通货膨胀率已达8%。这是70年代美国通货膨胀的开端。

通货膨胀在尼克松新政以后回落，1972年8月通货膨胀率只有2.9%，但是失业率却仍然很高。1973年，通货膨胀卷土重来，伴随着经济停滞和高失业率，也就是所谓的“滞涨”。不过这次通货膨胀不完全是弗里德曼说的是价格控制的后遗症，其主要原因一方面是苏联的粮食歉收，导致全球的粮食价格猛涨，更重要的原因是石油价格上涨。由于1973年10月第四次中东战争爆发，石油输出国组织中的阿拉伯成员宣称，他们不再给在以埃战争中支持以色列的国家运输石油，造成油价上涨。当时原油价格曾从1973年的每桶不到3美元涨到超过13美元。无计可施的情况下，被水门事件噩梦缠身的尼克松总统再次祭起价格管制的大旗。1973年12月，尼克松任命财政部副部长威廉·西蒙兼任联邦能源办公室主任，负责寻求在石油输出国组织提高价格和实行禁运之后的解决办法。他迅速地推行了强硬的干预政策，声称在1974年的前3个月中，要减少私人汽油消费的30%；12月中旬，他拿出了能源分配计划；到12月底，他又要求对私有汽车驾驶者实行“每周10加仑油”的限制。他频繁地在电视、电台和报刊的新闻采访中亮相，并被人称为尼克松政府中的“石油沙皇”。为了节约能源，原本只是在二战期间使用的夏令时在美国各州开始采用。1974年，通货膨胀率最高上升到12.5%。

第一次石油危机结束以后不久，物价也随之回落。但是美联储并没有乘势巩固前期的基础，而是也跟随放松了银根。1977年1月，当通胀达到6.1%的时候，联邦基金利率仅仅比1960年高出75个基点，而1960年1月的通货膨胀率只有1.1%。1977年上半年，通胀形势再度紧张，物价涨势逐月升高。到 1980 年 3 月，通货膨胀增加到了 15%附近。主要原因是 1979 年 1 月，伊朗爆发伊斯兰革命，而后伊朗和伊拉克爆发两伊战争，原油日产量锐减，国际油市价格飙升，当时原油价格从 1979 年的每桶 15 美元左右最高涨到 1981 年 2 月的 39 美元

1978 年，卡特总统任命米勒律师为美联储主席，接替伯恩斯，次年转任财政部长。1979 年准备在第二年寻求连任的卡特总统在寻找联储局主席人选时，时任财政部副部长的安东尼·所罗门推荐保罗·沃尔克。曾经担任卡特预算主管的兰斯反对任命保罗·沃尔克，如果他任命沃尔克，就等于把连任的机会抵押给了美联储。1979 年 8 月 6 日，卡特任命保罗·沃尔克为美联储主席。此时美国的通胀率已经达到 11.3%，可谓兵临城下。控制通胀成了美国政府的头等大事。很多人建议卡特总统实施信贷管制，采取行政指令的方式直接控制信贷额度的投放。沃尔克则倾向于运用利率杠杆，间接影响信贷投放。上任一个月不到，临危受命的沃尔克在联邦公开市场委员会会议上的升息议案以 4∶3的投票涉险通过。如果沃尔克下一次再提升息议案，能否在公开市场委员会通过成了疑问。整个市场也都屏住呼吸，想看市场是如何给这位新上任的美联储主席下马威的。要知道华尔街向来欺生，1987 年格林斯潘一上台就来了一个大股灾。没想到沃尔克改弦更张，将美联储会长期奉行的使用货币价格工具的做法，也就是以控制利率为目标，改为使用数量工具，也就是控制货币供应量为目标，希望供应量可以反过来影响利率。1979 年年底，沃尔克将存款准备金率提高到 8%，使联邦基金利率从 12%上升到 17%。利率的急剧升高，严重打击了消费信心。不久，消费信贷需求就急剧下降，由此也导致优惠利率开始下滑，

经济严重衰退，失业率大幅攀升。1980年美联储的高利率政策加上卡特总统的信贷管制政策导致了1980年3月至7月的经济严重衰退。经济政策的不成功以及伊朗人质事件导致卡特总统1981年1月黯然下台。

里根总统上台以后，美联储继续控制货币供应，提高利率，降低总需求，将联邦基金利率维持在历史性的14%到20%之间，加上沃尔克治理通胀的作风强硬，降低了公众对通胀的预期。之后通胀率开始明显下降，1983年年初已经降到3.8%。

1982年，沃尔克的高利率政策最终见效，成功地、彻底地治愈了困扰了美国长达16年的通货膨胀，但是也让美国人民付出了沉重的代价。美国经济一度极度紧缩，汽车销售额降到20年来的最低点。制造商和农场主们怨声载道。甚至有杂志在封面刊登对沃尔克及其美联储同事们的“通缉令”，控诉他们“预谋并冷血残杀数百万小企业”、“劫持房产主的美国梦”。远离了通货膨胀的美国经济从此走上了增长的康庄大道。在持续震荡了17年后，美国股市终于迎来了一轮时间长达17年的超级大牛市，1983年到2000年，道琼斯指数从1 000多点上涨到11 700多点，再次上涨10倍左右。保罗·沃尔克任内的美联储高息政策，吸引了大量的外国资本流入美国，将美国推入强势美元时代。

四、通货膨胀的治理方案：休克疗法

跟拉丁美洲很多国家一样，玻利维亚这个南美经济落后的小国，也长期遭受政治局势动荡，政府经济政策反复不定，政治危机和经济危机连连。从上世纪50年代开始，拉美国家就有很高的通货膨胀率，到了80年代，拉美的通货膨胀比中东高出7倍，比亚洲高

20倍，尤其是第二次石油危机以后，通货膨胀更是像脱缰的野马，完全失控。玻利维亚的通货膨胀率一度高达5位数，1985年达到惊人的11 743%。以玻利维亚为代表的拉美地区的通货膨胀，货币主义认为是这些国家用增加货币发行量来弥补政府等公共部门的赤字所造成的。而结构主义认为，出口初级产品收入缺乏弹性，而进口需求旺盛，失衡的进出口结构和劳动力市场不均，缺乏竞争力，以及市场被少数商人垄断等结构性原因造成了通货膨胀。[1]

面对这样的困局，1986年哈佛大学教授杰弗里·萨克斯受聘出任玻利维亚政府经济顾问。他以货币主义为依托，提出了一整套经济纲领和经济政策，核心内容是：实行紧缩的金融和财政政策，压缩政府开支；放开一切管制，取消补贴，放开价格，实行贸易自由化；货币贬值实现汇率稳定，进一步改革行政和税收制度，将部分公营部门和企业民营化，重新安排债务和接受外援等等。

这套经济政策可谓是一剂猛药，在短期内可能使社会的经济生活产生巨大的震荡，甚至导致出现“休克”状态，因此，人们借用医学上的名词，称萨克斯提出的这套稳定经济、治理通货膨胀的经济政策为“休克疗法”。实际上，弗里德曼在1988年访问中国的时候，也提出过可以用类似的方法解决中国当时面临的通货膨胀以及价格扭曲的难题。

萨克斯的休克疗法实质上就是动用行政力量强制性地压缩社会总需求，以高就低，使总供求很快达到平衡。如果提高社会总供给的有效增长是需要时间，短时间很难做到的。而压缩总需求相对比较快速有效。萨克斯的休克疗法在玻利维亚产生了很好的效果。该

[1] 江时学“论拉美国家通货膨胀问题的根源”《拉丁美洲研究》1995年第3期

疗法实施不到一周，恶性通货膨胀便得到了强有力的遏制，物价从暴涨趋于稳定。1986—1987 年通货膨胀率仅为 10—15%，1988 年为 21.5%，1989 年为 16.6%。国民经济通过短暂的下降也逐步回升。实行休克疗法的第二年，即 1986 年国内生产总值下降 2.9%，但随后几年都保持了 2.5%左右的增长势头。同时由于采取了有效措施，债务问题也得到了明显缓解，并最终使玻利维亚克服了严重的债务危机。休克疗法在玻利维亚的初战告捷，为萨克斯赢得了较高的声誉。玻利维亚发生的惊人变化，被世人称为“玻利维亚奇迹”，萨克斯本人也被誉为“国际金融界的金童”，休克疗法也由此享誉世界，备受世人瞩目。[1]

1991 年底，苏联解体，俄罗斯联邦独立。它拥有 1 700 万平方公里领土，1.5 亿人口，一大堆半死不活的企业，外加 1 万亿卢布内债、1 200 亿美元外债。1992 年年初，时任俄罗斯总统的叶利钦任命年仅 35 岁的盖达尔为政府代总理。萨克斯点拨下的一场以休克疗法为模式的激进经济改革，就此在俄罗斯联邦全面铺开。

改革的第一步棋是放开物价。俄政府规定，从 1992 年 1 月 2 日起，放开 90%的消费品价格和 85%的生产资料价格。物价放开的头三个月，收效明显。可没过多久，物价扶摇直上，到 6 月份，工业品批发价格上涨 14 倍，企业纷纷压缩生产。

第二步是出台财政、货币“双紧”政策。财政紧缩主要是开源节流、增收节支。税收优惠统统取消，所有商品一律缴纳

---

[1] 储玉坤“美国经济学家萨克斯和他的‘休克疗法’”《世界经济》1992 年 5 月

28%的增值税，同时加征进口商品消费税。控制政府货币发行量，以此控制货币流量，从源头上抑制通货膨胀。可是，这一次政府又失算了。由于税负过重，企业生产进一步萎缩，失业人数激增，政府不得不加大救济补贴和直接投资，财政赤字不降反升。紧缩信贷造成企业流动资金严重短缺，企业间相互拖欠，三角债日益严重。政府被迫放松银根，1992 年增发货币 1.8 万亿卢布，是 1991 年发行量的 20 倍。在印钞机的轰鸣中，财政货币紧缩政策流产了。

第三步是大规模私有化。在盖达尔政府看来，改革之所以险象环生，危机重重，主要在于国有企业不是市场主体，竞争机制不起作用。俄政府最初的办法是无偿赠送。国有财产总值的 1/3 约为 1 5 万亿卢布（约合当时人民币 1 231.34 亿元），1.5 亿俄罗斯人每人领到一张 1 万卢布的私有化证券，可以凭证自由购股。但这项改革成效不大。私有化正式启动太晚，而通货膨胀又太快，已是 1992 年 10 月，此时的 1 万卢布，只够买一双高档皮鞋，无偿私有化失败。紧接着开始低价出售国有企业。结果，大批国有企业落入特权阶层和暴发户手中，他们最关心的不是企业的长远发展，而是尽快转手盈利，职工既领不到股息，又无权参与决策，企业效益每况愈下。

实际上，当时俄罗斯供应跟不上需求不仅仅是产权问题，还有一个重要的历史原因。在苏联后期经济不景气，各个加盟共和国彼此责怪。俄罗斯认为是这些小的加盟共和国拖累了自己，而小的共和国认为如果不是在苏联这个大家庭里，日子一定会比较好过，彼此对对方都没有好感，希望早日分开。苏联解体以后，双方余怒未消，彼此为难对方。以拖拉机生产为例，苏联时期计划经济，各个配套厂家分布在各个加盟共和国，比如轮胎在乌克兰，柴油机在立陶宛，主机在俄罗斯。原来的计划经济可以有序地调度，苏联解体以后，谁也不愿意给谁配套，造成了生产完全跟不上需求，这也是通货膨胀的重要原因之一。而这个问题并不是休克疗法能够解决的。

俄罗斯政府看到玻利维亚、波兰等国家实施休克疗法以后取得了很好的效果，义无反顾地实施休克疗法，除了想急于解决当时的困局，也是为了从西方拿到援助。然而240亿美元的一揽子贷款迟迟不到位，60亿美元稳定卢布基金更是遥遥无期。1992年12月，盖达尔政府解散，俄罗斯的休克疗法也随即宣告失败。“休克疗法”使俄罗斯GDP几乎减少了一半，GDP总量降到美国的1/10，生活水平更是一落千丈。[1]

[1] 王东京、孙浩、林赞“俄罗斯经济改革：休克疗法曾让俄付惨重代价”《中国青年报》2002年6月29日

第十一章
我国的历次通货膨胀

一、第一次通货膨胀：1980 年

1976 年“文化大革命”结束以后，全国上下都憋足了劲要“大干快上”。从中央政府到地方政府的建设热情和投资冲动使得全国人民民心振奋，没有考虑经济结构和经济体制严重扭曲的实际情况，继续走过去的高指标、高投入、低效率的粗放增长之路，忽略了经济结构调整和经济体制改革。1978 年 2 月，全国人大五届一次会议上通过的《1976 年到 1985 年发展国民经济十年规划纲要》，提出了到 1985 年全国钢产量要达到 6 000 万吨、粮食产量要达到 8 000 亿斤的高指标，同时，还提出了要建设 120 个大型项目，其中包括十大钢铁基地、九大有色金属基地、八大煤炭基地、十大油汽田、三十个大电站、六条铁路新干线、五个港口等等。

1978 年 5 月 11 日，《光明日报》刊登题为《实践是检验真理的唯一标准》的特约评论员文章。当年 7 月 6 日至 9 月 9 日，国务院召开为期两个月的务虚会，研究如何加快我国现代化建设。在这次会议上，与会人员中普遍存在着急于求成的心情。华国锋提出：“思想再解放一点，胆子再大一点，方法再多一点，步子再快一

点”。邓小平提出，要走出去，要引进资金。并提出在几年内要争取引进800亿美元的想法。而在经济建设方面有丰富经验的陈云的希望多听点反对意见的建议没有得到更多的响应。国务院务虚会后，国务院批准了国家计委修改后的“十年规划”。会后短短几个月的时间里，同国外签约引进耗资160亿元的9套大型化工项目，以及宝山钢铁厂、100套综合采煤设备等22个耗资600亿元的项目。庞大的投资规模，对于国民经济形成的巨大冲击可想而知。随着巨大的投资冲动，基本建设规模爆发性增长，财政预算赤字迅速增加。

1978年10.1亿元的财政盈余到1979年就迅猛发展为赤字206亿元，达到国内生产总值的5.2%，形成了很大的货币扩张压力。现金供应的年增长率由1978年的9.7%急剧上升到1979年的24.4%和1980年的25.5%。在这样的宏观经济条件下，虽然当时大部分商品价格仍处在行政管制之下，但零售物价指数由1978年的0.7%上升到1979年的2.0%，进而上升到1980年的6.0%。[1] 1980年8月的五届全国人大三次会议上，时任财政部部长王丙乾报告说，由于减免农村税收，增加部分职工的工资和实行奖励制度，还增加了国防战备费支出以及对恢复名誉的干部和职工补发工资等，对财政收入进行了冲减，唯一之途只有向银行透支，结果又造成银行多发46亿元钞票，引发物价上涨，老百姓意见很大。

在这样的背景下，1980年冬季中共中央决定在下一年度以更大的力度“进一步调整国民经济”，这次调整是在“坚持计划经济为主”的总背景下进行的。在1979—1981年这三年中采取了以下一些紧缩措施：压缩固定资产投资和基建项目；压缩国防经费和行政

[1] 魏加宁“改革开放30年之宏观调控回顾与反思”《经济观察报》2008年5月29日

管理费用；1980 年 4 月 1 日，中国人民银行的居民活期存款利率由 2. 16 提高到 2. 88%，3 年期存款利率从 4. 5%提高到 6. 12%，5 年期存款利率由 5. 04%提高到 6. 84%；加强银行的信贷管理，冻结企业贷款；重新启动国库券的发行，计划发行国库券 40 亿元人民币（结果是超额完成发行计划，实际发行 48 亿元）。

1979 年到 1980 年的通货膨胀幅度按照现在的标准并不算非常严重。中国从 1950 年到 1976 年这 26 年间物价是冻结、不变的，中国人民就是在这 26 年物价不变的环境中度过的。因此，人们对物价变动，心理上承受能力很低，所以很难接受这么高的通货膨胀率。由于当时是计划经济时代，企业对贷款利率并不敏感，所以中央用行政手段压缩需求；与此同时，提高存款利率减少居民的消费需求。1981 年通货膨胀率开始下降，并于 1983 年初达到谷底。这也是我国改革开放后第一次利用利率杠杆来治理通货膨胀，结果还是比较理想的。

二、第二次通货膨胀：1988—1989 年

1984 年 9 月，在浙江莫干山召开了首届全国中青年经济科学工作者讨论会，与会的 124 位改革派青年精英，分为价格、农村等 7 个组切磋讨论，并提出了改革的政策建议。在莫干山会议的价格组，主张一步或分步放开价格控制，实行市场供求价格的“放派”与主张以计划经济为主，逐步调整价格的“调派”之间展开了热烈讨论。最后由华生等学者综合各方观点，形成了“先改后调，改中有调”、实行放调结合的双轨制价格改革思路。所谓“双轨制”，就是“市场轨”和“计划轨”并行，一种物资两种价格，市场价高于计划价，计划分配的比例逐步缩小，市场销售的份额逐步扩大。按

照他们的设计，双轨制既可以避免价格一次性放开给经济带来的巨大冲击，又能延续市场改革的精神。价格双轨制方案受到了国务院主管领导的首肯，从此成为价格改革的主导政策。

价格双轨制的想法很有创意，但是在实践中却不可避免出现了很多问题。这点跟苏联解体以后，俄罗斯在转轨过程中解决交通难题的思路非常相似。当时莫斯科遇到了交通拥挤的问题，当局就派出一个考察团去西方取经。因为法国和德国在历史上都侵略过俄国，美国又是苏联时期冷战的主要对手，所以考察的地点选在英国的伦敦。伦敦是国际大都市，很多街道都是很久以前修的，并不宽阔，但是交通却很是顺畅。回到莫斯科以后，当局问起伦敦经验，答曰，其他的跟莫斯科没差别，就是伦敦所有的汽车都是靠左行驶。既然如此，莫斯科决策者决定从下月开始，汽车也靠左行驶。但是，因为汽车驾驶员不适应的缘故，增加了很多交通事故。于是又将规则修改为驾驶技术较好的公交车和出租车靠左行驶，其余暂时先靠右行驶。新修改的规则一出，更是一片混乱。

1986 年初，我国经济增长出现下滑迹象，政府开始放松对银行贷款的控制。1987 年第四季度，通货膨胀再次抬头。到 1988 年中期，M1 和 M2 的年增长速度分别达到 33%和 29%。1988 年 6 月，通货膨胀的预期迅速形成，物价飞速上涨，下半年对上年同期的全国零售物价指数攀升到 26%，城市普遍出现商品抢购风潮[1]。1988 年 8 月 15 日至 17 日，中共中央政治局第十次全体会议在北戴河召开，讨论并原则通过《关于价格、工资改革的初步方案》[2]。在价格改革过程中，通过

[1] 单继林“反通胀战争”《经济观察报》2007 年 9 月 28 日

[2] 实际上，《价格、工资改革方案》出台之前，陈云同志曾经跟当时主要领导人提出过 8 点意见，表示价格工资改革要慎重，不能贸然推行。

提高和调整工资、适当增加补贴，保证大多数职工实际生活水平不降低。1988 年上半年，全国物价总指数在 1987 年已上涨 7.3%的基础上，又连月大幅度上涨，7 月份已达到 19.3%，大大超过 10%的设想。中央政治局通过的价格改革方案一公布，更引起城市居民的恐慌，出现多年少见的全国性抢购商品和大量提取储蓄存款的风潮。

1988 年，在张五常的陪同下访问中国的经济学家弗里德曼在跟当时的中央领导人进行的会谈中就提出双轨制并不是一个可取的方法。他说，“三十年前，我当时是印度财政部长的经济顾问，当时印度有几种汇率，最简便的发财致富途径就是通过关系搞到一张进口许可证，这样，一些人成了富翁，但更多的人成了贫民。还有，这种制度非常容易引起腐化。我当时向印度政府提出取消外汇管制，建议放开汇率，但印度政府没有采纳。正因为他们没有采纳我的建议，印度没有改善人民的生活水平，现在跟三十年前没有多大变化。”价格双轨制作为中国特殊国情下的独特产物，也有着自身的问题。双轨并行使得投机者得以在两轨之间找到牟利的机会，由于市场轨的物资供应有限，有特权的一些人专门倒卖批文。层出不穷的转手倒卖现象使得物资的市场价格不断升高。“倒爷”是当时特殊环境下出现的一个特殊的名词。倒买倒卖的丰厚利润吸引大量的生产者投身其中，导致各类产品出现供应短缺，价格更进一步上涨。对于通货膨胀，作为货币主义旗手的弗里德曼举了日本的例子来说明，只要控制货币发行，就能控制通货膨胀。1973 年，当日本通货膨胀率和货币增长都达到了年率 25%时，大幅度降低货币增长率很快就使通货膨胀得到制止。[1]

---

[1] Milton Friedman《佛利民在中国》香港中文大学出版社 1989 年

1988年8月30日，国务院常务会议发出紧急通知，宣布物价改革的方案暂不出台。通知还宣布从1988年9月1日起，银行存贷款利率，其中5年期存款利率提高到10.80%，1989年2月再次大幅度提高了利率，5年期定期存款利率是14.94%，8年期存款利率达到惊人的17.64%。为了稳定金融和保护人民群众的利益，由人民银行开办保值储蓄业务，使三年以上的长期存款利息不低于或稍高于物价上涨幅度。紧急压缩固定资产投资规模，停止审批计划外建设项目，清理整顿公司；强化物价管理，对重要生产资料实行最高限价；严格控制贷款规模，一度停止对乡镇企业贷款；提高四大专业银行的存款准备金率。时任国务院总理的李鹏在1989年3月份向人民代表大会所做的政府工作报告中指出，治理通货膨胀、整顿经济秩序，政府和人民都要有过紧日子的思想准备。

后来的数据表明，加息和限贷等紧缩的政策非常奏效。当时发生的其他事件也深刻影响中国的经济。1989年第三季度，货币供应量指标下降至谷底，M1和M2的年增长率下降为-1%和13%，物价同时迅速回落，1990年第三季度零售物价指数同比增长率至0.6%[1]。

三、第三次通货膨胀：1993—1996年

1988—1989年的通货膨胀在采取了包括利率在内的多项有力措施以后，得到了有效的控制。与此同时，因为众所周知的原因，美国等西方国家对中国进行了经济制裁，我国的经济也因此陷入衰退。市场出现疲软，企业开工不足，财政状况恶化，就业压力增

[1] 张继久《1979——1991年中国通货膨胀的形成与原因分析》

大，出现了前所未有的过冷局面。

1992 年 1 月 18 日至 2 月 21 日，邓小平南巡武昌、深圳、珠海、上海等地，发表了重要讲话。邓小平南方讲话开启了我国经济建设的又一个高潮，“胆子要大一点，步子要快一点”为随后改革开放定下新的基调。1992 年 4 月起分期分地区放开粮食的购销价格等，市场化进程加速使得绝大部分商品价格放开由市场调节，“双轨制”基本上退出了历史舞台。

由于利益刚性的存在，这种调整必然带动价格总水平的上升。在 1992 年国民经济新一轮高涨和“大干快上”中，地方、部门和企业都表现了很高的积极性，但中央并没有采取积极措施来推进财政、金融、国有企业等关键部门的改革。同时，由于采取了扩张性货币政策来刺激增长，很快掀起了开发区热、房地产热、债券热、股票热和期货热等，经济迅速达到过热状态。经济运行出现了高投资、高货币投放、高物价、高进口以及金融秩序混乱、生产资料市场秩序混乱的“四高两乱”现象，尤其在金融领域出现了“乱集资、乱拆借、乱设金融机构”的“三乱”现象。

1993 年上半年开始，我们国家出现了明显的经济过热：全社会固定资产投资总额名义增长率分别为 44.4%和 61.8%。新开工项目超过 12 万个，同比增加 11 万个。计划总投资 38 万亿元，同比增长 54.7%。1992 年 M1 和 M2 的增长率分别高达35.7%和 31.3%。按照朱镕基总理在 1996 年中央经济会议上的说法，1991 年发了 590 亿票子，1992 年增长比较快，发了 1 200 亿元，1993 年发了 1 530 亿元，1994 年发了 1 424 亿元。这次通货膨胀是从粮价上涨开始的。1992 年，粮价同比上涨 24.3%，涨幅比 1991 年上升 15.7 个百分点，1993 到 1995 年分别上涨 27.7%、48.7%和 34.4%。

1992 年居民消费价格上涨 6.4%，1993 年上涨 14.7%，1994 年上涨 24.1%，1995 年上涨 17.1%。

1993 年 6 月 24 日，党中央、国务院联合发出《关于当前经济情况和加强宏观调控的意见》，文件提出了加强和改善宏观调控的 16 条措施。紧接着，7 月初召开了全国金融工作会议，并宣布朱镕基兼任中国人民银行行长，以便更好地贯彻落实“16 条措施”。这 16 条措施主要是：严格控制货币发行，稳定金融形势；坚决纠正违章拆借资金；灵活运用利率杠杆，大力增加储蓄存款；坚决制止各种乱集资；严格控制信贷总规模；专业银行要保证对储蓄存款的支付；加快金融改革步伐，强化中央银行的金融宏观调控能力；投资体制改革要与金融体制改革相结合；限期完成国库券发行任务；进一步完善有价证券发行和规范市场管理；改进外汇管理办法，稳定外汇市场价格；加强房地产市场宏观管理，促进房地产业的健康发展；强化税收征管，堵住减免税漏洞；对在建项目进行审核排队，严格控制新开工项目；积极稳妥地推进物价改革，抑制物价总水平过快上涨；严格控制社会集团购买力的过快增长。1993 年 7 月 1 日，中国人民银行将 5 年期存款利率提升至 13.8%，8 年期存款利率提升至 17.1%。

1995 年 2 月 12 日，春节刚过，国务院副总理朱镕基就要求当时人民银行的两位副行长，认真研究提高贷款利率，包括相当大幅度提高流动资金利率，以抑制经济过热和通货膨胀。要研究运用公开市场操作，包括国库券转换，收回基础货币，抵消外汇占款的影响，并加紧收回再贷款，其中上半年就要收回 500 亿元。[1]

---

[1] 朱镕基《朱镕基讲话实录》第二卷 人民出版社 2011 年 9 月

经过3年多的努力，到1996年我国经济成功地实现了“软着陆”。1996年和1997年的CPI分别为8.3%和2.6%。中国人民银行于1996年8月将5年期存款利率下调至9%，1997年10月再次下调至6.66%。应该说，1993年开始的这次通货膨胀持续的时间长，影响也很大。中国政府治理这次通货膨胀的力度和决心也非常大，多管齐下，终于成功。中国经济这次成功软着陆以后，中央乘势而上，于1997年提出用3年左右时间使大多数国有大中型亏损企业摆脱困境。

四、第四次通货膨胀：2007—2008年

1998年亚洲金融危机后，我国连续三年共发行3 600亿元特别建设国债。按照朱镕基总理在2000年中央经济会议上的讲话，3 600亿元国债带动了大约2.4万亿元的投资规模。[1]尽管如此，我国连续几年经历通货紧缩的情况，直到2003年新一届政府上台以后，情况才得到改变。到2007年下半年，CPI上涨幅度一举突破3%，达到6%左右。到了2008年上半年，CPI指数更是达到8%的水平。2008年1月2日，开盘第一天，纽约期货交易所上市的轻质原油价格历史上第一次突破100美元每桶，4月份更是达到每桶接近120美元。宝钢在2月与巴西淡水河谷公司达成65%和71%的涨价协议后，6月23日又与澳大利亚最大的铁矿石供应商力拓公司达成粉矿和块矿分别上涨79.88%和96.5%的协议，该涨幅高于淡水河谷的涨幅。通货膨胀形势非常严峻。

造成这次通货膨胀的原因是多方面的，包括国内和国际上的。

[1] 朱镕基《朱镕基讲话实录》第四卷 人民出版社 2011年9月

2001 年中国加入 WTO 以后，我国的进出口增长非常快，贸易顺差逐年加大；加上 2005 年汇改以后，人民币兑美元的汇率以渐进的方式升值，到 2008 年次债危机之前升值幅度达到 19%，导致大量投机性资金进入中国。这两个因素相加导致中国的外汇储备增加很快。2003 年 5 月末外汇储备才 3 400 亿美元，到 2008 年 6 月底已经达到 1.8 万亿美元。外汇储备的增加必然导致外汇占款的增加。2003 年 5 月的 M2 余额只有 20 万亿元人民币，到 2008 年 6 月底已经达到 44 万亿。短短的 5 年时间，广义货币增加超过 100%，远远超过 GDP 增幅。货币的过快增长必然导致资产价格的上涨，从 2003 年到 2008 年，全国房价成倍增长。而 2005 年股权分置改革以后，股票价格也是上涨很快，上证指数由 2005 年最低 998 点涨到 2007 年 10 月最高达到 6124 点。资产价格的大幅上涨，必然会传导到消费品环节。而房地产行业的持续高速发展也导致各类原材料和人工成本的上涨。

美国自从 21 世纪初互联网泡沫破灭以后，再加上受“9·11”事件影响，经济一度非常低迷。为了刺激经济，美联储实行宽松的货币政策，不断调降利率，此举也导致美元汇率逐步走低。国际大宗商品主要以美元标价，不断贬值的美元使得大宗商品的身价相对上升。美联储的宽松货币政策也意味着流动性过剩，投机行为盛行，致使石油、农产品、有色金属等能源和基础产品价格暴涨，屡创新高。这些大宗商品价格上涨的另外一个重要原因是以中国为首的金砖五国经济发展迅速，对石油、铁矿石、农副产品等需求以非常高的速度在增加。

中国是这些大宗商品在全球市场上最大的买家。我国经济的对外依存度很高，一半左右的原油、铁矿石、铜精矿等资源产品和基础产品需要依靠进口，煤炭也由净出口国变为净进口国。国际市场粮食、能源、原材料价格的上涨使我国面临输入型通胀压力，将直接加大国内的生产成本和服务成本，导致出现成本推动型通货膨胀。

当然，也有所谓由于饲料价格上涨、周期性波动和疫情的综合影响，生猪生产下降，供给减少，造成了猪肉价格的居高不下，原油、粮食、大豆等基础性产品价格上涨增加了生产资料和消费品生产成本。但这些都是次要因素。

中国人民银行 2007 年 3 月 18 日、5 月 19 日、7 月 21 日、8 月 22 日、9 月 15 日、12 月 21 日连续 6 次提高存贷款利率，但是力度都不大。以 5 年期存款利率为例，分别提高到 4.41%、4.95%、5.22%、5.49%、5.76%、5.85%。进入 2008 年以后就没有再利用利率这个资金价格工具，而是频繁提高存款准备金率，希望利用数量工具来调节市场资金。主要原因是因为当时人民币升值预期本来就很高，顺差很大，而加息会增加海外热钱进入中国诱因。

2008 年 5 月 12 日，国家统计局公布 4 月份 CPI 涨幅比上月 8.3%攀升 0.2 个百分点。这一数据，说明通货膨胀的压力有所增加，与此前有舆论关于 4 月份通货膨胀压力将有所减轻的预测相反。于是，在 4 月份 CPI 数据公布几小时后，中国人民银行随即宣布，为加强银行体系流动性管理，引导货币信贷合理增长，中国人民银行决定从 2008 年 5 月 20 日起，上调存款类金融机构人民币存款准备金率 0.5 个百分点。这是年内第 4 次、2007 年以来第 14 次上调存款准备金率。此次调整之后，从 5 月 20 日起，存款类金融机构人民币存款准备金率达到 16.5%的水平。这说明，此前上调存款准备金率并没有达到预期效果，通货膨胀压力不降反增，从紧货币政策在2008年内几乎没有任何松动的可能。应对CPI攀升，打击通货膨胀，成为了中央政府的重要工作，成为了中国人民银行货币政策的重点目标。就在2008年5月10日，中国人民银行行长周小川在2008陆家嘴论坛上表示，目前中国货币政策的目标重点是反通胀，货币政策在诸多政策目标之间需有所取舍。在此前的一个多月时间里，中国人民银行多次强调继续执行从紧的货币政策决不松动，强调货币政策重点关注通货膨胀，重点目标是要打击通货膨胀。此前不久，周小川率中国代表团出席在美国首都华盛顿特区召开的国际货币基金组织国际货币与金融委员会（IMFC）第十七届部长级会议。周小川指出，中国的通胀压力加大，将继续实行稳健的财政政策和从紧的货币政策，努力防止经济增长由偏快转为过热，防止物价由结构性上涨演变为全面的通胀。

2008年5月4日，周小川在布鲁塞尔参加国际清算银行会议间隙强调表示，中国人民银行一直在密切监察热钱流入的情况，但少量异常资本流动不会对中国货币政策产生严重影响。中国人民银行将继续坚持从紧的货币政策，控制货币供应量和信贷过快增长。在季节性因素的影响下，中国的通胀压力有望在今年二季度得到缓解，但全年的状况仍存在不确定性，中国人民银行不排除加息的可能。

应当说，作为中国人民银行在2008年这次通货膨胀过程当中，也有麻痹疏忽的地方，对通货膨胀的抬头重视不够。2007年9月10日，周小川表示，“中央银行重视并希望实际利率为正值，但是实际衡量方式有很多，不能只以单个月份的通货膨胀率来衡量实际利率，一般以前6个月或者12个月的均值来衡量。”此番话容易给外界造成一个央行加息力度不够，控制通货膨胀的决心不够大的感觉。周小川多次在被问及是否需要加息的时候回答都是需要等下个月的数据出来再看。但是 2008 年上半年通货膨胀形势最紧张的时刻，中国人民银行自始至终都没有提高利率，这引起了广泛的讨论。如果不是 2008 年美国次债危机引发全球性的经济衰退，物价指数全面回落，那么我国 2008 年的通货膨胀是否会失控，最后如何演变都是变数。

第四篇

利率市场化与国债收益率曲线

第十二章
全球利率市场化经验

一、美国金融自由化和利率市场化的背景

在美国，1929 年发生了有史以来最严重的经济危机。1933 年上台的罗斯福政府认为大萧条很大程度上是华尔街的贪婪和胡作非为所致。因此美国政府推行了一系列的措施，对金融领域进行限制。1933 年的银行法——《格拉斯—斯蒂格尔法案》除了规定美国金融业实行严格的分业经营和管理以外，还禁止对活期存款支付利息，对定期存款也规定了最高利率上限的条款。这个条款因为正好位于第 Q 项，所以金融界称之为 Q 项条款。利率的限制，目的是保证银行经营的稳健性，从 20 世纪 60 年代开始，其重点已经转移到保证住宅金融的安全运行。[1]

到了第二次世界大战末期的 1944 年 7 月，西方主要国家的代表在美国新罕布什尔州布雷顿森林举行的国际货币金融会议上确立了"布雷顿森林体系"，规定美元与黄金挂钩，1 盎司黄金兑换 35 美元，其他国家的货币和美元挂钩，实行可调整的固定汇率制度。

[1] 刘利"美国利率自由化的原因过程和结果分析"《国际金融研究》2000 年第 2 期

而20世纪60年代中后期，在肯尼迪被刺以后上台的美国约翰逊政府一方面在国内实行建立“伟大的社会”政策，大兴土木；另一方面，在越南战场上越陷越深，庞大的政府开支使美国政府的财政赤字日益加剧。再加上1960年欧佩克石油输出国组织的成立，中东地区摩擦的加剧，导致油价猛涨。70年代先后发生了几次石油危机，使通货膨胀雪上加霜。

20世纪60年代后期，由于经济形势的变化，特别是因物价上涨所导致了利率的上升，首先在美国出现了所谓的金融“脱媒”现象。在金融创新的推动下，银行存款人把资金转向利率不受限制的票据和证券。非银行金融机构，如货币市场基金等的出现更是吸引走了大量银行存款。而银行在腹背受敌的情况下也设法通过发行商业票据、回购协议和吸收欧洲美元等方式吸引资金以减少脱媒现象对银行的不利影响。各种金融创新应运而生。大额存单、回购协议、商业借据（CP）等新金融工具大量出现。

1971年底，布雷顿森林体系瓦解以后，随着通货膨胀的加剧和传播，利率管制的弊端越发突出，政府和中央银行无法很好地利用利率工具调控宏观经济。1973年，美国经济学家罗纳德·麦金农和爱德华·肖分别出版了意义深远的《经济发展中的货币与资本》和《经济发展中的金融深化》两本书，针对当时普遍存在的金融市场不完全、资本市场严重扭曲和患有政府对金融的“干预综合症”，影响经济发展的状况，首次提出“金融自由化”理论。

他们严密地论证了金融深化与储蓄、就业与经济增长的正向关系，深刻地指出“金融压抑”的危害，主张以金融自由化的方式实现金融深化，促进经济增长。金融自由化就是针对金融抑制这种现象，减少政府干预，确立市场机制的基础作用。

金融自由化也称“金融深化”，是“金融抑制”的对称。金融自由化理论主张改革金融制度，改革政府对金融的过度干预，放松对金融机构和金融市场的限制，增强金融市场的筹资功能。要求美国政府减少对外资的依赖，各国放松对利率和汇率的管制使之市场化，从而使利率能反映资金供求，汇率能反映外汇供求，促进国内储蓄率的提高，最终达到抑制通货膨胀、刺激经济增长的目的。

大萧条以后美国所确立的以分业为主要特点的金融体制，包括Q条款，本来是为保护银行而设计的，但在通货膨胀的背景下，却大大妨碍了作为金融制度中坚的银行的发展，同时，新金融工具的出现也使执行分业原则变得十分困难。非银行金融机构用各种各样的创新抢夺银行资金。这这样的背景下，西方国家兴起了一场持续至今的金融自由化浪潮。[1]

二、美国以利率市场化为核心的金融自由化的历程

第二次世界大战后，美英等发达资本主义国家，长期推行凯恩斯主义扩大有效需求的管理政策，虽然在刺激生产发展、延缓经济危机等方面起了一定作用，但同时也引起了持续的通货膨胀。弗里德曼从20世纪50年代起，以制止通货膨胀和反对国家干预经济的理念，向凯恩斯主义的理论和政策主张提出挑战。他在1956年发表的《货币数量论——重新表述》一文，对传统的货币数量说作了新的论述，为货币主义奠定了理论基础。麦金农和肖的金融深化理论和弗里德曼的货币主义，以及后来的供应学派等新自由主义经济学理论，为金融自由化和利率市场化提供了理论氛围。

[1] 余永定“日本金融大爆炸的由来和启示”《国际经济评论》1997年Z2期

布雷顿森林体系的瓦解意味着固定汇率制度向浮动汇率制度转变。1971 年 8 月 15 日晚，尼克松通过电视宣布了一项重要声明，美国从此以后不再承担美元兑换黄金的责任。这一声明震惊了整个世界，史称“尼克松冲击”。尼克松的申明标志着布雷顿森林体系的瓦解。1975 年，美国国会废除股票交易固定佣金制，鼓励实行竞争体制。华尔街经纪人的固定佣金制和《梧桐树协议》一样古老，长期以来，它是华尔街至高无上、不可动摇的铁律。然而，随着机构投资者力量的壮大，迫于其他市场的竞争压力，纽约证券交易所最终结束了长达 183 年的固定佣金制，这标志着纽约证券交易所的“私人俱乐部”时代终结了。

1979 年，美联储宣布货币政策的目标由利率改为货币供应量。1979 年，沃尔克出任联储主席之时，正是美国经济陷入严重滞胀泥潭之际。当时美联储的货币政策工具主要还是提升联储基金利率。沃尔克刚上任不久就宣布将贴现率提高至 10.5%。但是当沃尔克要求再次提高贴现率时遇到了麻烦——在当时美联储有投票权的 7 位委员中有 3 位明确表示反对。虽然沃尔克还勉强拥有多数票支持，但舆论和华尔街判断美联储进一步的加息是不可能了。根据美联储的机制，决定基准利率必须由投票决定。此时的沃尔克骑虎难下。如果他坚持“保持正利率”的立场，继续加息，那么他很可能成为上任不久就变成少数派的美联储主席，市场会给他一个下马威，而他的政策主张将无法顺利贯彻。如果他像伯恩斯一样，一味妥协，那么他将一事无成，美国反通胀的历史也许要重新书写。

通货膨胀有时候不仅仅是一种货币现象，也是公众的心理博弈的过程。坚持经济逻辑的原则，又多年浸淫在华盛顿的政治环境里，练就了一身“周旋”的本领的沃尔克终于找到了破解困境的方法——美联储不再投票决定基准利率，转而制定美国货币供应量目标，然后经由市场过程由货币供应量的变化影响利率的变化。由调控利率转为调控货币供应量，不仅仅解决了沃尔克的两难立场，又符合当时流行的货币主义精神。这个不得已而为之的转变现在看来简直是神来之笔。美联储再也不需要为是否需要提升利率摊牌了。

1979 年 10 月 6 日，美联储一致通过了货币供应量目标的新体制。接着在市场上联邦基金利率从 12%攀升到 18%。在 1981 年夏秋之际上涨到 19.1%，狂奔的通胀野马终于被勒住了。美国通胀率在 1981 年底降为 6.5%再过 2 年又降到 4%以下。当然，美国实体经济在这个过程中付出了不菲的代价。[1]

1970 年 6 月，美联储放松了 10 万美元以上、90 天以内的大额存单的利率管制。1971 年 11 月，准许证券公司引入货币市场基金。1973 年 5 月取消了 1 000 万美元以上、期限 5 年以上的定期存款利率上限。1975 年 10 月，芝加哥期货交易所推出了利率期货。1978 年 6 月，引入 6 个月以上、一万美元以上存款账户，不受支票存款不允许支付利息的限制。1980 年 3 月推出的银行法案取消贷款最高上限的规定，提出分阶段取消存款利率上限，设专门委员会负责调整金融机构存款利率。废除了 Q 条款。1980 年 12 月，允许所有金融机构开设 NOW 账户业务。1982 年 12 月，准许存款机构引入 2 300 美元以上货币市场存款账户。1983 年 1 月，准许存款机构引入超级可转让提款通知书账户。1983 年 10 月，取消所有定期存款的利率上限。1986 年 3 月，取消 NOW 账户的利率上限。[2]至此，历时 16 年，美国的利率市场化改革基本完成。这说明，利率期货

[1] （美）约瑟夫·B. 特雷斯特《保罗·沃尔克：金融传奇人生》中国金融出版社 2006 年 1 月第 1 版
[2] 张健华等《利率市场化的全球经验》第 31 页 机械工业出版社 2012 年 9 月第一版

为利率市场化改革打下了坚实的基础，没有利率期货，美国可能很难完成利率市场化改革。同样可以得出结论，利率市场化并不是利率期货推出的必要条件。

利率市场化以后，取消了利率上限，金融机构之间的竞争实现了市场化，过去依靠限制竞争才能生存的中小银行面临更大的挑战。因为美国特殊的单一银行制度，从 1980 年开始，众多的小银行开始倒闭。1987 年至 1991 年，平均每年有 200 家小银行倒闭。1981 年至 1991 年的 10 年间，美国因为银行问题所造成的损失大约 4 000 亿美元。其中因为清理美国储贷协会的呆坏账就占其中的 1 000 亿美元左右。从美国的经验可以看出，在利率市场化初期，会面临阶段性风险的增大，及利率的骤然上升和利率波动幅度、频率的提高。除了预期因素以外，某些体制性因素，如国家干预的不确定性，以及经济主体对利率风险的认识程度和化解能力等都对利率风险的波动大小、方式产生影响。金融期货市场创始人梅拉梅德在他的自传《逃向期货》中就提到，在 1976 年短期国债期货推出之初，商业银行和投资银行都不屑于了解这个市场，更不用说参与。等到国债期货成功运行以后，花了很长时间来教育这些专业金融机构，让他们了解、利用金融衍生工具来规避金融风险。

随着监管环境的变化和金融创新的不断发展，货币主义学说也暴露了局限性，货币供应量目标难以实现货币政策目标，而改用真实利率作为政策工具，则可以将金融市场上的所有资金流动都覆盖在内。1993 年，格林斯潘放弃执行了十多年的以货币主义为理论基础的货币政策操作体系，转而实行以联邦基金利率作为中介目标的新的货币政策体系。泰勒法则则为这样的货币政策体系转换提供了理论和实践上的依据。1994 年，美联储宣布将货币政策的中间目标由 M2 变为联邦基金利率，依靠泰勒法则[1]进行利率政策调整，即美联储通过调整短期利率来应对通胀率和产出的变化；在美国金融管制放松、金融产品创新、金融市场发展的背景下，数量型目标最终被价格型目标替代。[2]

1999 年，美国颁布实施的《金融服务现代化法案》结束了持续 60 多年的金融业分业经营和管理。该法案主要是为了在新的竞争环境下提升美国金融机构的竞争力。金融控股公司等混业经营模式出现。但是，次债危机发生以后，也有很多经济学家把部分责任归咎于该法案的实施。

三、其他国家和地区金融自由化、利率市场化改革

（一）英国“金融大爆炸”

上世纪初，伦敦作为全球第一金融中心的地位逐渐被纽约所取代。从二战结束到上世纪 70、80 年代，英国金融行业因缺乏竞争活力而面临进一步丧失在全球领先的地位。为挽救颓势，在过去的 20 多年中，英国进行了两次重大金融改革，即 1986 年以金融自由化为特征的第一次“金融大爆炸”和 90 年代末以混业监管体系为核心的第二次“金融大爆炸”，这两次改革奠定了目前英国金融业繁荣的坚实基础。

1971 年 5 月，英格兰银行宣布当年 9 月开始废止银行间利率协议，银行自行决定利率。1979 年取消对外交易的外汇管制，实现了国际金融交易自由化。1981 年取消最低贷款利率，利率完全自由

[1] 泰勒规则发现，各种影响物价和经济增长的因素中，唯一能够与物价和经济增长保持长期稳定关系的变量是真实利率，和货币供应量相比较，利率更具有资料到手迅速、计量准确、不需多次修正的优点。

[2] 朱玫、肖斐斐、王一峰“美国金融自由化及其对中国的启示”《银行家》2012 年第 10 期

化。1983 年，撒切尔政府实施了第一次“金融大爆炸”。伦敦证券交易所同意在 3 年之内放弃固定佣金制。

英国的金融改革还有一个明显的特点就是国际化。1983 年的“金融大爆炸”同时，宣布接受外国公司成为交易所的会员，外国的机构也可以成为英国证券公司的大股东。几年后，没有形成混业竞争能力的英国本土证券公司毫无抵御能力，几乎全部被德国和美国的证券公司吞并。时至今日，改革所创造的开放竞争环境给英国带来的收益也是巨大的。无论是伦敦证券交易所的国际地位、英国在金融产品领域的领先地位，还是英国本土机构的重生都说明了英国金融体系的竞争力发生了根本性的变化。[1]

除此之外，英国在金融领域用人的思路也开始国际化。澳大利亚人麦克马洪（Kit McMahon）在英央行工作时间超 20 年，还在 1980 年至 1986 年担任英央行副行长。美国人朱利叶斯（Deanne Julius）曾是英货币政策委员会成员，任期 1997 年至 2001 年。还有 2012 年 8 月卸任的波森（Adam Posen）。2012 年 11 月，英格兰银行甚至宣布，将任命加拿大央行的行长卡尼为下一任英国央行行长。海纳百川的胸怀是伦敦能成为国际金融中心的一个重要因素。

LIBOR 操纵案的前因后果

伦敦银行同业拆借利率（London Inter Bank Offered Rate，简称 LIBOR），是大型国际银行愿意向其他大型国际银行借贷欧洲美元时所要求的利率。它是在伦敦银行内部交易市场上的商业银行对存于非美国银行的美元进行交易时所涉及的利率。

[1] 高小真、蒋星辉“‘英国金融大爆炸’和伦敦金融城的复兴”《上海证券报》2007 年 2 月 8 日

LIBOR常常作为商业贷款、抵押、发行债务利率的基准。

LIBOR自从1986年诞生以来，一直是金融市场的重要基准利率，直接影响利率期货、利率掉期、工商业贷款、个人贷款以及住房抵押贷款等金融产品的定价以及货币政策制定。根据美国商品期货交易委员会的数据，全球有超过800万亿美元的证券或贷款与LIBOR相联系，包括直接与LIBOR挂钩的350万亿美元掉期合约和10万亿美元贷款。这意味着LIBOR每变动一个基点，就可能在全球范围内造成数百万美元的利润或亏损。此外，在金融危机期间，LIBOR曾被视为反映银行业健康水平的晴雨表而受到市场密切关注。部分国家央行还将LIBOR作为其货币政策操作的标准之一。可想而知，如此重要的基准利率遭受操纵会对整个金融体系的安全产生威胁。

根据现行的LIBOR定价机制，20家大型银行（2008年之前16家银行）在每天伦敦时间上午11点向英国银行家协会提交借贷利率估值。英国银行家协会将占报价行总数1/4的最高利率和最低利率去掉，得出的算术平均值即为当天的LIBOR利率。这种定价机制明显存在两个问题，一是无法保证银行报价的真实性。目前银行提供的LIBOR报价大多是基于无担保货币市场上借得资金所需支付的利率，而不是实际获取贷款时支付的利率。此外，银行间市场是一个双边市场，只有交易双方才清楚确切的交易条款，相关交易信息很难被外界获知。由于报价行并没有按照报价成交的义务，因此报价行的数据准确与否很难考证。二是易被操纵。由于LIBOR选取的统计样本行只有20家，如果几家银行串谋，或者一两家银行持续压低或抬高报价，都可能对最终结果产生影响。根据现行LIBOR定价机制，占报价行总数1/4的最高利率和最低利率都将被剔掉。但是，如果参与操纵价格的银行超过报价行总数1/4，则完全可以影响最终结果。

报价行参与操纵LIBOR的报价，主要动机有三个：

首先，2008年次债危机高潮期，关于金融机构出现支付危机的谣言时有发生。一旦有银行被传有支付危机，信用违约互换会大幅度上升，甚至被挤兑。每家金融机构无论是在财务报表还是在公关材料中都表示自己有充足的现金，安全无虞。20家报价银行在危机期间，都喜欢做此地无银三百两的事情，那就是尽可能报比较低的利率，让社会觉得他们资金充裕。这就是为什么在2008年危机期间，3个月欧洲美元利率超过3个月LIBOR利率高达195个基点的原因。正常状态下，LIBOR仅仅比欧洲美元低一个基点左右。这表明金融机构提交的利率报价明显低于实际的市场美元融资成本。因LIBOR操纵案辞职的巴克莱银行CEO鲍勃·戴蒙德在接受英国议会质询时就表示，巴克莱银行低报利率的一个原因就在于担心被英国监管部门认为该行存在流动性问题而被国有化。

2008年5月30日的《华尔街日报》中也提及了对LIBOR背离CDS的疑惑。为此《华尔街日报》曾邀请三位独立经济学家对此疑惑做出分析。按照经济学理论，LIBOR应该等于无风险利率加上对应银行的风险溢价，如果在流动性较差的情况下，就还需要追加流动性溢价。在《华尔街日报》追踪的数据中，以2008年4月16日为例，当日花旗集团需要为其1 000万美元的债务提供10 700美元担保，风险溢价为1.07个百分点。按照计算规则，当日LIBOR报价的基础价位应该是16家银行中给出的最低报价2.72%减去当时东京三菱银行给出的最低保险率0.25%——即为无风险利率，为2.47%。那么花旗银行给出的报价则应该再加上本行的1.07%的风险溢价，为3.54%。而在当日报价中，花旗给出的却是2.72%，报低0.82个百分点，几乎是巴克莱低报0.30个百分点的3倍，是16家银行当中偏离程度最高的银行。

第二个动机就是利用操纵LIBOR，间接影响衍生品市场。例如，监管部门调查到，一位巴克莱衍生品交易员曾在2006年3月10日向利率报价员发邮件直言："我真的需要在周一有个非常非常低的三个月期利率，最好（巴克莱的报价）能被踢出局。我们这个交易部门约有80亿美元的单子，利率每降低0.1个基点，对我们都是巨大的帮助。所以，4.9或更低那就最好了。"[1]

第三个动机，各家报价银行为了降低融资成本，也可能会有压低LIBOR的动力。在监管部门的调查报告中，花旗曾经为了降低融资成本，可能操纵LIBOR的嫌疑最大。花旗曾在2009年表示，如果在2009年第一季度到2010年第一季度的这段时间里，利率会降低25个基点，那么它的净息收益为9.36亿美元，如果降低100个基点，那它的净息收益将增加至19.35亿美元。而最终恰恰LIBOR如花旗所愿，真的下降了近100个基点。虽然当年一年期LIBOR报价中，花旗的报价并不是16家银行中最低的一个，却多次是最终被选取的8个有效报价中较低的一个。从2007年8月到2010年5月，近3年的时

[1] 陈植"可变的基准：Libor报价员的游戏潜规则"《21世纪经济报道》2012年7月3日

间里，花旗银行上报的贷款利率与实际利率的差距是16家银行当中最大的，花旗上报的借款利率平均维持在2.1%水平，但其实际利率更接近3.6%，这意味着该行的借款成本被低估了42%。

与LIBOR操纵相关的事件有：2007年，巴克莱银行就其他银行虚假汇报银行间利率提示美国监管部门。2008年9月，雷曼兄弟破产引发全球金融危机，LIBOR大幅攀升。2010年，英国金融管理局就涉嫌操纵利率对巴克莱进行调查。2011年8月，券商查尔斯·施瓦布公司起诉11家主要银行共谋操纵LIBOR。2012年6月，巴克莱银行因操纵和虚假汇报LIBOR和欧洲银行间同业拆借利率（EURIBOR）被英国和美国监管机构处以4.5亿美元罚款。巴克莱首席执行官鲍勃·戴蒙德和董事长马库斯·阿吉厄斯随后引咎辞职。

2012年8月，美国纽约和康涅狄格州司法部门向苏格兰皇家银行、汇丰银行、摩根大通、德意志银行、巴克莱银行、瑞银集团、花旗集团发出传票，深入调查其涉嫌操纵LIBOR的行为。2012年9月，英国金融管理局提出改革LIBOR定价机制的十点计划，建议剥夺英国银行家协会的相关权力，另外成立一个完全独立的监督小组。2012年11月，德国议员调查银行如何操纵全球基准利率，德意志银行受到质疑。巴克莱银行在调查LIBOR操控案后解雇五名员工。

2012年12月，瑞银向美国、英国及瑞士金融监管机构支付共15亿美元罚款，以了结这些机构对瑞银员工操纵LIBOR及其他利率的指控。美国纽约南区联邦法院对两名前瑞银交易员提起刑事诉讼，指控其参与操纵利率。2013年2月，英美两国监管当局宣布对苏格兰皇家银行处以约 6.1 亿美元罚款，以惩戒其在 2006 年至 2010 年间操纵 LIBOR 的行为。调查结果显示，2006 年至 2010 年，苏格兰皇家银行在伦敦、新加坡和东京的 21 名交易员被查出人为操控 LIBOR 定价，即便在监管机构启动调查之后，某些交易员仍继续实施非法操作。苏格兰皇家银行表示，涉案员工都受到了处罚，该行投资银行部负责人休里坎已同意离职。

（二）日本金融“大爆炸”

第二次世界大战之后，日本的金融体制在主要效仿美国的同时，又形成了自己的一系列特点。日本金融体制的主要特点是严格的分业和利率管制。1. 长期信贷业务与短期信贷业务分离。长期信用机构可发行 10 年期以上的金融债券来筹集长期资金，而普通银行只能通过吸收存款来筹措资金，其定期存款的期限最多不得超过 3 年。2. 银行业务与信托业务分离。3. 银行业务与证券业务分离。4. 外汇业务由外汇专业银行东京银行专营。直到 20 世纪 70 年代，日本对其利率的管制都非常严格。

日本金融改革的最主要内容是逐步实现利率自由化和金融业务自由化。日本金融改革的推行方式是渐进的。1. 1979 年引入利率不受控制的可转让存款单。2. 1985 年引入利率完全自由化的大额定期存款。3. 1989 年引入超级货币市场存款单，从而开始推行数额较小的定期存款的利率自由化。同年，大额定期存款最低限额的限制由 10 亿日元降到了 1 000 万日元。4. 1991 年引入超级定期存款单。至此面值在 100 万日元以上的定期存款完全实现了利率的自由化。5. 1993 年引入利率完全由市场决定的新储蓄型存款，所有定期存款至此都实现了利率自由化。6. 1994 年，大藏省最终解除了除活期存款之外的所有流动性存款的利率控制。至此，经过 14 年的努力，日本已实现了利率自由化。

正当金融改革以日本人所特有的方式有条不紊地展开的时候，日本金融体系突然爆发了一场以不良债权为主要表现的严重危机。由于不良债权，自 1994 年 12 月以来日本出现了一系列战后从未有过的金融机构挤兑风波和倒闭事件。发生不良债权的直接原因是日本金融机构在泡沫经济期间对房地产开发商提供了大量贷款，泡沫经济破灭后，房地产价格暴跌，金融机构的贷款无法收回，于是形成不良债权。

日本的金融“大爆炸”在 1998 年以通过一系列重要法律为标志正式开始。根据日本经济委员会 1996 年 12 月提交日本首相桥本龙太郎的一份报告，“东京大爆炸”的目标是在 2000 年之前，建立起一个既“健全和稳定”同时又具“竞争性和创新力”的金融体制。“大爆炸”的具体内容主要包括以下几个方面。1. 加速金融机构业务自由化进程，完全解除银行、证券公司和信托银行之间的分业界限。解除对人寿和非人寿保险公司业务活动的限制。2. 实现资产交易的自由化。如经纪人佣金实行自由化，取消证券交易税，解除对上市和非上市股票投资的限制，解除或放松对金融衍生工具创新的限制等等。3. 完善存款保险制度，增加中央银行的独立性等等。

（三）我国台湾地区的两次金改

陈水扁上台后，将 2001 年定为“金融改革年”，提出“一次金改”计划，一方面通过开放金融控股公司设立方式，使金融业可以跨行业经营；另一方面设置金融重建基金（RTC），以打消台湾的金融呆账，重建金融业的活力。但台湾各银行的税前盈余与净值并未明显上升。台湾各银行的分行总数目不减反增，台湾银行业存在过度竞争的劣质经营现象，银行家数过多，获利能力较差，经营能力与经营环境已面临严重考验。

2004 年台湾当局宣布实行“二次金改”。其主要措施是：1. 2004 年7 月 1 日，“金融监督管理委员会”正式成立，集中了原分别归属于台“中央银行”与“财政部”等部门的金融监管权限，实现银行、证券、期货、保险等广义金融业的监督、管理、检查的一元化。2. 打造岛内大型金融机构，促使岛内三家公、民营金融机构的市场占有率各达 10%以上。3. 应扶持接近国际投资标准的金融业者发展成投资银行。4. 力促金控公司整并。台湾当局提出在 2006 年年底将岛内 14 家金控公司整并为 7 家的目标，为金控公司整并订出蓝图。[1]

可悲的是，陈水扁利用夫人和女婿等人在二次金改的过程中，大肆收受贿赂，以帮助一些私营的金融控股公司打败对手，对公营的金融控股公司进行并购。后来东窗事发，台湾岛出现百万红衫军倒扁大游行。陈水扁本人也在卸任之后锒铛入狱。

（四）部分拉美国家利率市场化改革

拉美国家中，1977 年，阿根廷出台《金融法》，将银行存款准备金提至 45%，取消外汇管制，利率自由浮动。利率上升以后，利差扩大，国内资金需求旺盛，供给不足，外债规模迅速扩大，大批企业资金链断裂无法偿还贷款，部分银行破产。中央银行向市场注入资金，以此稀释债务，但最终阿根廷还是陷入了债务危机。

1973 年—1979 年，智利逐步放松对利率的限制，提高利率管

[1] 张宏昕“台湾地区金融业改革发展与经验借鉴”《金融理论与实践》2010 年第 10 期

制的上限，实行银行私有化；采用爬行盯住汇率政策，放松对外国资本流动的管制。但是，智利的金融自由化改革并没有收到预期效果，而且造成外资流入过度，比索升值，经济陷入恶性循环，最终导致1981年爆发经济危机。1982—1983年智利宣布所有银行国有化，1988年恢复利率管制。金融自由化改革彻底失败。

1978年，乌拉圭政府一次性取消对银行系统的准入，放开对存贷款利率的限制。但也效果不佳。[1]

（五）俄罗斯金融自由化改革和利率市场化改革

20世纪80年代末至90年代初，东欧剧变，苏联解体。1990年俄罗斯建立证券市场；1991年俄罗斯启动金融自由化改革，出台新的《银行法》，建立以中央银行为领导，商业银行为主体，多种金融机构并存和分工协作的金融体系。1992年，实行利率市场化改革，放松利率管制，提高贷款条件发展银行同业拆借市场，引入公开市场操作，随后又实行信贷拍卖制度，取消央行直接贷款模式。1993年启动卢布可自由兑换进程；1994年开始引入外资银行；1997年开始逐步放开外资进入俄罗斯国债市场。

俄罗斯金融自由化改革是"休克疗法"的组成部分，但利率市场化改革并不十分顺利和成功。1993年，俄罗斯的通货膨胀率高达847%，1995年虽有改善，但通货膨胀仍然高达200%，1997年降至14.7%。之后大都维持在10%—20%之间。[2]

四、各国利率市场化改革的启示

基本上来说，不管是西方发达国家，还是拉美、俄罗斯等新兴

[1] 张健华等《利率市场化的全球经验》第168页 机械工业出版社2012年9月第一版
[2] 张健华等《利率市场化的全球经验》第117—129页 机械工业出版社2012年9月第一版

经济体，利率市场化以后几乎都经历了一个曲折的过程。存贷款利率普遍经历了先大幅上升，然后回落的过程，实际利率由负变正；短期内银行风险偏好提高，资产质量恶化，拉美国家还出现银行大批倒闭，被迫实行国有化的现象。美国实行利率市场化以后，出现了储贷银行危机，造成了大量的损失。大量坏账出现，政府不愿负担并默认储贷银行铤而走险投资垃圾债券，然后导致更大笔坏账出现。经过利率市场化改革，很多金融机构开始寻找利润的新增长点，大力发展中间业务，银行综合竞争力提高。利率管制放松以后，因为竞争的加剧，不管是存款利率还是贷款利率都有很大的提高，也是因为竞争的原因，存贷款的利差有收窄的趋势。

利率市场化以后，短期内，银行风险偏好提高，资产严重恶化。金融机构运用利率手段竞争日益激烈，中小金融机构信用程度远逊于大型商业银行，不得不以高成本吸收存款来吸引客户，导致收益下降。美国 80 年代储贷银行危机就证明了这点。

储贷银行是美国最重要的储蓄机构。客户将钱存在储贷银行有 3%的利息，而且有联邦存款保险，然后储贷银行将这些资金以 30 年期年息 6%的抵押贷款贷出。战后至 20 世纪 70 年代末的这段时间内，其发展速度最快，达到鼎盛时期，到 1987 年全美总计有 3 600 家储贷银行，资产 1.5 万亿美元。[1]进入 80 年代以后，其业务发展遇到了很大的危机。由于通货膨胀，以及利率市场化的改革，储贷银行遇到了特殊的利率风险。一方面，储贷银行具短借长贷的特点，贷款利率已经事先约定，而存款利率直接随市场利率大幅上升，最高曾到达 20%。这种特点使储贷银行在利率趋于上升

[1] 格林斯潘《我们的新世界》大块文化出版社 2007 年 9 月

时，由于成本的提高、收益的固定而逐渐地处于严重的收不抵支的不利地位。另一方面，由于商业银行以及储蓄机构的存款利率有限制，而市场利率则经常上升，结果公众将大量存款从银行提走用于购买债券，或者购买货币市场基金，普遍发生了银行资金的流失现象。这种脱媒现象给储贷银行构成了很大的压力。1981 年开始，储贷银行开始大量倒闭。

1987 年，里根政府曾提议国会，由政府筹集 150 亿美元以解决资金问题。但是，里根的提议遭到了来自国会和技术性破产的储贷银行的反对，辩论的结果，国会同意由存款保险公司自己发行 108 亿美元的债券，筹集资金。但由于存款保险公司资不抵债，很难筹足这笔款子，所以，技术性破产的储贷银行照样生存下去。至 1988 年技术破产的储贷银行数量高达 500 多家。[1]

为了解决储贷银行的危机，最初有几个州的立法机关为了确保本州的储贷机构相对于联邦注册的储贷银行不会处于不利地位，还极端地放松了本州注册储贷银行的管制。例如，储贷银行亏损最严重的得克萨斯、加利福尼亚允许储贷银行投资于垃圾债券和不动产业。再加上美国的绝大部分储贷银行从技术上说已经破产，因而储贷银行都乐意借机冒险一搏。某种角度上来说，这也是迈克尔·米尔肯的德雷克塞尔银行能把垃圾债券搞得风生水起的重要缘由。实际上，投机不动产和垃圾债券的行为无异于饮鸩止渴。垃圾债券泡沫破裂以后，储贷银行的亏损更是雪上加霜。[2]到 1989 年 8 月，布什签署《1989 年金融机构改革、恢复和加强法》，政府决定在十年内动用 1 660 亿美元，成立了资产重组管理公司 RTC，负责对储贷

[1] 陈观烈“美国储贷银行的危机及政府对策”《上海金融》1990 年第 5 期

[2] 胡海峰、孙飞“美国两次银行业危机的成本比较”《国际金融研究》2010 年 5 月

银行进行重组、清理。付出沉重的代价才最终一篮子解决储贷银行危机。到 1995 年 RTC 解散时，政府为储贷银行付出的总代价是 870 亿美元。[1]

以利率市场化为代表的金融自由化改革改变了很多国家的金融分业经营管理的体制。美国英国等先后放开经营限制，金融机构走向混业为主，金融控股公司走上台前。除此之外，利率市场化导致银行为竞争提高存款利率，降低贷款利息，导致银行的利差收窄。为了减少对利润的冲击，很多金融机构一方面趁着过去这些年当中的全球化、资产泡沫化的浪潮不断地扩大资产业务，以量补价，另一方面，银行更加偏向高风险、高收益的客户，日本的房地产泡沫银行就起了推波助澜的作用，最后导致银行不良资产呆账坏账大量增加。也有很多银行在利率市场化改革以后寻找新的利润点，重点转向中间业务、综合业务，减少对存贷款业务的依赖。以美国银行业为例，利率市场化初期，中间业务占比只有 9.5%，利率市场化完成之时，中间业务收入提高到 13.5%，实行混业经营管理以后，现在的中间业务占美国银行的比重已经高达 30%。[2]

任何改革都需要适当的条件，选择适当的时机和节奏，还需要有适当的配套措施。如果一味蛮干，一味急于求成，那么改革失败的可能就比较大。虽然美国在利率市场化改革当中也出现了储贷银行危机，但总体来说还是比较成功的。再加上美联储并没有因为利率市场化而放弃对利率的适当控制和引导，相反，美联储会根据经济发展的速度和通货膨胀的水平通过公开市场，对利率或者货币供应量进行有益的操作。英国通过金融自由化和利率市场化改革，让

[1] 格林斯潘《我们的新世界》大块文化出版社 2007 年 9 月

[2] 张健华等《利率市场化的全球经验》第 168 页 机械工业出版社 2012 年 9 月第一版

本已江河日下的伦敦金融中心重新焕发了光彩。我国台湾地区通过两次金融改革增强了金融机构抗风险的能力，在美国次债危机和欧债危机中都表现很出色。日本金融自由化以后，企业通过证券市场筹集资金的比例迅速上升，从改革前的18.4%上升到36.6%。

而拉美三国都采取激进方式进行利率市场化改革，由于未考虑经济社会的现实条件，对经济造成巨大冲击，名义利率升高，实际利率大幅波动，银行业资产质量下降，最终都陷入了金融危机。俄罗斯利率市场化改革虽然经历了风雨，但最终还是凤凰涅槃，如今的金融市场已经比较成熟稳定，为俄罗斯的经济发展提供了很好的助力。

第十三章

我国利率市场化改革的进程和意义

一、我国推进利率市场化改革的原因

1992年，我国确立了建立社会主义市场经济体制的改革目标，要让市场在资源配置中起基础性作用，以此实现资源配置优化。利率就是资金的价格，应该在市场有效配置资源过程中起基础性调节作用，实现资金流向和配置的不断优化。放松利率管制，建立有效的利率传导机制和资金市场化定价机制成为政府的必然选择，也是因应经济结构转型，转变金融资源动员方式，走可持续发展的道理和科学发展观的体现。比如，如果一个朝阳行业有能力承受并发行利率相对较高的债券，就能吸引社会资金快速向这个行业转移。

利率一方面反映社会平均的利润水平，利率的高低又反过来影响企业的利润水平。所以利率水平的适当，是一个社会经济能够平衡发展，分配更加合理的重要标志。而决定利率水平是否适当，市场化的利率机制非常重要。利率在平衡资金所有者和资金使用者的利益关系中起了一个至关重要的作用。而市场是决定利率水平，平衡各方利益的最好方式。我国市场化改革从一开始就强调尊重企业的自主权，其中最主要的一条是尊重企业定价权。金融企业自主经营权的一个重要环节正是其对自身产品和服务的自主定价权。同时，工商企业和城乡居民也可以根据金融企业金融机构提供各不相同的多样化的金融产品和服务，以及利率水平来选择开户的银行。在现在竞争的环境下，利率市场化以后，金融企业和工商企业可以通过市场来决定资金的价格。

利率是其他很多金融产品定价的参照基准，比如决定汇率的一个重要因素就是两个国家的利率水平。又比如，银行的房屋按揭贷款的利率水平就跟长期国债期货利率息息相关。也就是说，利率是国民经济的一个重要指标，关系着一国经济的方方面面。利率市场化以后，可以为一国的经济体系提供一个健康的科学的价格体系。

一直以来，我国的存贷款基准利率一般是由人民银行不定期公布，利率只能在非常有限的范围内浮动或者不允许浮动。实际上，利率管制是对市场的人为干预，会导致利息负担和收益扭曲，资源配置效率、资本产出比以及商业银行经营效率降低。早在 1993 年十四届三中全会时就已提出了利率市场化的基本构思，提出让中央银行按照资金的供求状况来及时调整资金的利率，允许商业银行在规定的幅度内使利率能够自由浮动。在 2002 年十六大报告里面，第一次明确地提出了利率市场化这个词。2003 年的十六届三中全会，利率市场化改革目标明确，中央明确提出来要稳步推进利率市场化，建立健全由市场决定的货币机制。十八大报告在阐述全面深化经济体制改革时，明确提出稳步推进利率和汇率市场化改革[1]。

1997 年亚洲金融危机发生以后，在时任国务院总理的朱镕基领

[1] 参考周小川“关于推进利率市场化改革的若干思考”中国人民银行网站

导下，中国金融行业进行了大规模的重整。在银行领域，成立资产管理公司，剥离不良资产，股份制改革，各大银行重组后在境内外交易所融资上市。银行的资金实力得到了加强，经营能力有明显改善，公司治理结构更加规范。证券行业一改以前证券公司大规模挪用客户保证金，证券市场坐庄操纵的乱象。经过 2005 年证监会的风险整治以后，资不抵债和大规模为客户不规范委托理财的证券公司都进行了倒闭重组。证券公司分级管理，客户保证金已经实行完全交由第三方银行存管。困扰中国证券市场十几年的股权分置问题也已经得到了解决。中国人民保险公司历史性的问题解决以后也到证券市场挂牌上市。在 2005 年外汇形成机制改革以后，人民币大幅升值，人民币兑美元汇率已经由改革前的 8.3 元人民币兑 1 美元上升到目前6.2元左右，接近均衡汇率水平。而正在进行当中的利率市场化改革是金融改革最重要的一环，银行、证券、外汇等金融领域各方面的改革为利率市场化改革做足了准备，也使利率市场化的要求更加紧迫。

利率市场化改革最大的意义在于要让市场在资源配置中起基础性作用，以此实现资源配置优化。利率就是资金的价格，应该在市场有效配置资源过程中起基础性调节作用，实现资金流向和配置的不断优化。放松利率管制，建立有效的利率传导机制和资金市场化定价机制。我国从 1996 年 6 月开放银行间同业拆借利率、1997 年 6 月开放银行间债券回购利率开始起，利率市场化进程已经取得很大成绩，货币市场利率已经实现了市场化。而国债发行和流通以及债券市场都已经实现了市场化。等未来市场有了新的基准利率以后，利率市场化才有可能真正完成。

利率市场化的涵义就是利率主要由市场供求来决定，但利率市场化并非“一放了之”，而是强调要把政策管制型基准利率体系成功转换为自主决策型基准利率体系，围绕这一透明、完整、公允的基准利率体系，市场主体积极踊跃地参与利率产品交易、监管机构灵活审慎地实施利率宏观调控，最终达到资金配置效率的最优。

利率市场化反映了差异性、多样性金融产品和服务的供求关系以及金融企业对风险的判断和定价。在市场经济条件下，就像其他商品一样，金融产品会出现更多的差异化，同类产品可能有不同的品牌、规格和目标群体。同时，不同金融机构对同一项目、同一客户的风险判断也会出现差异，这些差异在其金融产品的定价中会得到反映。而目前的情况是，央行对存贷款利率进行了比较硬性的规定，银行只能在很小的范围内决定其对客户的贷款利率。这样一来，每个客户的风险程度就得不到很好的体现。

利率市场化反映了宏观调控需要。宏观调控，特别是在我国社会主义市场经济条件下以间接调控为基本特征的中央银行货币政策，需要有一个顺畅、有效的传导机制，并对市场价格的形成产生必要的影响。加入 WTO，是世界经济一体化的需要。加入 WTO 意味着我们享受权利的同时，也承担按照国际通行规则管理经济的义务。外资金融机构大量涌入中国金融市场，由此带来大量新的经营方式和新的货币市场、资本市场工具。顺应世界潮流进行利率市场化改革有利于金融市场的发展和金融竞争力的提高。

二、我国利率市场化的历史进程

1984 年 1 月 1 日起，中国人民银行开始专门行使中央银行的职能。从 1984 年到 1995 年，中国人民银行对利率实行集中统一管理，金融部门不得自定利率。中国人民银行是国家管理利率的唯一机关，其他单位不得制定与国家利率政策和有关规定相抵触的利率政策或具体办法。1995 年，中国人民银行提出利率市场化改革的思路。1996 年，中国人民银行启动利率市场化改革。2003 年 2 月，中国人民银行在《2002 年中国货币政策执行报告》中公布了中国利率市场化改革的总体思路：先外币、后本币，先贷款、后存款，先长期、大额，后短期、小额。把中国利率市场化改革的目标确定为逐步建立由市场供求决定金融机构存、贷款利率水平的利率形成机制，中央银行通过运用货币政策工具调控和引导市场利率，使市场机制在金融资源配置中发挥主导作用。我国的利率市场化进程实质上分为货币市场的利率市场化、资本市场的利率市场化和金融机构存贷款的利率市场化进程。

我国利率市场化进程一览表

1993 年	党的十四届三中全会《关于建立社会主义市场经济体制若干问题的决定》提出了利率市场化改革的基本设想
1995 年	中国人民银行《关于"九五"时期深化利率改革的方案》初步提出利率市场化改革的基本思路。利率市场化改革的顺序为：先外币、后本币，先放开货币市场和债券市场利率，再放开金融机构贷款利率，最后放开金融机构存款利率，先长期、大额，后短期、小额。[1]
1996 年	6 月 1 日，建立全国统一的拆借市场，利率由市场供求决定，国债尝试市场发行，部分国债利率实行市场招标
1997 年	6 月，银行间债券市场正式启动，同时放开了债券市场债券回购和现券交易利率。
1998 年	3 月，改革再贴现利率及贴现利率的生成机制，放开了贴现和转贴现利率。10 月，将金融机构对小企业的贷款利率浮动幅度由 10%扩大到 20%，农村信用社的贷款利率最高上浮幅度由 40%扩大到 50%。政策性金融债券也实行了利率招标。
1999 年	9 月，中国基本实现了货币市场和债券市场的利率市场化。9 月，央行再次扩大商业银行对中小企业贷款利率的浮动幅度。允许县以下金融机构贷款利率最高可上浮 30%，将对小企业贷款利率的最高可上浮 30%的规定扩大到所有中型企业。 10 月，保险公司大额定期存款实行协议利率，保险公司 3 000 万元以上、5 年以上大额定期存款，实行保险公司与商业银行双方协商利率的办法。
2000 年	9 月 21 日，外币存贷款利率管理体制开始改革，央行下放了外币贷款和 300 万美元以上外币存款利率的自主定价权，300 万美元以下存款利率由中国银行业协会制定
2002 年	3 月，央行在统一境内中外资金融机构外币存贷款利率管理政策的基础上，进一步下放了非中国居民的小额外币存款利率的自主决定权。扩大农村信用社利率改革试点范围，进一步扩大农村信用社利率浮动幅度；统一中外资金融机构外币利率管理政策。

[1] 中国人民银行《2002 年中国货币政策执行报告》2003 年 2 月

续 表

2004 年	10 月 29 日起，中国人民银行放开了对金融机构贷款利率的上限管制，对贷款利率实行下限管理，下限为贷款基准利率的 0.9 倍。放开了对金融机构存款利率的下限管制，对存款利率实行上限管理。 至此，中国利率市场化改革基本实现了货币市场和债券市场利率市场化；“贷款利率管下限、存款利率管上限”的阶段性目标基本实现。
2005 年	1 月 31 日，央行发布了《稳步推进利率市场化报告》指出，利率市场化最为核心的问题是变革融资活动的风险定价机制，让商业银行成为真正买卖风险或定价风险的金融机构。具体来说，就是逐渐过渡到中央银行不再统一规定金融机构的存贷款利率水平，而是运用货币政策工具直接调控货币市场利率，进而间接影响金融机构存贷款利率水平。 3 月 17 日，央行再次大幅度降低超额准备金存款利率，并完全放开了金融机构同业存款利率。目前，尚未进入市场化改革进程的惟有存款利率的上限、贷款利率的下限和法定存款准备金利率等少数利率品种。
2006 年	8 月 19 日，商业性个人住房贷款利率下限由贷款基准利率的下调 10% 放宽到可以下调 15%。
2007 年	1 月 4 日，上海银行间同业拆放利率（Shanghai Interbank Offered Rate，简称 SHIBOR）正式发布。作为央行重点打造的目标基准利率，SHIBOR 市场地位不断提高，为利率市场化进一步奠定了基础。
2012 年	6 月，将存款利率浮动区间的上限调整至基准利率 1.1 倍，将贷款利率浮动区间的下限调整为基准利率的 0.8 倍。 7 月，将贷款利率浮动区间的下限调整至基准利率的 0.7 倍。随着中国利率市场化改革步伐加快，市场已经在人民币利率的形成和变动中更多地发挥作用。

资料来源：中国人民银行、中国银监会网站。

三、国债期货在利率市场化过程中的作用

利率市场化是中国金融业改革的核心战场之一，将在多方面产生巨大影响，利率市场化以后无论是金融机构还是工商企业城乡居民，都必须适应在新的金融环境下的成本收益和利益分配。某种程度上可以说是对社会、经济的一次重新洗牌。利率市场化改革将使银行业竞争压力倍增，尤其是在管理水平、创新能力和服务质量都占有优势的外资银行纷纷抢滩中国市场的背景下，银行间的竞争将更为激烈。此时，银行的实力、信誉、存贷款利率报价水平、金融产品与服务创新能力将成为竞争的关键。那些经营管理能力脆弱、创新乏力的银行将成为优胜劣汰过程中的牺牲品。银行业经过十多年的改制和提升，营销水平和内部运营管理水平有所提高，但是粗

放经营的模式还没有得到根本的改变。

粗放经营的主要表现为不重视市场风险，对利率波动抗风险能力差。目前的高利差难以为继的情形下，整个银行业会面临巨大的市场风险。这也是为什么中国银行目前盈利水平这么高，但是股价并不是很高的原因。因为投资者普遍认为，中国银行业的目前的盈利不可持续。利率市场化以后，影响利率水平的因素将会更多，作用也更加彻底。利率波动频率和幅度会显著提高，利率期限结构也更为复杂。面临与业务结构有关的流动性风险、与经营管理有关的决策风险、与内部机制相关的道德风险等。考验银行的风险识别、风险计量、风险管理和风险转移的能力。也是对银行的集约化经营的能力一种全面测试。在对利率风险进行了计量和评估以后，利率风险管理的操作就需要相应的金融工具作为支撑。

在 2008 年美国次债危机中，在众多金融机构摇摇欲坠的情况下，却有三个大的金融机构稳如泰山，哪怕是危机最严重的时刻，利润也丝毫没有减少。它们分别是富国银行、摩根大通银行和高盛公司。富国银行有别于花旗银行、美国银行等大型银行，从不沾手高风险资产，由始至终老老实实从事商业和零售借贷业务。这也是巴菲特对富国银行青睐有加的原因。而摩根大通和高盛公司能够大难不死的主要原因就是始终不把银行当作风险承受方，所有的交易风险都会合理利用期货、期权以及利率互换、信用互换等金融衍生工具进行对冲。

根据中国银监会统计，截至 2012 年 9 月底，中国银行业金融机构总资产 126.4 万亿元。2011 年银行业全行业税后利润总额达到 1.25 万亿元。理论上说，存款利率上升一个百分点，会提高银行成本 1.26 万亿，大致相当于一年的税后利润总额。而如果银行持有久期较长的债券，因为市场利率上升导致债券价格下跌的幅度会有一个相应的乘数。中国银行业如果要改变现有的粗放型的经营方式，使银行远离风险，就要减少银行的风险暴露，善用诸如国债期货、国债远期交易、利率互换等产品，把银行的经营风险降到最低。

同样是因为竞争相对于利率市场化之前更加激烈，客户对银行提供的服务的要求也会相应提高。比如，现在一般客户办理按揭贷款的时候，银行提供的按揭贷款基本上采用的是浮动利率。利率市场化也就意味着利率的波动会更加频繁，所以贷款客户希望锁定利率的需求会更多，特别是在利率水平相对比较低的情况下。成熟的金融市场都可以提供固定利率的按揭贷款。美国的按揭贷款一般是 30 年固定利率的贷款。一旦签约，贷款客户无需担心利率上涨造成的每月还款额的增加。如果银行善于国债期货和利率互换，对于银行的久期管理和利率风险的对冲都会上一个大的台阶。

同时，跟其他国家情况类似，在利率市场化的过程中，我国银行的中间业务的收入也在稳步提升。为了使银行利润来源多样化，也为了减轻由于资产增加导致银行资本金被迫同步增加的压力，现在各大银行都大力销售委托理财产品。而国债期货的推出，将会给委托理财产品的设计提供一个非常重要的工具。

2011 年我国各类金融机构的贷款占社会融资规模的比例高达 75%左右，同期企业债券和股票融资占比只有 14%，直接融资与间接融资结构比例失衡的问题十分明显。同时，有些融资表面看上去似乎是直接融资活动，比如企业发行中期票据、短期融资券，这些都统计在直接融资活动中，但这其中超过一半以上又是由商业银行投资和持有的，本质上还是一种间接融资。[1]长期以来我国过度依赖银行为企业发展提供融资的情况使商业银行承担过高的责任和风险。利率市场化以后，承担中国最主要的融资重任的银行将面临更大的风险。在股权融资市场承载量有限的情况下，大力发展企业债券不失为一个很好的出路。发展企业债券不仅缓解中小企业融资难的状况，还可以让社会资金有更多的出路。

但在中国目前发展企业债券市场还有很长的路要走。1992 年整顿市场后，已经鲜有债券出现偿付等违约风险。即使是近年来两度出现的低评级债券如 2006 年受困于上海社保案的福禧债和 2012 年的海龙债都在地方政府的努力下得到了偿付。实际上，只有容忍企业债券的违约，才能培养出成熟的投资者。在温室里培养不出有风险意识的投资者。而且，永远不出现违约，债券评级形同虚设。没有债务违约，就无法对企业债券的风险进行合理度量。

四、国债期货将承担利率市场化以后构建市场中长期基准利率的任务

利率市场化最重要前提就是要建立一个高度市场化的基准利率，来替代利率市场化前央行不定期公布的存贷款利率。国债期货市场具有效率高、成本低、涉及面广的特点，如果推出国债期货，并形成完整的中期、长期的交易品种，与短期的回购市场利率以及 SHIBOR 相辅相成，对形成市场基准利率是实质性的一步。未来全面利率市场化后，国债期货将承担形成中长期基准利率的重任。

[1] “要警惕金融创新不足可能导致的风险”2012 年 3 月 9 日杨凯生委员在全国政协十一届五次会议上发言

在中国，由于国债期货市场的缺乏，国债投资者对远期市场的利率定价非常无所适从。2002年第五期国债（020005）是财政部发行的30年国债。这期国债的发行结果，充分暴露了中国债券市场发育不成熟的客观状况，反映出中国债市严重缺乏真正的长期债券投资者，以及缺乏对长期债券的定价能力。该债券发行量260亿元，经投标产生的中标利率是2.9%，一级市场购买机构多达80多家。5月23日发行时，正值市场充斥超额准备金利率下调的传闻，承销商认购债券的目的是上市后转手在二级市场高价抛出短期获利，并未考虑30年债券所应有的利率水平。由于市场无法对30年期债券定价，加上发行利率明显偏低使得持有该债券的机构不愿意低于面值出售，因此该债券上市后就难以达成交易，买卖双方难以找到双方都认可价格水平，导致交易量极少。8月份，该债券共成交23笔，成交量仅为14.5亿元，最高成交价为100元，最低成交价为93元，而且高价和低价间隔性地重复出现，说明这些交易价格并不代表交易者对利率的真正判断。[1]

相对于国债现货市场，国债期货市场具有交易量大、成本低、效率高以及参与者更多的特点，所以国债期货的价格发现功能远胜于国债现货市场。金融期货的价格发现功能早在金融期货刚刚推出不久的的1976年8月31日得到了验证。当天墨西哥比索贬值50%。这对全世界来说都是一个异常震惊的事件，尤其是对于全世界刚刚从维持了近30年的固定利率体系——布雷顿森林体系里走出

[1] 孙国锋“央行公开市场业务取得突破 实现正回购目标”《国际金融报》2003年2月28日

来。全世界的外汇市场一片混乱，现货市场上完全没有人为墨西哥比索报价，只有刚刚推出外汇期货不久的CME为墨西哥比索提供报价。而且，从比索在CME挂牌第一天开始，比索的远期价格就是贴水。也就是说，期货市场早就通过价格发现功能预测到了比索会贬值。[1]

1997年亚洲金融危机发生以后，在时任国务院副总理的朱镕基领导下，中国金融行业进行了大规模的重整。在银行领域，成立资产管理公司，剥离不良资产，股份制改革，各大银行重组后在境内外交易所融资上市。银行的资金实力得到了加强，经营能力有改善，公司治理结构规范。证券行业一改以前证券公司大规模挪用客户保证金，证券市场坐庄操纵的乱象。经过2005年证监会的风险整治以后，资不抵债和大规模为客户不规范委托理财的证券公司都进行了倒闭重组。证券公司分级管理，客户保证金已经实行完全交由第三方银行存管。困扰中国证券市场十几年的股权分置问题也已经得到了解决。中国人民保险公司历史性的问题解决以后也到证券市场挂牌上市。在2005年外汇形成机制改革以后，人民币大幅升值，人民币兑美元汇率已经有改革前的8.3元人民币兑1美元上升到目前6.2元左右，接近均衡利率水平。而正在进行当中的利率市场化改革是金融改革最重要的一环，银行、证券、外汇等金融领域各方面的改革为利率市场化改革做足了准备。

利率市场化改革最大的意义在于要让市场在资源配置中起基础性作用，以此实现资源配置优化。利率就是资金的价格，应该在市场有效配置资源过程中起基础性调节作用，实现资金流向和配置的

[1] 里奥梅拉梅德《逃向期货》第199页 机械工业出版社 2011年7月

不断优化。放松利率管制，建立有效的利率传导机制和资金市场化定价机制。我国从 1996 年 6 月开放银行间同业才接利率、1997 年 6 月开放银行间债券回购利率开始起，利率市场化进程已经取得很大成绩，货币市场利率已经实现了市场化。而国债发行和流通以及债券市场都已经实现了市场化。等未来市场有了新的基准利率以后，利率市场化才有可能真正完成。

利率市场化的涵义就是利率主要由市场供求来决定，但利率市场化并非“一放了之”，而是强调要把政策管制型基准利率体系成功转换为自主决策型基准利率体系，围绕这一透明、完整、公允的基准利率体系，市场主体积极踊跃地参与利率产品交易、监管机构灵活审慎地实施利率宏观调控，最终达到资金配置效率的最优。

第十四章
国债收益率曲线及其应用

一、国债收益率曲线

国债的利率期限结构就是指债券的到期收益率与到期期限之间的关系。该结构可通过利率期限结构图来表示，该图中的曲线就是国债收益率曲线。国债收益率曲线是某一时点上，一组期限不同的国债债券或其他金融工具收益率的图表。纵轴代表收益率，横轴则是距离到期的时间。收益率曲线是分析利率走势和进行市场定价的基本工具，也是进行投资的重要依据。

一般说来，国债收益率曲线的形状反映了长短期利率水平之间的关系，它是市场对当前经济状况的判断，及对未来经济走势包括经济增长、通货膨胀、资本回报率等指标的预期的结果。收益率曲线在某一时点是静态的曲线，但是也会因为突发事件或者政策变化而发生改变。在经济衰退的时候，短期收益率比长期收益率下降更快；在经济扩张的时候，短期收益率比长期收益率上升得会更快。

例如：2001 年美国发生“9·11”事件以后不久，恰逢美国投资家乔治·索罗斯访问中国。朱镕基总理在中南海紫光阁会见索罗斯的时候跟他有一段对话：

朱镕基：美国国会已经授权布什总统动用 400 亿美元处理袭击事件，如果发动战争，这笔钱是远远不够的。这就意味着美国今年将出现财政赤字，这对美国经济产生什么样的影响？

索罗斯：可以刺激美国经济，但对利率尤其是长期利率将产生不利影响。我原来预期美国经济会下滑，因为大量购买国债，但今天我已经开始抛售 10 年期和 30 年期的长期政府债券，不过不会卖出 6 个月的短期债券。

朱镕基：就是说，美国联邦政府会更大幅度地降息？

索罗斯：短期利率会下降，但长、短期利率之差会进一步拉大。[1]

大部分时候，收益率曲线变动是上下平移。短期收益率上升时，长期收益率通常也上升；同样的，短期收益率下降的时候，长期收益率也下降。然而，相对而言短期国债的利率受资金面影响较大，中期国债受政策面影响较大，而长期国债更多地跟通货膨胀、经济增长相关。因此不同期限的国债的收益率会随着不同的因素变化，而呈现不同的涨跌。这样一来，收益率长短期线之间平移过程中的速率可能不一样。甚至，债券收益率在实际中的走势未必均匀，这就有可能形成向上倾斜、向下倾斜、水平和驼峰型的四种收益曲线。我们分别称之为正向收益率曲线、反向收益率曲线、水平收益率曲线和驼峰型收益曲线。

在正常情况下，国债收益率曲线从左向右上升，是一条有一定角度的正向曲线，因为年期越长收益率会越高，以反映投资风险随

[1] 朱镕基《朱镕基讲话实录》第 239 页 人民出版社 2011 年 9 月

收益率曲线主要包括四种类型

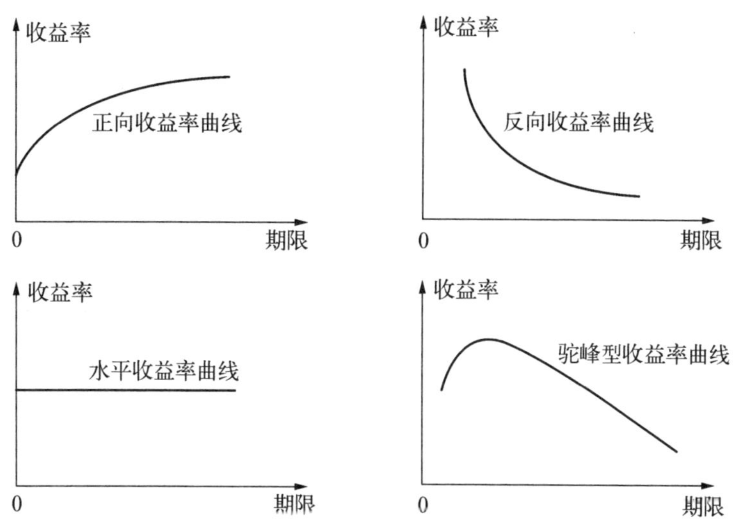

年期拉长而升高的情形。也就是说，期限越长，利率水平相对要高一些，长期利率的位置要高于短期利率。主要原因有三点：首先，短期利率受中央银行的影响最大，例如，美联储主要通过联邦基金利率来实现政策目标，正常的情况下，联邦基金的利率都是比较低的。其次，短期限的债券流动性要好于期限长的债券，作为流动性较差的一种补偿，期限长的国债收益率也就要高于期限短的收益率；长期限的国债因为时间跨度较长，假设相同的时间段里遇到的不可测因素相当的话，也就意味着期限较长的国债的风险会更高。就这种收益率曲线而言，如果长期收益率的升幅大于短期收益率，收益率曲线会变陡。相反，则会比较和缓。

反向收益率曲线，也称逆向收益率曲线。债券市场上不同期限债券的收益率从短期到长期呈现下降的趋势。表明在某一时点上债券的投资期限越长，收益率越低，也就意味着社会经济进入衰退期。这是与扩张相反的信号，是收缩的时候了。由于经济处于生产过剩阶段，可能会引发衰退，这时就必须对迅速扩张的经济加以有效控制。利率被推高导致企业扩张所贷资金的成本更高。如果行动够快，可以减少衰退的影响甚至会防止其发生。倒挂的收益率曲线则是从左向右下滑，反映短期收益率高于长期收益率的异常情况。这可能是因为投资者预期通货膨胀率长期而言要下降，或是债券的供给将大幅减少，这两种预期都会压低收益率。

美国上世纪70年代初期，出现通货膨胀，受美联储加息影响，美国国债下跌，国债收益率上升，以1970年2月为例，1年期收益率8.11%，10年期7.5%，20年期6.84%，30年期6.82%。这是因为在过去的数十年里，美国的通货膨胀率很低且非常稳定，短期收益率上升是因为受美联储加息的影响，市场预期通货膨胀很快就会恢复到正常水平。

1979年，受第二次石油危机和伊朗革命事件影响，通货膨胀卷土重来，而且这次通货膨胀持续的时间更长幅度更大，美联储改用调节资金供应的方法取代之前对再贴现利率的调节，1981年2月，1年期国债收益率达到13.92%，10年期12.64%，20年期12.40%，30年期12.23%，从近期到远期，利率逐次递减。这反映市场预期上，远期利率下跌的风险远远大于利率上升的风险。远期收益率低于近期收益率还有一个重要原因，在上世纪80年代初期美国长期国债有一个赎回条款，等到通货膨胀率回落，财政部有权赎回部分收益率较高的国债，事实上最后也是这么做的。

美国圣路易斯华盛顿大学教授海曼·明斯基是20世纪以研究金融危机著称的经济学家，是当代研究金融危机的权威。他的“金融不稳定性假说”是这样一种关于资本主义经济的模型，它认为经济周期波动不是由外部冲击引起的，经济周期的历史表明：资本主义经济是“内在”不稳定的，金融危机及其对经济运行的危害难以避免。他是第一位提出不确定性、风险及金融市场如何影响经济的经济学家。

所谓“明斯基时刻”指海曼·明斯基所描述的时刻，即资产价值崩溃时刻。他的观点主要是经济长时期稳定可能导致投资者对风险麻痹，投机增强，进而出现债务增加、杠杆比率上升的情况，加上委托代理冲突，从内部滋生爆发金融危机和陷入漫长去杠杆化周期的风险。经济好的时候，投资者倾向于承担更多风险，随着经济向好的时间不断推移，投资者承受的风险水平会加大，直到超过收支不平衡点而崩溃。这时候放贷人开始回收借出去的款项，开始去杠杆化的过程，戳破资产泡沫。明斯基时刻表示的是市场繁荣与衰退之间的转折点。用通俗的话来形容他的观点就是：好日子的时候，投资者敢于冒险；好日子的时间越长，投资者冒险越多，直到过度冒险。一步一步地，投资者会到达一个临界点上，其资产所产生的现金不再足以偿付他们用来获得资产所举的债务。投机性资产的损失促使放贷者收回其贷款，从而导致资产泡沫的破裂。

相反，如果债券收益率曲线斜率为负，向下倾斜，表明长短期收益率倒挂，长期和短期债券的利差为负。大部分金融机构从事的业务都是借短贷长，在债券收益率曲线向下倾斜的时候，金融机构在市场上则无法继续赚取短期存款和长期贷款之间的利差，可能会抛售短期资产，致使短期收益率进一步上升，这将进一步压缩金融机构的短期负债。收益率曲线越是向下倾斜，金融机构去杠杆化程度也就越大。金融机构的信贷创造和发放功能下降，实体经济的融资来源减少，信贷环境紧缩，无疑会减缓经济增长。

美国次债危机最高潮是在2008年9月15日，华尔街第四大投行雷曼兄弟宣布申请破产保护。该公司的倒闭导致老牌货币市场基金 Reserve Primary 的净值跌破 1 美元，成为 1994 年以来第二家净资产跌破 1 美元的货币市场基金。惊恐万分的投资者纷纷撤回投资，在之后的 5 个交易日中，投资者从货币市场基金中撤出 2 000 亿美元，占货币市场基金总资产的 6.4%。各货币市场基金被迫出售资产应对投资者的赎回，而此时正值信贷市场急剧恶化之际。商业票据市场开始冻结，作为某些类型消费贷款和企业贷款利率标准的 3 个月期伦敦银行同业拆息（Libor）跳升 18 个基点，至 3%以上。金融危机大规模向实体经济扩散。[1]

另外一个实例发生在 1981 年到 1983 年间，美联储主席沃尔克为了控制通货膨胀，采取紧缩的金融政策，导致美国短期国债收益率接近 20%，而 30 年期的收益率仅仅 13%左右。短期收益率高企，对通货膨胀的控制作用非常明显，但是也导致企业开工不足，大量工人失业。

明斯基早在 1975 年出版的《凯恩斯新释》中就论证过债券收益率曲线对信贷创造以至经济稳定性的重要意义。明斯基认为，正常情况下的债券收益率曲线应是斜率为正，也就是向上倾斜。债券的期限越长，其收益率也越高。这符合风险溢价说——期限越长其不确定性越大。正是这样的期限结构，决定着金融机构的杠杆使用和信贷创造。只要这种杠杆处在一定限度之内，金融市场的运行就有利于经济增长。作为新凯恩斯学派的经济学家，明斯基主张在有效需求不足的情况下，可以利用财政和金融的政策适当刺激经济。美

[1] Matthew Cowley“美国货币市场基金受伤 短期信贷市场遭殃”金融界网站 2008 年 10 月 2 日

国的情况，完全可以验证明斯基的理论观点。由于经济增长率从1990年开始下滑，股票价格指数也下跌，为了刺激经济，美联储将联邦基金利率由1989年的9.217%下调到1992年的3.53%，信贷活跃，经济增长与金融市场景气由此逐渐上升，人们对长期经济增长前景看好，刺激远期利率上升，遂有1992年收益率曲线的陡升。1993年上台的克林顿总统任内，出现了长达近10年的经济高增长、低通货膨胀、低失业率的所谓新经济时期。美联储主席格林斯潘在2000年互联网泡沫破裂以及2001年“9·11”事件以后，为了刺激经济，大幅度调低联邦基金利率。

美联储自2004年6月到2005年12月，连续13次提高短期利率后，联邦基金目标利率从1%一路升到4.25%的“中性水平”，而长期利率却仍保持在相对低的水平。2005年12月底，10年期国库券收益率甚至降到了低于2年期国库券收益率的水平，这种情况是5年来首次发生。这种反向收益率曲线的现象过去通常发生在经济陷入衰退之前，因而引起了一些人的担忧，却没有引起当时的美联储主席格林斯潘和随后继任的伯南克的注意。加息一直延续到17次才停止，这导致了美国经济硬着落，房地产泡沫迅速破灭，次债危机由此而生，全球经济大幅度衰退。

2008年美国次债危机以后，学院派的美联储主席伯南克以前所未有的力度实施量化宽松货币政策，短期基准利率迅速下调到接近零。尽管长短期利差从负值转为正值并呈上升态势，但短期收益率在快速下降到历史低点的同时，长期收益率也在迅速下降。2001年9月底，10年期美国国债收益率下降到1.7%左右，是战后最低点。收益率曲线从2008年以后趋于斜率为正，开始向上倾斜，尤其是2010年的斜率不断扩大，为金融机构的信贷创造奠定了一定的基础。

2010年上半年，中国银行间市场国债收益率曲线呈平坦化趋势，收益率曲线短端上升，中长端略有下降。特别是5月24日—6月24日，由于资金面意外紧张，银行间市场7天回购利率脱离前期的1.6%平台，上升到3.15%附近。而1年期的央票利率从1.92%上涨到2.1%，10年期国债利率从5月24日的3.2%，上升到3.41%。资金的紧张加上利差的缩小迫使很多机构采取降杠杆的动作。这些机构一向利用回购操作从货币市场中滚动融入资金购买长期限的债券，巧用利率期限结构，赚取短期资金利率和长期债券利率之间的利差。但是一旦资金紧张，这样的操作很容易发生资金链断裂的危险，在滚动资金供应不上的时候，这些机构只能抛售长期国债，降低杠杆。[1]

当然，也有很多公司在把国债收益率曲线和自身的盈利模式挂钩的过程中出现了重大的错误。美国储贷协会危机就是典型的例子。

储贷协会是美国的一种合作性质的非银行储蓄机构，目的是为了帮助中下阶层实现对住房的需求。储贷银行吸收公众的短期储蓄存款，以此向当地的购房者提供20年和30年的抵押贷款，利率在抵押期内固定不变。储贷银行合理利用上翘的收益率曲线来维持稳定的运营。在利率稳定且通货膨胀率较低的时期，储贷银行的盈利模式非常简单。当时甚至华尔街都羡慕储贷银行经理的“3—6—3”的经营方式，那就是以3%的利率借款，以6%的利率贷款，借短贷长，每天下午3时准时出现在高尔夫球场打球。

---

[1] 董德志《投资交易笔记2002—2010年中国债券市场研究回眸》经济科学出版社2011年版

然而从1973年开始，由于通货膨胀的缘故，利率开始上升。到1979年，短期国债利率已经超过了10%，且由于储贷银行的贷款绝大部分是低利率时代发放的，剩余期限还很长。而新的购房者对抵押贷款利率十分敏感，当抵押贷款利率提高时，他们延迟购买住宅，这一现象又使储贷银行无法通过对新抵押贷款制定较高利率来迅速提高他们的平均收益率。

在利率高企的背景下，1981年，储蓄贷款协会的存款净流入为负数，收入在扣除存款和税金后也同样为负数。到70年代末以后，储贷银行的全部抵押贷款的平均收益低于新的抵押贷款利率，储贷银行全部收益率低于资金成本，1981年差额为−0.8%，该行业1981年亏损60亿美元，1982年亏损50亿美元，储贷银行的问题越来越严重。估计数字表明，储贷银行行业的净值从1979年的大约320亿美元，降低到1982年底的40亿美元。大量储贷银行技术上实际上已经破产。

在这样的背景下，里根政府和储贷银行当时的主要监管者——联邦住宅贷款银行委员会却采取了鸵鸟政策，不仅不采取措施来制止这种错误的行为蔓延，相反，却出台了一系列政策鼓励储贷协会在资本市场和房地产市场进行大肆的投机。究其原委，一方面是因为当时为储贷银行提供保险的联邦储蓄及贷款保险公司没有足够财力满足所有的破产支付，另一方面，“冷战”的政治氛围也不愿看到金融机构大量倒闭。立法机构不但没有关闭或兼并破产的储贷银行，反而通过放松管制，企盼他们交上好运而起死回生。

从1980年开始，储贷银行可以做一些传统商业银行的业务，这使得储贷银行大量进行投机经营。存款保险的增加更加剧了这一道德风险。每一储户的联邦存款保险金从4万美元提高到10万美元，这等于为成千上万的储户提供了这样一个信号：他们根本不需要监视储贷银行的行为。立法机构还解除了对储贷银行行业会计准则的控制。除了相当宽松的会计准则，还降低了最低资本金要求——从原来的5%降低到1983年的3%。储贷协会亏损最严重的得克萨斯、加利福尼亚更是允许投资于垃圾债券和处于萧条期的不动产业。这使亏损最严重的储贷银行冒险的动力也最大，因为这种储贷银行抱着“赢了算我的，输了算政府的”心态从事经营。很多储贷银行都把资金投向了迈克尔·米尔肯的垃圾债券和房地产。1987年储贷银行发展到3 600家，资产1.5万亿美元。[1]

以问题严重的林肯储贷银行为例，1986年，旧金山联邦住房贷款银行检查人员发现了该银行的各种违规违法行为。然而该行老板基亭不仅不就范，还集结高达77个律师事务所，控告检查人员歪曲事实。到1989年初，林肯储贷银行倒闭时，纳税人估计损失总共高达34亿美元。有意思的是，原美联储主席格林斯潘居然也被牵扯到了这个案子里面。原来，在担任美联储主席之前，格林斯潘在华尔街经营一家名为“道森·格林斯潘咨询公司”，曾经接受林肯储贷银行的委托，评估这家银行的财务状况。格林斯潘对这家银行的财务报表的评估结果是：安全无虞，可以直接投资房地产。东窗事发以后，曾经接受了凯亭130万美元的捐款后的5个参议员之一的麦凯恩作证说，正是格林斯潘的评语让他相信了林肯储贷银行。对此，格林斯潘在

[1] 格林斯潘《我们的新世界》第140页 大块文化出版有限公司

面对《纽约时报》查询的时候，只好难堪地承认自己失察。麦凯恩为自己开脱的说法让人很容易想到当初我国“大跃进”“放卫星”的事情过去不久，秘书田家英曾问毛主席：“你也不是没当过农民，你应当知道亩产万斤是不可能的。”毛主席说：我这是看了大科学家钱学森的文章，才相信的。

巨额的垃圾债券像被吹胀的大气泡，终有破灭的一天。1990 年米尔肯入狱之后，垃圾债券市场轰然倒下，储贷协会危机再也无法继续无视。1989 年布什总统上台后，成立了 RTC 资产管理公司，负责清理储贷协会。到 1995 年清理结束时，共清算了 744 家储贷银行，全部代价是 870 亿美元。

这样的例子还很多，“长期资本”LTCM 掌门人梅里韦瑟，被誉为能“点石成金”的华尔街债务套利之父。他聚集了华尔街一批证券交易的精英加盟：1997 年诺贝尔经济学奖得主默顿和舒尔茨，他们因期权定价公式荣获诺贝尔经济学奖；前财政部副部长及联储副主席莫里斯；前所罗门兄弟债券交易部主管罗森菲尔德。这个精英团队内荟萃职业巨星、公关明星、学术巨人，真可称之为“梦幻组合”。在 1994—1997 年间，LTCM 业绩辉煌骄人。成立之初，资产净值为 12.5 亿美元，到 1997 年末，上升为 48 亿美元，净增长 2.84 倍。每年的投资回报率分别为：1994 年 28.5%、1995 年 42.8%、1996 年 40.8%、1997 年 17%。长期资本管理公司有一项投资是把赌注下在美国 30 年国库券和 29 年国库券的价格收敛上（卖空前者，买入后者），因为他们发现美国 30 年期的收益率居然比 29 年期的收益还要低。本以为稳操胜券，不料，亚洲和俄国的金融危机使惊恐的投资者一窝蜂地涌向似更安全吉祥的 30 年国库券，结果造成30年国库券和29年国库券的利差进一步扩大，而非收敛。类似的其它几个“收敛交易”也都以发散而告终。

> 1997年，亚洲金融危机爆发之前的泰国房地产业非常火爆，利润也非常丰厚，很多银行吸收海外的短期资金，然后以非常高的利率贷款给一些房地产公司。由于泰国当时实行的是盯住美元的汇率安排，而且短期存款利率也相当优厚，盯住制度与高利率政策结合，使投机性资本可以实现“无风险套利”，从而为国外资本大量涌入泰国提供了制度激励。但是一有风吹草动，这些投机性资本纷纷撤离，导致泰国的外汇储备急剧下降，最后泰国固定汇率无法维持，造成金融危机爆发。韩国的情况也类似。韩国银行一直从外国银行借短期贷款，然后又把这些钱贷给其国内的大型企业财团。欠下巨额外汇债务的财团的主要收入是当地货币。随着恐慌的扩散，外国银行拒绝继续提供短期贷款，韩国银行的生存面临威胁，而资本现在开始急切地外逃，韩元大幅度贬值，尽管政府为了保证本国货币的币值已经抛出了数十亿计的外汇储备。[1]

借短贷长是希望利用上翘的收益率曲线来赚取利差，就像上世纪50年代初，中国人民志愿军在朝鲜战场上的做法如出一辙。1951年4月初，麦克阿瑟因为发表了与杜鲁门总统对朝鲜政策相抵触的言论，被解除了联合国军总司令的职务，由李奇微将军接任。李奇微早在担任美军第八集团军司令时就对中国军队的战略战术、

[1] 罗伯特·鲁宾《在不确定的世界里》第174页 中国科学技术出版社 2004年

作战规律有很深的研究。他敏锐地发现一个规律性现象：中国军队入朝以来的三次战役，都是在打到第八天头上即自行停止攻击。他认为这决非巧合，并据此推断出一个结论：由于志愿军后勤供应方式落后，粮弹补给跟不上，士兵携带的弹药给养只够维持一个礼拜的攻击势头。所以在第五次战役之初，李奇微指挥美军大踏步后撤，志愿军想打多远就打多远。七天之后，当中国军队随身携带的粮食吃光了，李奇微指挥机械化部队纵深迂回，包围分割，派飞机进行地毯式的狂轰，用大炮进行铺天盖地的滥炸，待给人员造成巨大伤亡后，再派地面部队从容攻击。这样，深入重地的志愿军十万大军损失殆尽。由此可见，借短贷长就像志愿军孤军深入一样，风险很大。

国债收益率曲线不仅可以为投资者所用，也是中央银行的重要调控手段。从国债收益率的本质看，它是借贷的代价，也可以说是一种虚拟资本的价格，财富重新分配的度量标准。虚拟资本的发展是商品信用经济向高层次阶段推进的重要内容。虚拟资本价格围绕真实投资资本适度波动，有利于推动物资财富的配置与积累。虚拟资本价格波动幅度的大小，构成了中央银行在金融市场上的调控空间。如果进一步与宏观经济背景联系起来看，在不同的经济波动阶段，利率的变化形态及其变动速度，既为中央银行提供了调控目标，又能从另一方面反映财政货币政策对经济刺激或者经济收缩的强弱力度。从这个意义上讲，国债收益率曲线为管理当局对宏观经济的调控提供了新的思路。曾经发明“非理性繁荣”这个名词的美联储前主席格林斯潘在任的时候，通货膨胀控制得非常好，但是同时其任内美国也有发生了两次资产泡沫的事实。那就是2000年前的股市泡沫，以及2000年后的房地产泡沫。从某种角度上说，也是调控国债收益率曲线不力的后果。短期利率政策奏效，但是在控制远期收益率方面，却显得不是那么成功。因为短期利率对通货膨胀有很大影响，长期利率跟资产价格关联很大。

国债收益率曲线是国债供求平衡的指针。从国债市场的供求关系上看，市场会在国债供给和需求之间找到一个收益率的平衡点。收益率过度偏离市场需求，都会使供给显得不足或过剩，会引起资本在短期货币市场和长期资本市场的重新分配，进而改变市场的供求关系。因此，收益率曲线应当是国债供给与需求平衡的指示器。充分发挥这一功能有利于证券市场的稳定发展和深化改革。当市场失灵导致国债收益率偏离平衡点过大的时候，可以适当金融调控。然而，远期收益率调控的确是各国中央银行调控的难点。[1]

例如，2002 年 5 月 24 日，中国财政部招标发行 30 年期国债 020005，发行价为 2.9%，比当时 1 年期的国债收益率只高了 100 个 BP（基点）。这是一个惊人的低利率，不要说在中国，即使是在美国市场也算是非常低的利率。这一方面反映了当时通货紧缩的基本面，另外一方面该 30 年期国债发行时，正值市场充斥超额准备金利率下调的传闻，承销商认购债券的目的是上市后转手在二级市场高价抛出短期获利，并未考虑 30 年债券所应有的利率水平，也说明国债市场的机构投资者还不成熟、不理性，因为他们忽略了 GDP 增长率在长期利率中的作用。从国债收益率曲线的构成要素上看，收益率曲线通常由价格、利率、面值、期限四项要素组成。在面值和期限已定的情况下，财政金融管理当局可以通过调控国债的收益率来影响国债的发行利率，使之与市场利率保持一致。人民银

[1] 郭智娟《中国国债收益率曲线的研究》南京财经大学硕士学位论文 指导老师 朱秋霞

行为保持自身债券资产的一定规模，调整债券资产期限结构，为加大公开市场操作力度创造条件，在 2002 年 9 月 3 日和 9 月 10 日两次面向所有的 40 家公开市场业务一级交易商公开招标买入 30 年期国债，价格分别为 98.04 元、98 元，较前几个月里最低市场成交价 93 元高出 5 元人民币。按此价格，卖出债券的机构将损失 2%左右的本金。人民银行两次买入招标量为 100 亿元，实际买入 78 亿元，投标率仅为 78%。人民银行买入 30 年期国债交易，也使得原来被 30 年期国债扭曲了的中国债券收益率曲线一定程度得以修正，市场利率的期限结构趋于合理，取得了良好的效果，得到了市场的普遍认可和积极评价[1]。在市场利率水平有较大幅度波动时，财政部既可以调整国债的发行价格，也可以微调收益率与之相适应，也就是说，既可以在一级市场，也可以在二级市场进行适当的干预。更重要的是，它也同时有利于解决长期以来人们总是对利率进行滞后调节的问题。因此，国债收益率曲线在市场经济条件下将成为基准利率与市场利率及时的传导器。

二、解释国债收益率曲线形状的三大理论

随着市场利率的波动引起债券收益率的不断变动，收益率曲线的形状每时每刻都发生着变化。为了更好地理解收益率曲线，有时候需要绘出数周的收益率曲线进行比较，找出收益率曲线变化的趋势。人们常常会用三种常见的理论来解释收益率曲线的这些变化：

（一）预期理论

预期理论，又称“无偏预期”理论。对未来利率的预期决定了

[1] 中国人民银行货币政策司“央行公开市场业务取得突破 实现正回购目标”《国际金融报》2003 年 2 月 28 日

收益率曲线的形状。如果投资者预期将来利率水平将上升，他们会投资于短期国债。为吸引投资者，长期国债价格必须下降，也就意味着收益率会提高。如果投资者预期未来利率水平将下降，投资者会购买长期国债，因为长期国债久期较长，可以锁定更多的收益。这使长期国债价格上升，收益率下降。1982 年前后，美国利率到达最顶峰，债券大王格罗斯预计未来利率会下降，PIMCO 将大量资金投资到优质的长期公司债券，后来通货膨胀下降，美联储放松银根，债券价格猛涨，PIMCO 赚得盆满钵满。之所以购买的是长期公司债券而不是国债，是因为当时美国的国债有提前赎回条款。

（二）流动性偏好理论

流动性偏好理论在预期理论的基础上加入了风险因素。通常情况下，投资者偏好于投资短期国债，因为投资者并不认为长期国债是短期债券的理想替代品。一方面是由于投资者意识到他们对资金的需求会比预期的要早，因此他们有可能在预期的期限前被迫出售债券；另一方面只有预期长期利率水平会上升到足以补偿其面临的利率风险时，投资者才会购买长期国债。也就是说，投资者要求额外的收益补偿，即风险溢价，因为这使得投资者面临长期利率水平的不确定性。如果投资者不打算获取这一额外的风险溢价，他们会继续投资于短期国债，等短期国债到期后继续购买新的短期国债，如此反复进行投资。例如，2011 年 4 月 30 日，伯克希尔哈撒韦公司 2011 年股东大会上，巴菲特解释该公司 380 亿美元现金都购买了短期美国国债，一方面是因为长期国债收益率太低，另一方面，如果持有长期国债，未来美联储加息，长期国债的价格会下跌。持有短期国债还有一个好处，就是未来遇到合适的收购对象或者保险公司有特殊的理赔需求，可以随时抛售短期国债。因为短期国债流动性好，价格稳定。

（三）市场分割理论

市场分割理论基于以下假设：投资者由于受到了法律、偏好或者某种投资期限、习惯的制约，他们的投资总是局限于某些特定期限的国债，从而通过这些证券的供给与需求决定收益率曲线。例如，人寿保险公司通常投资于期限较长的国债，而银行则多投资于短期和中期国债。保险公司和银行国债期限配置主要是要与其资产负债表相匹配，保险公司的资金来源都是长期稳定的保费收入，而银行的存款近 50%是 6 个月以下，5 年以上的比例很小，平均久期在 1 年至 2 年。风险承受能力低的投资者偏好于投资短期国债，因为短期国债受利率变化的影响较小，可以保证本金的安全。另一方面，那些更注重收入的投资者则偏好于投资长期证券。这样的结果使市场划分为两大部分：一部分是短期资金市场，一部分是长期资金市场。于是，利率期限结构在该市场分割理论下，取决于短期资金市场供求状况与长期资金市场供求状况的比较，或说取决于短期资金市场供需曲线交叉点的利率与长期资金供需曲线交叉点的利率的对比。

按照当前的国际财务报告准则（IFRS）和美国公认会计原则（US GAAP），金融资产分为“交易性证券”、“可供出售证券”和“持有至到期证券”三类。第一类证券按公允价值进行后续计量；第二类证券也按公允价值进行后续计量，但所产生的变动计入其他综合收益；第三类证券按摊余成本进行后续计量，没有后续计量变动，但如发生减值，减计金额要计入当期损益。我国新会计准则对金融资产的划分也采用了国际会计准则的标准，略有不同的是对可供出售金融资产中的债券投资也按摊余成本进行后续计量，且可以计提减值准备。不同的划分对个会计期间的损益影响有所不同，但根本取决于投资品本身价值。按公允价值计量，公允价值变动部分计入当期损益；按摊余成本计量，各期利息也计入当期损益。这样一来，不仅不同的投资者，哪怕是同一个公司不同的投资部门，其投资的国债的期限都有可能是限定的。这也是为什么财政部现在会提前向社会公布当年要发行的国债的期限的具体时间。现在已经基本形成了1年、2年、5年和7年关键期限品种的滚动发行。这样做的好处就是让不同类型的投资者可以提前安排好资金，购买适合其需要的国债。

2004年年初开始，为了应对潜在的通货膨胀压力，美联储将美国联邦基金利率提高了200个基点，但美国国库券长期利率却明显下降，其中10年期的美国国债收益率只有4%，这种现象显然之前绝无仅有的。当时的美联储主席格林斯潘认为是个谜。之后金融界就称类似的现象为“格林斯潘利率之谜”。不过有人认为那是以中国为代表的一些外国政府或者主权财富基金在购买美国远期国债。

三、我国的国债收益率曲线

在利率市场化程度较高的美国，短期的货币市场会有一个比较明确的利率基准，比如LIBOR，而且多用于债券发行交易定价，如浮动利率债券跟踪基准等；而银行的存贷款利率，如DCs利率、优惠利率等则主要以国债收益率曲线确定的利率为主要参考。[1]在我国利率市场化改革进程不断向前推进的今天，利率市场化的关键因素——基准利率的确定就变得越来越重要。国债在市场上自由交易

[1] 李倩“利率市场化需要完善收益率曲线”《证券时报》2006年4月12日

时，不同期限及其对应的不同收益率，形成了债券市场的“基准利率曲线”。市场因此而有了合理定价的基础，其他债券和各种金融资产均在这个曲线基础上，考虑风险溢价后确定适宜的价格。所以国债收益率曲线既是市场对当前经济状况的判断及对未来经济走势，包括经济增长、通货膨胀以及资本回报率等的预测。它通过反映市场中确定存在的利率和事件期限变化的关系，综合市场上大部分品种的价格，体现市场整体的利率水平，它反过来又是分析利率走势和进行市场定价的基本工具。因此，国债收益率常常被看成是债券市场晴雨表。

金融资产定价的基本原理之一就是现金流贴现，任何金融资产均可以简化地看作是一组现金流，其价值就是该现金流的贴现值。从而，对于金融资产定价时需要分析的两个最重要的要素就是该金融资产未来预期现金流和同期限基准利率。而国债不同期限的收益率基本上可以作为基准利率。对于投资者来说可以用来作为其预测债券发行的利率、选择投资券种和评估债券价格的分析工具。对于发行人来说，可以反映长短期利率水平之间的关系。

从近年中国国债市场的发行品种、债券换手率和市场的托管量来看，银行间债券市场已经远远超过交易所市场成为中国国债市场的主体。而且国债市场基本上形成了1年、2年、5年、7年等关键期限品种的滚动发行，国债收益率曲线已经基本形成。中央国债登记结算有限责任公司最早于1999年在研究成熟债券市场收益率曲线的构建经验的基础上，与境外机构合作，率先推出了国内第一条国债收益率曲线，并通过中国债券信息网对外发布。随着债券品种的增加以及投资者对估值定价精准度要求的提高，债券收益率曲线不断向精细化方向发展，现在中央结算公司正在完善现有收益率曲线的贬值方法，增加了到期收益率曲线、即期收益率曲线和远期利率曲线等。并在此基础上于 2002 年进行了第一次完善升级，升级后的产品对债券收益率的整体走势作出了较为合理的反映。2006 年 3 月，中央结算公司进一步完善了曲线的编制方法，除到期收益率曲线以外，还提供即期利率曲线、远期利率曲线，每天生成 160 多条曲线。[1]

但是，我们也必须看到受当前债券市场中客观存在的不完善因素的影响，现行中债收益率曲线还存在一定系统性缺陷。比如，1. 目前我国债券市场被分割成为交易所市场、银行间市场和银行柜台三个市场。交易所市场报价驱动，价格连续，但是交易量占整个市场比重太小，没有代表性；而银行间市场询价驱动，报价不连续，做市商制度也不完善。2. 虽然我国国债市场相对于十年前有了飞速的发展，但是流通量还是太小，特别是 7 年以上的国债报价不活跃。3. 市场行为趋同性太强，主要原因是我国国债的持有者结构单一，保险公司持有大量长期国债，银行持有大量中长期国债。4. 市场透明度还不够，目前我国银行间债券市场报价发布只有一家机构，广大专业投资分析机构难以方便地依据市场报价信息来编制收益率曲线，这就加大了客观公正的国债收益率曲线形成的难度。

而在美国，因为有了一个成熟的金融衍生品市场，仅仅是 CME 世界上最大的金融衍生品交易所集团旗下就有门类齐全的各个期限的国债期货的交易，编制出非常客观、高效的国债收益率曲线 CME 收益率曲线。所谓 CME 收益率曲线是指 CME 不同期限利率期货产品所对应的收益率。从短期到长期，分别是 30 天联邦基金利率期

[1] 刘凡（中央债权登记结算有限责任公司信息部主任）“收益率曲线编制技术日趋成熟”《金融时报》2006 年 4 月 12 日

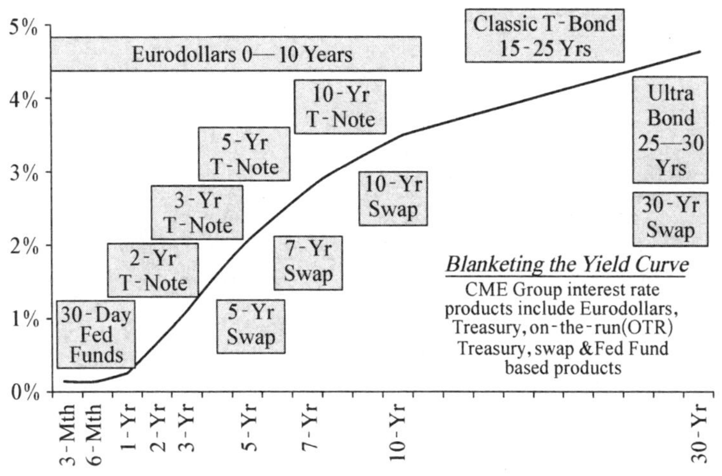

CME利率期货与美国国债收益率曲线示意图

来源：Nick Ronalds，understanding Treasury futures.

货、13星期短期国库券期货、3个月欧洲美元期货、2年期国债期货、3年期国债期货、5年期国债期货、10年期国债期货、30年期国债期货（可交割国债剩余期限在15—25年）、超长期国债期货（可交割国债剩余期限在25—30年）以及5年、7年、10年、30年的利率掉期期货产品。这些产品基本覆盖了美国国债收益率曲线的各个期限。由于CME的国债期货的交易量非常大，因此CME国债收益率曲线非常有效。CME完整的利率期货产品线事实上已使它成为欧洲美元利率市场与美国利率市场的定价中心。[1]

因此，要使我国的国债收益率真实有效，还需要发展国债期货市场。因为国债期货市场相对于现货市场来说，克服了市场分割、流通性好、趋同性强和透明度低等局限性。

[1] 刘文财《CME完美收益率曲线》

第五篇

利率风险管理

第十五章

国际利率期货市场发展状况

1944 年 5 月，美国邀请参加筹建联合国的 44 国政府的代表在美国布雷顿森林举行会议，建立了“金本位制”崩溃后一个新的国际货币体系。1945 年 12 月 27 日，参加布雷顿森林会议的国家中的 22 国代表在《布雷顿森林协定》上签字，成立国际货币基金组织和世界银行。布雷顿森林体系正式建立。布雷顿森林体系实际上是一种国际金汇兑本位制，又称美元-黄金本位制。它使美元在战后国际货币体系中处于中心地位，美元成了黄金的“等价物”，美国承担以每盎司 35 美元的价格兑换黄金的义务，各国货币只有通过美元才能同黄金发生关系，美元处于中心地位，起世界货币的作用。从此，美元就成了国际清算的支付手段和各国的主要储备货币。

布雷顿森林体系最初的目的是吸取大萧条之后的教训，各国货币不要再竞相贬值，以邻为壑；游资也不要为了捕捉升值贬值的机会，而肆意在国际间游荡，冲击国际金融市场。布雷顿森林体系的建立有助于国际金融市场的稳定，对战后的经济复苏起到了一定的作用，在相对稳定的情况下扩大了世界贸易。汇率的相对稳定，避免了国际资本流动中引发的汇率风险，有利于国际资本的输入与输出；为国际间融资创造了良好环境，有助于金融业和国际金融市场发展，也为跨国公司的生产国际化创造了良好的条件。

然而，各国经济发展的不平衡性是客观存在的，主要资本主义国家经济实力对比一再发生变化，以美元为中心的国际货币制度本身固有的矛盾和缺陷日益暴露。1960 年，美国耶鲁大学教授特里芬在其著作《黄金与美元危机》中指出：布雷顿森林制度以一国货币作为主要国际储备货币，如果黄金生产停滞，国际储备的供应将完全取决于美国的国际收支状况。如果美国的国际收支保持顺差，国际储备资产不敷国际贸易发展的需要；如果美国的国际收支保持逆差，国际储备资产过剩，美元可能会发生危机，持有美元的国家会向美国要求兑换黄金，美国没有足够的黄金储备，将危及国际货币制度。这种难以解决的内在矛盾，国际经济学界称之为“特里芬难题”，它决定了布雷顿森林体系的不稳定性。实际上，法国总统戴高乐在任的时候，就要求法国财政部不得有美元过夜，以免因为美国放弃兑换黄金的承诺而遭受损失。

两次世界大战英国受创严重，二战后，英国的经济贸易实力严重削弱。虽然实行了严格的外汇管制，英国的国际收支仍然不断发生危机，使英镑地位每况愈下，加速了英国短期资本外流。而那些原本将英镑作为储备货币的国家，逐渐地加快了抛售英镑的速度，加入了抢购黄金和其他硬通货的行列。英镑被迫不断地贬值来调整对其他国家汇价。1949 年 9 月 18 日英镑贬值 30.5%，对美元汇价由 1 英镑折合 4.03 美元降为 2.8 美元。1967 年 11 月 18 日英镑贬值 14.3%，对美元汇价降为 1 英镑折合 2.4 美元。担任过美国克林顿时期的财政部长和奥巴马总统国家经济委员会主任的哈佛大学教授萨默斯，1967 年英镑危机之时正好跟随在英国担任大学教授的父母亲住在英国。根据他的回忆，当时英国政府规定，所有人每次出国旅行只能随身携带不超过 50 英镑现金。目的就是要防止有人在短期内用大量现金套汇。[1]而美国经济学家弗里德曼也意识到英镑的弱势，试图进行英镑交易，却被银行拒绝。即使是在美国，当时也实行严格的外汇管制，只允许有实际商业用途的客户买卖外汇。

1961 年 10 月，为了抑制金价上涨，保持美元汇率，减少黄金储备流失，美国联合英国等八个国家央行共拿出 2.7 亿美元的黄金，建立了黄金总库，负责维持伦敦黄金价格。上世纪 60 年代后期，美国进一步扩大了侵越战争，国际收支进一步恶化，美元危机再度爆发。随着美国深陷越南战争的泥潭，财政赤字巨大，国际收入情况恶化，美元的信誉受到冲击，爆发了多次美元危机。大量资本出逃，各国纷纷抛售自己手中的美元，抢购黄金，使美国黄金储备急剧减少，伦敦金价上涨。1968 年 3 月的半个月中，美国黄金储备流出了 14 亿多美元。1968 年 10 月 15 日，弗里德曼给已经候任总统的尼克松写私人备忘录，建议尼克松上任以后关闭黄金窗口。1971 年 8 月 15 日，在美国通胀形势非常紧张下，尼克松通过电视宣布新政，一方面进行工资、物价管制，另一方面表示不再遵守其保证向外国央行持有的美元兑换黄金的义务。布雷顿森林体系就此崩溃。当时格林斯潘正好坐在椅子上看电视，这个突如其来的消息震惊了他。格林斯潘从椅子上跌倒在地，以至于伤了背部。从此以后在医生的指导下每天都要泡浴以此来恢复背伤。很多不知道格林斯潘这段经历的人还以为格林斯潘之所以喜欢泡浴是因为他热衷于制造泡沫呢。

1972 年 5 月 16 日，芝加哥商业交易所 CME 的当家人梅拉梅德

[1] 陈晋《哈佛经济学笔记》第 38 页 江苏文艺出版社 2010 年 7 月

在货币学派掌门人弗里德曼的支持下，成立了 IMM 国际货币市场，成功地推出了世界上第一个金融期货品种——汇率期货交易，正式把期货这种交易模式引入金融领域。此前，1650 年日本大阪商人开创的期货交易主要用来交易农产品。

1973 年 10 月第四次中东战争爆发，石油输出国组织（OPEC）中的阿拉伯成员宣称，他们不再给在以埃战争中支持以色列的国家运输石油，造成油价上涨。当时原油价格曾从 1973 年的每桶不到 3 美元涨到超过 13 美元。在无计可施的情况下，被水门事件噩梦缠身的尼克松总统再次祭起价格管制的大旗。但 1974 年，通货膨胀率还是最高上升到 12. 5%。美联储被迫提高利率以应对。

上世纪 70 年代中期以来，为了治理国内经济和在汇率自由浮动后稳定汇率，西方各国纷纷推行金融自由化政策，以往的利率管制得以放松甚至取消，导致利率波动日益频繁而剧烈。面对日趋严重的利率风险，各类金融商品持有者，尤其是各类金融机构迫切需要一种既简便可行、又切实有效的管理利率风险的工具。利率期货正是在这种背景下应运而生的。

1975 年 10 月，芝加哥期货交易所推出了政府国民抵押贷款协会（GNMA）抵押凭证期货合约，这标志着利率期货这一新的金融期货类别的诞生。选择 GNMA 作为第一个利率期货的品种，是因为设计者桑多尔教授认为，住房抵押贷款涉及到千家万户，人们有实际套期保值的需求。虽然利率期货的产生较之外汇期货晚了三年多，但其发展速度却比外汇期货快得多，其应用范围也远较外汇期货广泛。目前，在期货交易比较发达的国家和地区，利率期货都早已超过农产品期货而成为成交量最大的一个类别。在美国，利率期货的成交量甚至已占到整个期货交易总量的一半。正是由于利率期货的成功，美国国债现货市场交易更加活跃，规模大幅上升。

就在 CBOT 推出第一个利率期货之后不久，为了满足人们管理短期利率风险的需要，1976 年 1 月 6 日，米尔顿·弗里德曼亲自敲响了 3 个月期的美国短期国库券期货交易的开盘钟声，国债期货首次在芝加哥商业交易所 CME 的国际货币市场推出了，并大获成功，在整个 70 年代后半期，它一直是交易最活跃的短期利率期货。

1977 年 8 月 22 日，美国长期国库券期货合约 30 年期的国债期货在芝加哥期货交易所上市。这一合约获得了空前的成功，成为世界上交易量最大的合约之一。此前的政府国民抵押贷款协会抵押凭证期货合约，虽然是长期利率期货，但由于交割对象是一些资产证券化的住房抵押贷款，本身的资信等级还没有获得投资者的认同，流动性较差，不能完全满足市场的需要。而长期国库券则信用等级高，流动性强，特别是超长期限的国库券对利率变动的敏感度高，一经推出，迅速走红。甚至美国财政部发行新的长期国库券时，都刻意选择在长期国库券期货合约的交易日进行。1982 年 5 月，CBOT 再接再厉，又推出了 10 年期中期国债期货。此后，国债期货交易量大幅攀升。据统计，美国国债期货的交易量占整个期货交易量的一半以上，且基本上集中于 CBOT。CME 也曾经推出过 4 年期的国债期货合约，但是铩羽而归。到目前为止，美国 10 年期国债期货合约不仅是 CBOT 成交量最大的一个品种，也是全球利率期货市场最活跃的交易品种之一。2011 年，CBOT 的 10 年期国债期货的交易量达到 3. 17 亿手。CBOT 一直牢牢地占领了收益率曲线的远期端。

1981 年 12 月，国际货币市场推出了 3 个月期的欧洲美元定期存款期货合约。这一品种发展很快，其交易量现已超过短期国库券期货合约，成为短期利率期货中交易最活跃的一个品种。欧洲美元定期存款期货之所以能够取代短期国库券期货的地位，其直接原因在于后者自身的局限性。短期国债是美国的短期利率管理工具，短期国库券的发行量受到期债券数量、当时的利率水平、财政部短期资金需求和政府法定债务等多种因素影响，在整个短期利率工具中，所占总量的比例较小。许多持有者只是将短期国库券视为现金的安全替代品，对通过期货交易进行套期保值的需求并不大。而3个月的欧洲美元期货不一样的地方在于，它是全球短期利率的普遍基准。美国之外的美元储蓄由中东的财团、基金公司、银行、世界各国的中央银行持有。而且作为离岸货币，欧洲美元的监管相对比较宽松，也没有存款储备的要求。同时，由于在利率变动时，短期国库券价格的变动幅度要大于信用等级较低的其他短期债务工具，不利于投资者对其债市投资组合实现高效的套期保值。

1981年12月，由CME推出了欧洲美元定期存款期货，成功地满足了各方的需求。由于欧洲美元定期存款不可转让，因此，该品种的期货交易实行现金结算的方式。所谓现金结算，是指期货合约到期时不进行实物交割，而是根据最后交易日的结算价格计算交易双方的盈亏，并直接划转双方的保证金以结清头寸的一种结算方式。

如果说名义标准券是桑多尔教授的天才想象，那么现金交割就是梅拉梅德的神来之笔。把欧洲美元纳入期货市场来交易是梅拉梅德早已有之的想法，毕竟有那么多的实际需求存在。但是，欧洲美元跟短期国债不一样的地方是它并不是可以看得见摸得着的。欧洲美元合约是以不可流动的定期存款作为标的物的。欧洲美元的交易本质是利率，交易双方无法交割利率，因为利率并不是纸质化的东西，而是可以以现金的方式买入和卖出“利率差”。现金结算方式的成功，在整个金融期货的发展史上具有划时代的意义。它不仅直接促进了欧洲美元定期存款期货的发展，并且为股指期货的推出铺平了道路。

短期端方面一直由CME牢牢把控。CME在1981年12月开发并推出欧洲美元期货。经过30余年的发展，欧洲美元期货已经成为全球金融期货市场中最具有流动性，最受欢迎的合约之一。虽然其他很多交易所也推出同样的品种，但由于CME第一个国债期货品种是3个月国债期货，非常成功，流动性非常好，非常有利于投资者进行套利交易。所以其他所有的挑战者都失败了。目前，最活跃的欧洲美元期货是在CME上市交易的3个月欧洲美元期货。2004年，仅此一个品种，全年成交量达到2.75亿张，未平仓合约数量达700万张，约合7万亿美元。如果以每年250个工作日计算，日平均成交110万张，日均成交金额超过1万亿美元。

美国各主要国债期货合约的推出时间

推出日期	交易所	合约名称
1976	CME	90天短期国库券期货合约
1977	CBOT	30年国债期货
1979	CBOT	5年期国债期货
1981	CME	欧洲美元期货
1982	CBOT	10年期国债期货
1983	CBOT	2年期国债期货

20世纪70年代美国国债期货的推出，对于世界其他国家具有较强的示范效应。继美国推出国债期货之后，其他国家和地区也纷纷以本国的长期国债为标的，推出各自的长期国债期货。其中，比较成功的有英国、法国、德国、日本等。但是，由于推出国债期货

对国债现货市场发展的要求较高，要求有一定规模、流动性较强的国债现货市场，因此世界上推出国债期货市场的国家并不是很多，主要国债期货品种目前集中于：美国（1976 年）、英国（1982 年）、澳大利亚（1984 年）、日本（1985 年）、德国（1990 年）、韩国（1999 年）等主要发达国家。

2010、2011 年成交量排名前 10 的国债期货品种

排名	合约名称	交易所	2010 年（手）	2011 年（手）	变化率
1	10 年期美国国债期货	CME	293 718 907	317 402 598	8.10%
2	长期欧元债券期货（10 年）	EUREX	231 484 529	236 188 831	2.00%
3	5 年期美国国债期货	CME	132 149 948	170 563 052	29.10%
4	短期欧元债券期货（2 年）	EUREX	140 923 898	165 798 952	17.70%
5	中期欧元债券期货（5 年）	EUREX	133 851 275	142 309 151	6.30%
6	30 年期美国国债期货	CME	83 509 754	92 338 638	10.60%
7	2 年期美国国债期货	CME	66 977 168	72 178 803	7.80%
8	澳大利亚 3 年期国债期货	ASX	34 482 136	41 662 349	20.80%
9	英国长期金边债券期货	LIFFE	28 525 983	34 362 932	20.50%
10	韩国 3 年期国债期货	KRX	26 922 414	34 140 210	26.80%

资料来源：美国期货业协会（FIA）衍生品交易量年报

第十六章

国债期货推出的意义

一、构建基准利率，为全面利率市场化打基础

1997 年亚洲金融危机发生以后，在时任国务院总理朱镕基的领导下，中国金融行业进行了大规模的重整。在银行领域，成立资产管理公司，剥离不良资产，实行股份制改革，各大银行重组后在境内外交易所融资上市。银行的资金实力得到了加强，经营能力改善，公司治理结构规范。证券行业一改以前证券公司大规模挪用客户保证金，证券市场坐庄操纵的乱象。经过 2005 年证监会的风险整治以后，资不抵债和大规模为客户不规范委托理财的证券公司都进行了倒闭重组。证券公司分级管理，客户保证金已经实行完全交由第三方银行存管。困扰中国证券市场十几年的股权分置问题也已经得到了解决。中国人民保险公司历史性的问题解决以后也到证券市场挂牌上市。在 2005 年外汇形成机制改革以后，人民币大幅升值，人民币兑美元汇率已经由改革前的 8.3 元人民币兑 1 美元上升到目前6.2元左右，接近均衡利率水平。而正在进行当中的利率市场化改革是金融改革最重要的一环，银行、证券、外汇等金融领域各方面的改革为利率市场化改革做足了准备。

利率市场化改革最大的意义在于要让市场在资源配置中起基础性作用，以此实现资源配置优化。利率就是资金的价格，应该在市场有效配置资源过程中起基础性调节作用，实现资金流向和配置的不断优化。放松利率管制，建立有效的利率传导机制和资金市场化定价机制。我国从 1996 年 6 月开放银行间同业拆借利率、1997 年 6 月开放银行间债券回购利率开始起，利率市场化进程已经取得很大成绩，货币市场利率已经实现了市场化。而国债发行和流通以及债券市场都已经实现了市场化。等未来市场有了新的基准利率以后，利率市场化才有可能真正完成。

利率市场化的涵义就是利率主要由市场供求来决定，但利率市场化并非“一放了之”，而是强调要把政策管制型基准利率体系成功转换为自主决策型基准利率体系，围绕这一透明、完整、公允的基准利率体系，市场主体积极踊跃地参与利率产品交易，监管机构灵活审慎地实施利率宏观调控，最终达到资金配置效率的最优。

利率市场化最重要的前提就是要建立一个高度市场化的基准利率，来替代利率市场化前央行不定期公布的存贷款利率。国债期货市场具有效率高、成本低、涉及面广的特点，如果推出国债期货，并形成完整的中期、长期的交易品种，与短期的回购市场利率以及 SHIBOR 相辅相成，对形成市场基准利率是实质性的一步。未来全面利率市场化后，国债期货将承担形成中长期基准利率的重任。

由于国债期货市场的缺乏，我国的国债投资者对远期市场的利率定价非常无所适从。2002 年第五期国债（020005）是财政部发行的 30 年国债。这期国债的发行结果，充分暴露了中国债券市场发育不成熟的客观状况，反映出中国债市严重缺乏真正的长期债券投资者，以及缺乏对长期债券的定价能力。该债券发行量 260 亿元，经投标产生的中标利率是2.9%，一级市场购买机构多达80多家。5月23日发行时，正值市场充斥超额准备金利率下调的传闻，承销商认购债券的目的是上市后转手在二级市场高价抛出短期获利，并未考虑30年债券所应有的利率水平。由于市场无法对30年期债券定价，加上发行利率明显偏低，使得持有该债券的机构不愿以低于面值的价格出售，因此该债券上市后就难以达成交易，买卖双方难以找到双方都认可的价格水平，导致交易量极少。8月份，该债券共成交23笔，成交量仅为14.5亿元，最高成交价为100元，最低成交价为93元，而且高价和低价间隔性地重复出现，这说明这些交易价格并不代表交易者对利率的真正判断。[1]

相对于国债现货市场，国债期货市场具有交易量大、成本低、效率高以及参与者更多的特点，所以国债期货的价格发现功能远胜于国债现货市场。金融期货的价格发现功能早在金融期货刚刚推出不久的1976年8月31日即得到了验证。当天墨西哥比索贬值50%。这对全世界来说都是一个异常震惊的事件，尤其是对于全世界刚刚从维持了近30年的固定利率体系布雷顿森林体系里走出来，外汇市场一片混乱，现货市场上完全没有人为墨西哥比索报价。只有刚刚推出外汇期货不久的CME为墨西哥比索提供报价。而且，从比索在CME挂牌第一天开始，比索的远期价格就是贴水。也就是说，期货市场早就通过价格发现功能预测到了比索会贬值。[2]

二、为金融机构和企业居民防范利率风险提供了保障

国债期货作为利率市场风险管理的重要工具，能为银行、保险

[1] 孙国锋“央行公开市场业务取得突破 实现正回购目标”《国际金融报》2003年2月28日
[2] 里奥梅拉梅德《逃向期货》第199页 机械工业出版社 2011年7月

以及企业、个人提供风险对冲工具。各可交割债券价格与期货价格均有密切关系，在避险操作上，可以较准确地计算所需的合约数，提高金融机构避险交易的效率。正如前所述，经过 1997 年开始的十多年的重整，以及发行股票上市，我国各大商业银行的资金实力、利润水平有了相当大的提高，四大国有商业银行全部进入世界前二十大银行之列，但是，银行的市场风险控制能力还处在比较低的水平。好在我国的存贷款实行的是浮动利率，这样一来，就等于把风险转嫁到了贷款客户的身上。以房地产按揭贷款为例，如果贷款 100 万元人民币，以等额还款，还款期 20 年，6% 的利率计算，每月还款7 164.31 元。而如果未来通货膨胀来临，央行提高利率，假如贷款利率提高到 10%，其余条件不变，则每个月还款额将提高到9 650.22 元。而在利率风险管理市场和资产证券化很成熟的美国，居民可以享受 30 年期固定利率按揭贷款。居民买了房子签订固定期限房地产贷款的合同，不需要担心通货膨胀和利率上调。

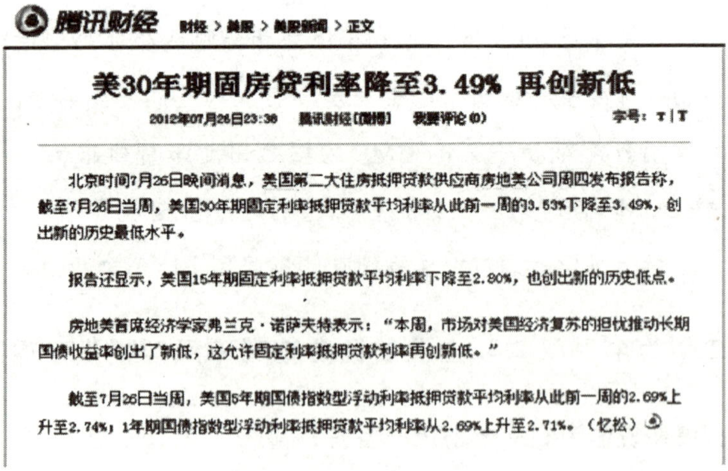

腾讯财经 财经 > 美股 > 美股新闻 > 正文

美30年期固房贷利率降至3.49% 再创新低

2012年07月26日23:36 腾讯财经[微博] 我要评论(0) 字号：T | T

北京时间7月26日晚间消息，美国第二大住房抵押贷款供应商房地美公司周四发布报告称，截至7月26日当周，美国30年期固定利率抵押贷款平均利率从此前一周的3.53%下降至3.49%，创出新的历史最低水平。

报告还显示，美国15年期固定利率抵押贷款平均利率下降至2.80%，也创出新的历史低点。

房地美首席经济学家弗兰克·诺萨夫特表示：“本周，市场对美国经济复苏的担忧推动长期国债收益率创出了新低，这允许固定利率抵押贷款利率再创新低。”

截至7月26日当周，美国5年期国债指数型浮动利率抵押贷款平均利率从此前一周的2.69%上升至2.74%；1年期国债指数型浮动利率抵押贷款平均利率从2.69%上升至2.71%。（忆松）

现今全社会存款余额已经达到 100 万亿元，人民币贷款余额 64.08 亿元，债券市场总额达到 25.96 亿元。利率变动一个百分点，利息变动将超过一万亿，因此迫切需要利率风险管理市场的参与。实际上，中国因缺少利率风险管理工具，最后造成国家巨大损失是有先例可循的。

1995年至1997年期间，中国人民银行先后降息6次，三年期存款利率从10.80%降至2.7%。这使中国人寿保险公司出现严重的利息差损。这是因为中国人寿在1993年至1996年期间签下的保单，是向客户承诺提供回报保证的。利率不断下调，出现大额损失。钟伟、巴曙松、高辉清、赵晓等人在《中国金融风险评估报告》[1]中估算，整个中国人寿保险业损失百亿元人民币来计算。中国人寿保险公司作为市场占有率第一名的公司，利率损失也相当严重。从1999年开始，中国人寿取消向保单提供回报保证，但是过去几年利息损失造成的不良资产问题已经无法避免。为此，中国人寿把此前销售的保单等不良资产剥离给其母公司，从而绕开了上市的障碍。2002年12月17日、18日，原本面临巨大金融风险的中国人寿保险在纽约交易所和香港联交所上市，共融资35亿美元。2004年1月国家审计署报告披露了中国人寿母公司涉嫌54亿巨额资金违规操作。2004年3月16日至5月14日，美国投资者向美国纽约南区联邦法院提交了针对中国人寿及其部分高管董事的九项集体诉讼。如果1996年我国就已经有了国债期货等利率风险管理工具，那么中国人寿保险公司完全可以在跟客户签订保单的同时到利率风险市场做风险对冲。[2]

[1]《财经界》2002年8月29日
[2] 檀江来《华丽的转身 1997—2007 中国金融重整》海南出版社 2009

三、久期管理

久期也叫持续期，由麦考利于1938年提出，现在已经成为一种评估利率升降时的债券价格涨跌幅度的流行分析工具。它是以未来事件发生的现金流，按照目前的收益率折现成现值，再用每笔现值乘以其距离债券到期日的年限求和，然后以这个总和除以债券目前的价格得出的数值。久期是使用加权平均数的形式计算债券的平均到期时间。它是债券在未来产生现金流的时间的加权平均，其权重是各期现金值在债券价格中所占的比重。久期用来衡量收益率变化1%所引起的债券全价变化的百分比，即债券价格对利率变化的敏感度。

一般来说，债券的期限越长，久期越大。如果你在到期前出售债券，那么利率上升时久期越长的债券因为价格下跌所导致的损失越大；如果利率下降，因债券价格上升所获得的收益也更大。在购买新发行的债券时，票面利率越少的债券，其久期就越大，也就是受利率变化影响越大，也就是风险越大。零利率债券也就是贴现发行的债券久期最大，债券到期年限就是其久期。如果在二级市场买卖债券的时候，到期收益率越大的债券久期越小，到期收益率越小的债券久期越大。

由此可见，久期不仅跟债券的期限有关，也跟债券的收益率相关。对于给定的到期收益率的微小变动，债券价格的相对变动与其麦考利久期成比例。当然，这种比例关系只是一种近似的比例关系，它的成立是以债券的到期收益率很小为前提的。为了更精确地描述债券价格对于到期收益率变动的灵敏性，雷丁顿引入了修正久期模型。修正久期是在考虑了收益率 的基础上对 Macaulay 久期进行的修正，是债券价格对于利率变动灵敏性的更加精确的度量。修正久期大抵抗利率上升风险弱，抵抗利率下降风险能力强；久期小抵抗利率上升风险能力强，抵抗利率下降风险能力弱。

利率下降时，久期越大，债券的价格上升越快。因此当我们判断当前的利率水平有可能下降时，正确的做法是拉长债券久期、加大长期债券的投资，这就可以帮助我们在债市的上涨中获得更高的溢价。利率上升时，久期越大的债券下跌的幅度也越大，所以当我们判断当前的利率水平存在上升可能，就可以集中投资于短期品种、缩短债券久期。这也是为什么巴菲特这两年一再呼吁投资者不要买长期的国债，而他们公司持有的国债都是短期品种。因为巴菲特认为目前的市场价格太低，未来利息上升的可能性比较大。

对于保险公司、银行、基金、养老年金等专业投资者来说，久期的概念不仅要广泛应用于个别债券上，也要应用在债券的投资组合中。一个长久期的债券和一个短久期的债券可以组合成为一个中等久期的债券投资组合，而增加某一类债券的投资比例又可以使该组合的久期向该类债券的久期倾斜。所以，当投资者在进行大资金运作时，应准确判断好未来的利率方向。一旦预期确定，就要确定久期，然后灵活调整各类债券的权重，这样就能达到预期的目的。

然而，由于现券品种繁多，很多债券的流通性并不是非常好，常常会出现想买买不到，想卖也卖不出去的情况。这样一来，通过现货市场调整各类债券在投资组合中的权重就显得力不从心。在这个时候，国债期货交易量大、流动性好、成本低、效率高的优势就显现出来了。国债期货可以迅速快捷地改变投资组合的久期。

每一份国债期货合约，都能计算出久期，因为收益率的变化引起了中长期国债现货价格的变化，进而引起了相关期货合约的价格的变化。只要能计算出期货合约的有效久期，就可以很容易地计算含有期货合约的资产组合的久期。

另外，免疫是债券组合管理的一个重要策略。通过构建免疫组合能使整个资产负债组合的价值不随利率变动而变动。传统的债券管理中，一般设定一个固定的投资组合久期，当利率期限结构发生移动时，就能使资产价格避免利率波动带来的影响。国债期货在免疫战略中也可以发挥重要作用。

四、促进国债发行

国债市场分为两个层次，一是国债发行市场，也称一级市场；二是国债流通市场，也称为二级市场。一级市场好比批发市场，二级市场就像零售市场。一级市场是否顺利通畅，对国债的发行至关重要。一般说来，国债发行都是通过招标拍卖的方式进行。招标有两种具体方式，竞争性招标和非竞争性招标。在竞争性招标条件下，决定中标的依据，就是发行价格的高低，出价高者胜出。通过非竞争性的招标拍卖方式发行国债，在中标价格确定上，有两种代表性的招标规则：“荷兰式”招标和“美国式”招标两种。所谓“荷兰式”招标，指的是中标价格为单一价格，这个单一价格通常是投标人报出的最低价，所有投资者按照这个价格，分得各自的国债发行份额。而“美国式”招标，中标价格为投标方各自报出的价格。我国从 1996 年开始，将竞争机制引入国债发行。从 2003 年起，财政部对国债发行招标规则进行了重大调整，即在原来单一“荷兰式”招标基础上，增加了“美国式”招标方式，招标的标的确定为三种，依次是利率、利差和价格。

国债从发行到上市交易这中间有一定的时间差。一般来说国债的发行量都非常大，而如果这期间利率有哪怕很小的变化，国债承销商都将承受巨大的风险。在国外成熟的债券市场，国债承销商在中标以后会选择马上到国债期货市场做一个反向的交易，以对冲市场风险。

1979年10月6日，时任美联储主席的沃尔克发表声明，今后不再将联邦基金利率作为货币调控的中间目标，改为调控货币供应量的新体制。在沃尔克发表声明之前，以所罗门兄弟公司为首的债券承销团正开始出售IBM公司发行的10亿美元公司债券。沃尔克声明发表后，市场预期将会有更大的利率波动和紧缩政策出台，市场利率的剧烈上升导致国库券的价格大幅下降。接着在开市的资金市场上，联邦基金利率从12%攀升到18%，之后落在13%—15%区间。但是，由于所罗门兄弟公司早已在CBOT的长期国债期货市场持有空头部位，对于包销期间的利率风险采取了相应的避险措施，在期货市场的盈利350万美元弥补了现货市场上的大部分损失。这一事件被当时的媒体广泛报导，迅速扩大了国债期货市场的影响，使人们认识到了国债期货在规避市场利率风险方面的重要作用，使得利用国债期货交易进行避险的做法深入人心。而实际上，1976年CME首次推出短期国债期货的时候，当时华尔街最大的国债经纪商所罗门兄弟公司也曾经对国债期货表示过怀疑，他们对原本只是交易农产品的芝加哥商业交易所能否把金融期货搞好持观望态度。国债期货成功运行一年以后，所罗门兄弟公司才在戴舍尔投资公司的协助下进入国债期货市场，并很快发展成为CME短期国债最大的用户。

在美国，庞大的债券市场对国债期货的利用已经非常成熟了，甚至到了依赖的地步。1982 年 12 月 13 日，CBOT 宣布圣诞节休假时间安排，决定在 12 月 23 日停止交易。交易所的金融工具委员会看到时间安排表以后希望执行委员会能够撤销这一决定，因为美国财政部计划在 12 月 23 日拍卖新的 20 年期国债。不过执行委员会并没有按照金融工具委员会的要求改变休假时间安排。次日，美国财政部宣布提前一天，即 12 月 22 日拍卖新的国债。因为财政部认为，如果在 CBOT 的国债期货市场闭市时拍卖国债，国库券的承销商就没有套期保值工具，国债的价格将会相对于正常状况会更高，且并不一定能完成原定的份额。在过去的三十年多年当中，活跃的国债期货市场促进了美国国债发行规模的快速发展。

五、加强国债市场统一互联，活跃国债二级市场

1997 年，由于担心银行资金通过上海证券交易所和深圳证券交易所的国债市场进入股市进行投机，在当时国务院总理朱镕基的要求下，我国商业银行全部退出交易所市场，建立起银行间债券市场。从此我国债券市场分为银行间债券市场和交易所债券市场。银行间债券市场是指依托于中国外汇交易中心暨全国银行间同业拆借中心和中央国债登记结算公司的，包括商业银行、农村信用联社、保险公司、证券公司等金融机构进行债券买卖和回购的市场。随着银行间债券市场规模的急剧扩张，其在我国债券市场的份额和影响力不断扩大。截止 2012 年底全国国债余额 8. 27 万亿，全国债券余额达到 25. 96 万亿元；从二级市场交易量来看，2012 年银行间债券市场的现券交易量 70. 84 万亿元；银行间回购交易量达到 147. 6 万亿元。银行间市场在债券市场的份额已经达到 90%左右。银行间债券市场已经逐步确立了其在我国债券市场中的主板地位。由于银行

间市场是询价驱动，而交易所是报价驱动；银行间主要是金融机构之间交易，而交易所市场主要是各类证券公司、企业和个人投资者参与；银行间市场报价并不连续，而交易所市场交易量虽然较小但相对而言报价连续稳定。也就是说交易所市场和银行间市场各有分工，各有所长。我国债券市场目前存在银行间市场与交易所市场互相割裂的问题，如何促进两大市场间的互联互通一直困扰着我国的国债市场投资者。而国债期货一旦运行，其特有的跨市场交割方案将有利于促进两个市场的互联互通。

在国债现货交易当中，由于部分国债品种持有者拥有的现券比较集中，而且很多投资者并没有交易动机，久而久之就形成了部分券种交易不活跃，出现价格失真的状况。前文提到的 020005 在发行 5 个月以后的 8 月份，该债券只成交 23 笔，成交量仅为 14.5 亿元，最高成交价为 100 元，最低成交价为 93 元，这完全不能反映其真实价格。而国债期货实行的是名义标准券的设计，多券种替代交收，而且是卖方有权选择券种交割了。这样一来，卖方就有动机寻找最便宜交割券来进行交割。而最便宜可交割券往往是发行已经有一段时间，市场价格被低估的券种。国债期货的推出，将对这些发行有一段时间、交易不活跃、价格被低估的券种的交易有相当的促进作用。实物交割制度可以为债券持有者提供另一个债券流通的渠道。尤其是当持有的债券为旧券，不易在现货市场卖出时，可以通过期货到期交割而将该债券卖出。这样旧债券的交易就更加活跃了。就像百货公司总是喜欢在进门口摆一个超级大的篮子，里面放的都是女性的帽子、围巾之类。有很多女孩子就热衷于在这一堆东西里面翻来翻去，以期能找到心仪而又价格便宜的东西，这些东西真的正儿八经摆在货架上她们也许连瞧都不带瞧一眼的。

第十七章
国债期货基础知识

一、基本概念

国债期货定义

国债期货作为利率风险管理工具，属于金融期货中利率期货的一种，是指买卖双方通过有组织的交易场所，约定在未来特定时间，按预先确定的价格和数量进行券款交割的国债交易方式。

名义标准券

所谓名义标准券是指票面利率标准化、具有固定期限的虚拟券，其隐含收益率可以代表市场对某个期限的收益率水平的预期。表面上看，国债期货是以国债合约为交易对象的金融期货，其实质则是利率期货，买卖双方对未来利率预期的博弈，名义标准券只是一个载体。由于利率跟国债的价格成负相关的关系，如果利率上升，也就意味着国债的价格下跌，反之亦然。实际上，在上海证券交易所和深圳证券交易所推出的国债回购交易当中，也实行标准券的做法。不同类型的国债按照一定的公式折算成标准券。

名义标准券的设计者是美国芝加哥商品交易所当时的首席

经济学家桑多尔。上世纪60年代，桑德尔是加州大学伯克利分校商学院的教授。他在教授期货知识的时候就想到期货合约应该可以应用在利率和保险方面。之所以这样认为，是桑多尔教授觉得当时的利率和保险都因为没有对冲工具，所以高于合理水平。在向英国劳合社保险市场推销他的理念的过程中遭遇了挫折以后，桑多尔教授把精力集中到华尔街去宣传利率期货。但是由于60年代美国通货膨胀还不明显，利率相当稳定，桑多尔教授的努力依然没有取得成功。

1972年，芝加哥期货交易所CBOT原本根本瞧不上眼的对手CME在布雷顿森林体系瓦解之后成功地推出了外汇期货，并因此而迅速崛起，刺激了CBOT这个期货业的百年老大。病急乱投医，CBOT还真的在市场上打听到有那么一位教授，多年来一直在执着地推广他的利率期货理念。CBOT当即聘请桑多尔教授为首席经济学家，专门设计金融期货合约。上世纪70年代初，石油危机和通货膨胀时，美国的利率市场非常不稳定。1975年，桑多尔教授第一个为CBOT设计的合约是对普通人生活更加具有直接影响的期货合约GNMA，可以为借贷双方对冲住房抵押贷款因为利率波动产生的风险。

这是世界上首次推出的利率期货产品。不过，这个产品并没有使用名义标准券的设计，推出后市场反响并不强烈。而1976年CME推出的短期国债期货却获得了空前的成功。而这次，桑多尔教授设计的是30年期的国债期货合约，并取得了巨大的成功，使CBOT从此占据了国债期货收益率曲线的中长期限的一端，包括10年期、5年期、2年期等等。

CBOT的30年期国债期货之所以能够一炮打响，是因为修正久期越大，债券价格对收益率的变动就越敏感，波动性就越大，无论是套期保值者还是投机者就越需要这样的合约。用桑多尔教授的话来说，“笨蛋都知道，真正值得角逐的是长期债券”。

30年国债期货能够取得成功还有另外一个重要原因，那就是这个合约跟以前所有的合约有一点不一样。它没有把交割券种局限在单一的债券上面，而是采用了名义标准券的设计。所有符合条件的一系列国库券都可以用来交割。卖方可以选择在手头上的最便宜的交割券去交割，也可以到市面上去买他认为最划算的券来交割。

“由于有一大堆债券可以用来交割，你在寻找最廉价的债券过程中创造了套利机会，因而获得了很大的流动性，这是因为你加入在很窄的范围内进行那种套利活动，那就不存在很大的价格风险。所以，由于短期套利活动的存在，它为长期套期保值者提供了流动性。”桑多尔教授是这么解释他的设计初衷的。[1]

一篮子可交割债券、多券种替代交收

在期货交易中，绝大部分合约都会在到期前平仓或者移仓到后面的合约，真正涉及到交割的比例会非常小。以已经成功运营近3年的沪深300股指期货为例，在已经到期的30个左右的合约中，交割的合约每月只有1 000手左右，只有合约持仓最高峰的千分之一的水平。如果仅仅是对利率做套期保值，或者投机交易，或者不

[1] 尼古拉斯邓巴《创造金钱——长期资本管理公司的传奇》上海人民出版社2002年1月

涉及到现券的基差交易，实际上我们只需要在合约到期之前做一些移仓的工作，不需要考虑跟现券匹配的问题。但是如果涉及到现券的交割，那么就需要对国债期货的一篮子可交割债券，多券种替代交收等概念进行了解。

5 年期国债期货的交易对象是到期日为 5 年的，票面利率为 3% 的名义标准券。但是，现实中没有这样的名义标准券。在实物交割模式下，交易所会规定现实中存在的、满足一定期限要求的一篮子国债均可进行交割。买卖双方可以选择多券种进行替代交收。

名义标准券较之单一的券种来说，套期保值效果更好，有利于国债期货避险功能的发挥。选择单一券种作为国债期货合约的标的，期货的久期会随着债券本身剩余期限的缩短而不断减小，套期保值者需要不停地调整自己的套保比例来适应其投资组合的久期，以保证套期保值的效果，这对套保者来说是非常不便和不利的。而选择名义标准券设计，期货久期大致等同于最便宜可交割券，且久期相对稳定，有利于套期保值。同时，也避免出现某一现券到期而停止期货交易的问题，有效避免了债券到期兑付给期货交易带来的影响。

名义标准券设计反映市场对未来某些期限国债收益率水平，能够真正反映金融市场对整体利率水平的预期，并对现实中的债券价格走势提供一定引导。名义标准券对应的是一系列期限的债券，其所反映的利率水平不会受到某一具体国债券种的影响，能够真实地反映金融市场对某个期限范围国债利率水平的预期和判断。

之所以要进行多券种替代交收，是因为这样做可以避免由于相应债券发行数量较小、现货市场规模过小、可流通数量不足而出现的价格操纵和逼仓。也可以有效地规避实物债券到期兑付给期货交易带来的影响，保证国债期货交易的平稳性和连续性，降低到期日效益。

由于向普通投资者推出国债期货以后，因为现券量过少导致出现逼仓的潜在威胁。1994 年 11 月 5 日，上海证券交易所宣布试行“单一品种，混合交收”的方式。由于实际操作的困难，上海证券交易所实际上实行的是多品种混合交收制度。这种交割制度以期货品种所对应的现券为基础券种，按照市场总价值相等的原则进行折算，交割的数量取决于折算系数的大小。用于计算基础和非基础券种折算系数的市场价格，统一为该券种最后交易日前 5 个交易日现货市场加权平均价。混合券种交割在保证实物交割的基础上扩大了国债交易市场的现券基础，使国债市场因现券稀缺而扭曲价格的现象得以改善。但这种交割方式也存在一些弊端。无论是单一品种，还是按对应现券设计合约品种，都缺乏标的现券的连续性，使期货合约的稳定性差，增加了套期保值的难度；混合交收方式中，用于计算交割现券数量的折算率与现货市场价格相关，在现货市场易于被人为操纵的情况下，更加大了折算率的不稳定性，加剧了期市价格的波动。

转换因子

一篮子国债的票面和到期日可能各不相同，价格差异也可能较大，所以必须通过转换因子折算为标准券进行比较。转换因子也可以称之为转换系数，或者叫折算比例。转换因子的定义为面值 1 元的可交割国债在最后交割日的净价。

转换因子具有以下特征：1. 每个合约对于的可交割债券的转换

因子都是唯一的，并且在合约存续期间一般保持不变；2. 转换因子是被用来计算国债期货合约交割时的发票价格；3. 在绝大多数情况下，如果可交割债券的票息率大于“名义标准券”的票面利率，转换因子大于1。如果可交割债券息票率小于名义标准券的票面利率，转换因子小于1。

发票价格

国债期货合约交割时，卖方要向买方支付可交割债券，买方向卖方支付一定金额的货款。卖方有权在一篮子可交割债券里选择最便宜可交割债券进行交割，卖方选择用于交割的国债品种不同，卖方向其支付的货款金额也有所差别。买方接受每100元国债，支付给卖方的实际金额，称为发票价格。

发票价格＝交割价×转换因子＋应计利息

买方支付的发表价格分两部分：1. 交割价乘上转换因子。2. 从上次付息日到交割日之间的利息归卖方所有，由买方提前支付给卖方。

最便宜可交割券

最便宜可交割券（CTD）是基差最小，也是隐含回购利率（IRR）最高的可交割券。实物交割的一个现实问题是如何从众多可交割券中选择“最便宜”的，这由其现券报价和转换因子共同决定。1. 基差的定义为可交割券现券报价与调整后的期货价格间的价差，隐含回购利率的定义为购买可交割券的短期融资成本，基差最小、IRR最高者即为CTD券。2. 若实际收益率高于标准国债的票面利率，或者收益率期限结构向上倾斜，或者收益率水平上升时，CTD券多为长久期品种。

基差交易

所谓国债基差，就是其现货价格与期货价格与转换因子乘积的差。基差交易也叫基差买卖，是最基础的套利交易策略，实质上基差交易就是期现套利。1. 国债期货可以有效规避利率波动风险，最基础的期现套利策略为基差买卖。若基差为正，可通过“卖空现券+买入期货”实现套利（空头基差）；反之，若基差为负，可通过“买入现券+卖出期货”交易策略实现套利（多头基差）。2. 基差交易有效的前提是收益率曲线的相对稳定，空头基差策略中，若收益率上升，长久期最便宜可交割券贬值幅度将远超被卖空的短久期券。只要收益率上升幅度足够，期初所得盈余极易被侵蚀。

二、中金所5年期国债期货合约条款

首推5年期国债期货，剩余期限4—7年的国债都可以参与交割。可交割国债存量约30支，超过1万亿元，抗操纵性强。可交割国债包含5年期、7年期两个财政部关键期限国债，债券供应量稳定。年限适中，和信用债期限匹配，参与机构类型多元化，市场避险需求强烈。

中国金融期货交易所5年期国债期货合约条款

项　　目	内　　容
合约标的	面额为100万元人民币，票面利率为3%的5年期名义标准国债
报价方式	百元报价
最小变动价位	0.01个点（每张合约最小变动100元）
合约月份	最近的三个季月（三、六、九、十二季月循环）
交易时间	上午交易时间：9:15—11:30　下午交易时间：13:00—15:15 最后交易日交易时间：上午9:15—11:30
每日价格最大波动限制	上一交易日结算价的±2%
最低交易保证金	合约价值的3%

续　表

项　　目	内　　容
当日结算价	最后一小时成交价格按成交量加权平均价
最后交易日	合约到期月份的第二个星期五
交割方式	实物交割
交割日期	最后交易日后连续三个工作日
可交割债券	在最后交割日剩余期限4—7年（不含7年）的固定利息国债
交割结算价	最后交易日全天成交量加权平均价
合约代码	TF

从发行情况看，5、7、10年期国债是财政部滚动发行的关键期限，也是近年发行量最大的品种。其中5年期国债对应的交易标的为4—7年期国债，包含了两个关键期限。根据公布的2012年关键期限国债发行计划，5年和7年期的两个关键年限国债的发行期数占总期数的42%，其稳定的发行将有助于可交割债券量保持稳定，发行量越大，逼仓的风险也就越小。根据万得资讯的统计，5年期国债期货对应的4—7年期可交割国债截止2011年9月底可交割国债达到1.6万亿元，是各期限国债期货中可交割券数量最多的，抗操纵性最强。比较适合作为国债期货的交易标的。

从2011年前9个月的现货市场的交易量来看，4—7年的国债的交易量也明显高于7—10年，这说明5年期国债期货对应的标的债券的交易较之7—10年期更加活跃。

从持有者结构来看，5年期国债持有者比长期国债的持有者更加多元化。同时，作为国债主要持有机构的商业银行其交易账户持有国债的久期基本上在5年以内，故5年期国债期货相比更长期限的国债期货更有可能被机构投资者广泛地用作资产配置和风险管理的工具，市场避险需求更甚。

票面利率

票面利率的设定以当前的利率水平为重要参考点，考虑将来的利率水平给出一个相对合理的整数利率。根据过去各国交易所的情况，由于调整票面利率会导致价格不连续，所以并不会频繁调整。票面利率如果要调整，原因之一就是新的名义票面利率更能反映现有的收益率状况，便于套期保值功能的发挥。我们可以看到，过去5年，我国5年期的国债收益率在3%上下波动。所以我们选择3%作为名义票面利率，应该是比较合理的。

如果名义标准券的票面利率比现在大部分可交割债券的票面利率高，会使久期较短的国债长期稳定地成为最便宜可交割债券。反之，如果名义标准券票面利率比现在大部分可交割债券的票面利率低，会使久期较大的债券长期稳定地成为最便宜的可交割债券。这使市场价格被操纵的可能性增大。如果未来我国利率水平有较大幅度的变化，则交易所不排除会根据实际情况对票面利率进行适当的调整。

合约月份

合约月份是指期货合约到期，进入实物债券交割的月份，又称交割月份。如果交割月份太多，容易导致交易分散于各月份合约，降低国债期货的流动性。目前股指期货的合约分为当月、下月和随后的两个季月。而国际上债券期货到期交割多为季月交割，多数为三个季月。

与股票市场相比，各国的债券市场投机相对较弱，套利者相对比较活跃，一般期现货的价格基本上能保持在合理范围，而且保值者也以较长期限为主，因此选择季月合约比较合适。这样做的好处是使合约月份不至于太多，同时也兼顾合约存续期间的长短。合约最长存续期达9个月。

我国的国债期货选择3、6、9、12这些季月份作为合约月份有两个好处：一是符合国际惯例和债券市场的交易特性。二是可以避开春节、五一和十一等三个长假，使得债券市场价格的波动较少受到长假因素等的影响，更好地反映宏观经济运行基本面的变化。

保证金

是期货风险控制的第一道防线，保证金过低则可能不足以弥补可能发生的损失，造成保证金账户透支，增加交易者违约的可能性。过高的保证金水平也会导致交易者机会成本的增加，影响市场交易的积极性和活跃度，不利于市场流动性。因此，保证金水平的设定，实际上是风险控制效果和交易成本二者之间的权衡。

国债期货价格波动性很小，国际市场上5年期国债期货保证金水平低于1.5%。根据过去几年交易所和银行间市场日波动率的数据测算，充分考虑债券市场的波动性和参与者结构特点，最低交易保证金设为2%，覆盖1个涨跌停板。境外成熟期货市场在临近交割期时不调高保证金。为了防止买方违约并且抑制交割月逼仓等风险事件的发生，国债期货可借鉴国内商品期货交割期逐级提高保证金的方式。提高逼仓成本，减小市场逼仓风险。引导没有交割意愿/能力的投资者将交易转向非交割合约确保交割守约方能够获得资金补偿，保障交割流程顺利结束。但梯度保证金设置不能太高，否则将影响期现货的收敛。逐级提高交易保证金的方式可以采取交割月前一月中旬的第一个交易日将交易保证金由正常水平提高至4%；交割月前一月下旬的第一个交易日起提高至5%。

交易时间

正常的交易时间是，上午9:15—11:30，下午13:00—15:15。

最后交易日只是上午 9:15—11:30 交易。与国际上的交易惯例相符合。这样一来，交割卖方有更多的时间融券，可减少客户的违约风险，有利于交割的顺利进行。国债期货的交易时间是国债期货合约的一个重要条款，合理的交易时间对提高国债期货的活跃度、方便客户交易具有重要作用。我国交易所债券市场的交易时间为 9:30—11:30，13:00—15:00；银行间债券市场交易时间为 9:00—12:00，13:30—16:30。

国债期货交易时间与我国股指期货的交易时间相一致，与我国商品期货的交易时间也基本吻合。这样有利于国债期货的平稳运作，同时也方便交易所、会员单位和期货交易参与者之间的结算。

最后交易日

最后交易日的确定一般均根据各国期货交易的惯例而定，欧洲期货交易所、台湾期货交易所的最后交易日均放在合约月份的中上旬，而美国芝加哥期货交易所、澳大利亚证券交易所、韩国证券期货交易所、东京证券交易所等则将最后交易日放在合约月份的下旬。

为了使到期月新发行的国债尽可能进入交割，我们对 2009 年—2012 年 5、7 年的国债发行月份和日期进行了统计，近几年只有在 12 月下旬和 1 月上旬基本没有发行过国债，在各交割月发行的期数也不多。进一步对 3、6、9 和 12 月发行的 5、7 年期国债的发行日期进行统计，发现所有的发行日期都在各季月的第二个星期五之前。因此，最后交易日设定在季月的第二个星期五，基本上能够把当季发行的 5 年期和 7 年期国债纳入可交割债券范围。

我国银行间市场国债投资者在季末有资金和监管的压力，季末效益比较明显。为了避开每季度下旬这一敏感时期，保证国债期货交割的安全和顺畅，我们将国债期货最后交易日定于合约到期月份的第二个星期五。

实物交割

实物交割是指期货合约买卖双方于合约到期时，根据交易所指定的规程，通过转移期货合约标的物的所有权，将到期未平仓合约进行了结的行为。

1. **实物交割的优点**

（1）避险效果直接

实物交割制度可以为债券持有者提供另一个债券流通的渠道。尤其是当持有的债券为旧券，不易在现货市场卖出时，可以通过期货到期交割而将该债券卖出。这样，可以降低其持有债券的流动性风险。此外，各可交割债券价格与期货价格均有密切关系，在避险操作上，可以较准确地计算所需的合约数，提高金融机构避险交易的效率。

（2）提高现货市场上旧券的流动性

在各国的国债现货市场上，会普遍存在追逐新券（on-the-run bond）的特点，只是程度上有所不同。这种“喜新厌旧”的情况反映在期货交割时，会出现这部分债券较其他债券便宜的情形，一部分债券甚至会出现套利机会，通常套利空间最大的债券，就是最便宜可交割债券。由于投资者无论持有新券或者旧券，只要符合交割品质要求，都可以提出交割，因此国债期货交易的卖家，交割时往往会采用最便宜交割债券，通过这样的机制可将旧券和新券的利差大幅缩小，能在一定程度上改变债券市场“喜新厌旧”的习惯，同时解决交易量集中在新券的情形，提高国债市场的整体流动性。

（3）完善债券市场收益率曲线

如果一国国债市场上的新债和旧债的受欢迎程度差别较大，国债收益率曲线与其他国家的国债期货市场相比斜率就会比较大，且相同剩余期限的债券收益率差别也较大。实物交割中，通过最便宜可交割券的机制，可以使债券收益率曲线相对平缓。而且实物交割制度的交割年限横跨数年，如果能连续推出不同年期的国债期货合约，则现货市场中各种期限的债券可以通过期货价格反映出对应期限的收益率水平，进一步完善债券市场收益率曲线。

(4) 降低人为炒作单一期限债券的可能性

实物交割中可交割券的数量与金额较大，因此市场上认为炒作单一期限的债券的可能性将大为降低。例如，若投资者炒作交易活跃的 5 年期债券，使其价格大幅上扬，在期货价格没有大幅波动的情况下，一旦该债券的价格偏离其他可交割券太多，其他投资者追涨的意愿便自然降低。

目前财政部国债发行日趋规律化、债券回购等市场日益成熟，二级市场的流动性日益提高等，都有助于未来国债期货采用实物交割方式。而且参考国际上国债期货到期交割经验，交易者持有头寸进入交割程序的数量有限，多数头寸均已经在到期前平仓出场，且考虑到与期权的差异，国际上期货挂牌合约往往只有三、四个季月合约，因此接近到期日时，该到期合约的交易并不会因挂牌合约数太多而分散，很少发生无法平仓的情况，因此可交割国债数量并不是不能解决的难题。但如果就采取现金结算制度来说，目前还存在现金结算价的计算公式、价格采样、债券自营商监控机制等问题需要解决。因此，总体来看，建议我国国债期货的交割应采取实物交割的方式。

因此，我国目前国债的发行量和存量为国债期货提供了充足的可交割券。加上实物交割的避险效果比现金交割更为直接。因此建议我国国债期货采用实物交割。

滚动交割

1. 赋予卖方提前交割的权利。(1) 卖方可以提前交割，提前取得交割货款，提高资金利用率。(2) 卖方可多次分散交割，缓解在集中交割时所面临的资金压力。2. 增加买方“多逼空”的成本和难度。滚动交割的交割期比较长，若多头想逼空，则必须自交割月的第一天起控制大量的国债现券，不仅需要投入大量的资金，而且因要在较长时间内持有可交割券，将面临较大的市场风险。3. 防止集中采购和抛出现券，减轻交割对现货市场的冲击。4. 同一可交割券可多次用于滚动交割，可增加可交割券实际供应量。通过滚动交割，同一可交割券可在现券市场多次被出售，用于卖方交割。

5 年期国债期货合约的可交割国债标准是，在交割月首日剩余期限为 4—7 年的固定利率国债。国债期货可交割国债的范围暂定为前两个市场托管的记账式国债。个人可在交易所市场交易，因此，国债期货个人也可参与交割。国债期货实物交割实行“同市场优先”原则，采用“最少配对数”的方法：同市场优先配对，同市场配对

附录一

希腊债务危机大事记

2009年10月20日	乔治·帕潘德里欧就任希腊总理。不久被迫对外宣布，2009年希腊政府财政赤字和公共债务占国内生产总值的比例预计将分别达到12.7%和113%，远远超出了欧盟《稳定与增长公约》规定的3%和60%的上限。希腊债务问题就此浮出水面。
2009年11月9日	葡萄牙政府表示2009年财政赤字占GDP的比例从原来的5.9%上调到8%。
2009年12月11日	希腊政府表示，国家负债高达3 000亿欧元，创下历史新高。
2009年12月16日	标普将希腊的长期主权信用评级由“A-”下调为“BBB+”。
2009年12月22日	穆迪宣布将希腊主权评级从A1下调到A2，评级展望为负面。
2009年12月23日	希腊通过2010年度危机预算案。
2009年12月8日	惠誉将希腊信贷评级由A-下调至BBB+，前景展望为负面。

2010 年 1 月 11 日	穆迪警告葡萄牙若不采取有效措施控制赤字将调降该国债信评级。
2010 年 1 月 29 日	西班牙政府表示 2009 年财政赤字达到 GDP 的 11.4%，超过预期。
2010 年 2 月 2 日	希腊总理帕潘德里欧发表电视讲话，公布了一系列更加务实的措施以应对困扰希腊的经济危机。
2010 年 2 月 4 日	德国预计 2010 年预算赤字占 GDP 的 5.5%。
2010 年 2 月 23 日	希腊债务危机扩散到银行系统，希腊四大银行评级遭到下调。
2010 年 3 月 1 日	希腊 300 亿美元救助计划开始成形。
2010 年 3 月 24 日	惠誉将葡萄牙的主权信用评级下调了一级，欧元暴跌至 10 个月新低。
2010 年 3 月 3 日	希腊宣布财政紧缩措施，要求欧盟援助。
2010 年 4 月 23 日	希腊正式向欧盟与 IMF 申请援助。
2010 年 4 月 27 日	标准普尔下调希腊主权评级 3 个级距至 BB+级，同时还下调了葡萄牙主权评级至 A。
2010 年 5 月 2 日	欧元区成员国财政部长召开特别会议，决定启动希腊救助机制，和国际货币基金组织一道在未来 3 年内为希腊提供总额 1 100 亿欧元贷款。希腊同日宣布了大规模财政紧缩计划。
2010 年 5 月 10 日	欧盟批准 7 500 亿欧元希腊援助计划，IMF 可能提供 2 500 亿欧元资金救助希腊。
2010 年 6 月 7 日	受欧洲主权债务危机拖累，欧元对美元汇率一度跌破 1 比 1.19，创下自 2006 年 3 月以来的

最低水平。

2010年6月14日　穆迪下调希腊主权信用评级，下调4级沦为垃圾级。

2010年7月13日　穆迪把葡萄牙的信用评级降至A1。

2010年9月7日　欧元区财长批准为希腊提供第二笔贷款，总额65亿欧元。

2010年9月30日　爱尔兰宣布，由于救助本国五大银行最高可能耗资500亿欧元，预计财政赤字会骤升至国内生产总值的32%，实属史上罕见。

2010年10月28日　欧盟领导人通过经济治理改革方案，决定从强化财政纪律、新建宏观经济风险监测机制、加强经济政策协调和建立永久性危机应对机制等方面堵住债务危机所暴露出的欧元体制性漏洞，由此开启了欧元有史以来最重大的改革。

2010年11月3日　希腊总理帕潘德里在召集紧急内阁会议后决定放弃公投计划。他表示："公投并不是目标"，屈从于内阁中反对派的压力，同意辞职并为拟议中的联合政府让路。

2010年11月21日　爱尔兰政府正式请求欧盟和国际货币基金组织提供救助，成为在欧债危机中倒下的第二个欧元区成员国。

2010年11月28日　欧盟成员国财政部长决定与国际货币基金组织一道向爱尔兰提供850亿欧元资金支持，以遏制债务危机蔓延。

2011年1月14日　惠誉下调希腊主权信贷评级由BBB-级下调至

	BB+级，评级展望为负面。
2011年3月24日	惠誉下调葡萄牙主权信用评级，从“A+”下调至“A-”。
2011年3月29日	标普将希腊主权信用评级由“BB+”下调至“BB-”。
2011年5月5日	欧元区财长同意和国际货币基金组织一道向葡萄牙提供780亿欧元的援助贷款。葡萄牙成为在欧债危机中倒下的第三个欧元区成员国。
2011年6月29日	希腊议会通过了为期5年的财政紧缩方案，为欧元区出台新一轮救助方案奠定坚实基础。
2011年7月14日	意大利参议院通过总额700亿欧元财政紧缩法案。
2011年7月21日	欧元区17国领导人在布鲁塞尔举行特别峰会，最终敲定对希腊实施第二轮紧急救助的方案。
2011年11月7日	欧元区财长会议当地时间7日在布鲁塞尔敲定了欧洲金融稳定工具杠杆化的两个方案。第一方案是将欧洲金融稳定工具作为一种部分担保凭证，与成员国发行的主权债券同时发行，这种凭证可以按一定比例为债券价值提供保证。第二种方案是建设一到几个共同投资基金，以吸引公共与私人机构参与，这种基金可以从一级或二级市场购买债券，从而扩大欧洲金融稳定工具的资源。
2011年11月8日	意大利总理贝卢斯科尼宣布，将在意大利议会通过欧洲联盟要求的经济改革方案后辞职，从

	而成为又一位被欧债危机拖垮的政府领导人。意大利议会众议院8日以308票赞成、1票弃权的结果通过2010年度政府财政报告。由于该财政报告可能对意大利经济造成负面影响，因此各反对党派采用拒绝投票的方式“放过”报告。
2011年11月9日	希腊总理帕潘德里欧发表全国电视讲话，正式宣布将辞职。帕潘德里欧称，希腊主要政党将团结合作，摒弃分歧组建联合政府，带领希腊走出债务危机的泥潭。帕潘德里欧强调，希腊将严格执行欧盟解决债务危机一揽子方案，尽所有努力留在欧元区。
2011年11月9日	意大利10年期国债收益率升至7.48%，为1997年以来最高纪录。
2011年11月10日	欧盟委员会发布经济预测报告说，欧洲经济增长恐将陷于停滞，2012年欧元区经济增长率预计仅为0.5%。
2011年11月10日	希腊总统帕普利亚斯任命欧洲中央银行前副行长卢卡斯-帕帕季莫斯出任联合政府总理，主持处理债务危机。
2011年12月6日	标普将欧洲金融稳定工具（EFSF）信用评级列入负面观察名单。
2011年12月7日	标普将欧盟长期信用评级列入负面观察名单，意味着90天内将有50%的可能性调降评级。
2011年12月9日	欧盟冬季峰会结束，27国领导人就如何应对

欧洲主权债务危机、拯救欧元达成一致，决定另立新约，在欧元区建设“财政联盟”，实施统一的财政政策，从欧盟层面对成员国加强财政监管。

2012 年 1 月 12 日 欧洲央行宣布，维持基准利率于历史最低水平 1%不变。

2012 年 1 月 13 日 标普宣布下调 9 个欧元区国家的长期信用评级，将法国和奥地利的 3A 主权信用评级下调一个级别至 AA+，同时将葡萄牙、意大利和西班牙评级下调两个级别。

2012 年 1 月 6 日 惠誉公司将匈牙利主权信用评级从此前的“BBB-”下降一个等级至“BB+”。至此，三大国际主要评级机构均已将匈牙利的主权信用评级降至垃圾级。

2012 年 2 月 13 日 希腊议会以 2/3 多数，通过了该国与欧盟和国际货币基金组织达成的关于第二轮救援贷款的协议，欧盟和国际货币基金组织将向希腊提供 1 300 亿欧元（约合 1 710 亿美元）的新救援贷款。

2012 年 3 月 9 日 希腊政府宣布，希腊债务置换计划已获得足够高的参与率，这意味着希腊将成功启动这一计划，希腊国债的私人持有者将接受 53.5%的账面损失。

2012 年 8 月 希腊失业率高达 25.4%，为连续第 36 个月上升，再创新高。

2012 年 9 月 19 日	为了削减债务，应对债务危机，希腊政府宣布提高彩票业务的运营商税收比例至 30%。并且要求彩民缴纳 10%的税额。征收燃料税。
2012 年 11 月	希腊政府决定推出一项针对外国投资者的互惠计划，只要投资者在希腊购置 30 万欧元的房地产项目，政府将提供欧盟居留作为回报。
2012 年 11 月 12 日	希腊议会通过了明年紧缩预算案，这使该国能够继续获得国际债权人的救助金并避免破产。希腊政府将根据新的紧缩措施减少 135 亿欧元的政府开支，其措施包括减少工资和补贴、裁减公务员等。
2012 年 11 月 12 日	希腊议会通过一项加速私有化进程、化解债务危机的法案。
2012 年 11 月 30 日	希腊在驻上海总领事馆举办了一场关于“500 亿欧元私有化计划说明会”。
2013 年 1 月 15 日	中国远洋考虑 10 亿欧元收购希腊最大港口 Piraeus 60%股份。

附录二

债券市场大事记

年份	债券市场发展
1981年	1月16日，国务院发布《1981年国库券条例》，决定恢复发行国库券。
	7月1日，财政部实际发行48.66亿元，发行对象以企事业单位为主，居民个人为辅，发行期限为10年，偿还期为6—9年，发行方式以行政摊派为主。
1982年	1月，中国国际信托投资公司为仪征化纤项目在日本东京发行总额为100亿日元的武士债券。中国首次在国外私募发行债券。
1984年	中国银行在日本东京发行公募债券200亿日元。
	一些企业出现了自发向社会或内部集资等类似企业债券方式的融资活动。据粗略估计，到1986年底，大致发行了100亿元此类债券。这期间，国家对其尚没有进行规范管理，也没有相应的法律法规。
1985年	中国首次发行金融债券。工商银行和农业银行分别在城市、农村发行人民币金融债券。
1986年	8月5日，沈阳市信托投资公司试办企业债券的柜台转让业务，主要买卖该市的6家企业的8种债券。改革开放后第一个债券交易柜台出现，债券开始正式流通
1987年	1月5日，人民银行上海分行公布《证券柜台交易暂行规定》，明确了经认定的政府债券、金融债券、公司债券可以在经批准的金融机构办理柜台交易。国债二级市场开始出现
	3月27日，国务院颁布《企业债券管理暂行条例》。企业债券发行规模快速扩大，并安排了七个券种：国家投资债券、国家投资公司债券、中央企业债券、地方企业债券、地方投资公司债券、住宅建设债券、内部债券。
1988年	国家批准在全国61个大中城市进行国债流通转让的试点，开始银行柜台现券交易。国债流通在全国范围内进行。
1989年	5月5日，国务院决定发行50亿元1989年特种国债，并发布《1989年特种国债条例》，规定特种国债的发行对象是单位，采用分配认购方式发行。自此，国家对单位发行的国债统称“特种国债”，对个人发行的仍称“国库券”。
	7月1日，国务院决定发行1989年保值公债120亿元。此为首次发行保值公债。[1]

[1] 保值公债，是我国政府债券的一种，债券利率根据通货膨胀的变动幅度而浮动调整，从而达到保值目的的一种有价证券，保值公债的发行主体是财政部。

续 表

年 份	债 券 市 场 发 展
1990 年	12 月，上海、深圳证券交易所和一些城市证券交易中心建立，这些集中性市场接受实物券托管，并以托管单为依据转为记账式债券进行交易。这标志着，我国集中撮合成交的国债交易市场出现，形成了场内和场外交易并存的市场格局。
	12 月 19 日，上海证券交易所开业，上市债券 30 只，其中企业债 8 只。
1991 年	上半年，STAQ 系统制定了证券代保管制度，7 月宣布试行回购业务。这是回购业务首次引入中国。
	4 月 20 日，我国首次采用承购包销方式发行国库券，以工商银行信托投资公司为承销总干事。
	7 月 19 日，第一笔非实物国库券分销在 STAQ 系统国债转账结算中心完成交割结算。国债发行市场化迈出第一步，国债发行无纸化进程开始。
	7 月 24 日，为支持国家重点建设，国务院发出《关于发行 1991 年国家投资债券有关问题的通知》，发行由财政部担保的国家投资债券 100 亿元，建设银行和工商银行于 1991、1992 年代理发行。9 月首次在上海发行。这是国家投资债券[1]首次发行。
	8 月 1 日，经财政部批准、民政部核准登记的国家债券业组织“中国国债协会”在北京成立，首批会员单位为全国 300 家地市级国债中介机构。
	9 月 14 日，在 STAQ 和上海证券交易所两家系统成员之间完成了第一笔回购交易。随后，武汉、天津证券交易中心也相继开展了国债回购业务。
	11 月 1 日，1991 年国库券在上海证券交易所和上海各证券柜台挂牌交易。
1992 年	5 月 26 日开始，每个交易日 12:45—13:20 临时增加债券交易专场。
	12 月 28 日，上海证券交易所向券商自营账户推出国债期货交易，尚未对公众开放，交投清淡。首期有 12 个品种。
1993 年	7 月 8 日，中国证券交易系统有限公司利用 NET 系统为中冶进出口总公司定价发行中冶美元债券 4 000 万美元。这是中国首次利用证券发行系统定价发行境内外币债券。
	10 月 9 日，推出国债现货交易专场，专场时间为每周六的 9:30—11:00，采用口头竞价及协议定价的方式进行。
	10 月 25 日，上海证券交易所国债期货交易向社会公众开放。与此同时，北京商品交易所在期货交易所中率先推出国债期货交易。
	12 月 6 日，开设国债交易专场，并于同日起调整交易时间，上午交易时间不变，下午 15 时至 16 时 30 分为国债专场交易时间。
	12 月 15 日，上海证券交易所国债回购业务正式起步。
	中央银行开始发行债券——央行票据。当时的发行目的主要在于调节地区和金融机构间的资金不平衡，发挥其资金调剂功能。
1994 年	4 月，由国家开发银行第一次派购发行政策性金融债券，从此拉开了政策性金融债券的发行序幕。
	5 月 7 日，上海证券交易所决定利用各地证券交易中心的联网系统开展异地国债期货交易。

[1] 国家投资债券，完全采取经济发行方式，由城乡居民、企事业单位、金融机构自愿认购，债券利率与同期限国库券利率相同，到期一次还本付息，不计复利，利息收入免交个人收入调节税。

续 表

年份	债券市场发展
1994年	7月9日，上海证券交易所国债期货交易持仓限额办法推出，国债期货商的最高持仓限额实行自营和代理的统一。
	9月5日，上海证券交易所宣布调整交易时间，国债交易专场时间改为下午3:30—4:30。
	9月9日，上海证券交易所发布《关于调整国债回购业务的通知》，规定对现有国债回购业务实行标准化的交易机制。
	9月12日，决定开始调低国债回购业务的佣金和经手费的收费标准。
	9月26日，上海证券交易所就国债期货314品种超限持仓落实强制平仓事宜做出安排，这是上海证券交易所首次实行国债期货的强行平仓。
	11月1日，“深盐田”作为第一只上市的企业债券在深交所上市。
	11月10日，上海证券交易所决定为加强管理，更好地规范国债期货交易健康发展，制定新的国债期货风险控制办法。
	12月8日，上海证券交易所所对国债期货交收做出规定，12日起按合约市值50%全额缴纳保证金，28起保证金比例提高到85%，持仓合约不得超过核定最高限额的10%，12日起各会员不准开设新仓。
	12月28日，上海证券交易所发出《关于严格制止国债现货交易违规操作的通知》，并规定处罚条例。
1995年	1月9日，上海证券交易所国债期货首次成功进行混合交收。
	2月23日，发生国债“327”事件，之后国债期货市场被关闭。“327”是国债期货合约的代号，对应1992年发行1995年6月到期兑付的3年期国库券，该券发行总量为240亿元人民币。鉴于327国债违规事件的恶劣影响，5月17日，中国证监会发出了《关于暂停全国范围内国债期货交易试点的紧急通知》。
	2月27日，上海证券交易所慎重研究并征询中国证监会有关部门后，决定自2月27日暂停所有国债期货品种的自由竞价交易，改为在场内协议。
	3月7日，上海证券交易所决定除“327”品种外，全部恢复自由竞价。
	3月13日，上海证券交易所决定开办“综合债券回购”新品种。
	3月25日，上海证券交易所决定实行国债期货“多品种混合交收”。
	4月13日，上海证券交易所对国债期货F94203品种违规交易的当事会员作出严厉处罚。
	5月17日，上海证券交易所落实中国证监会发出的紧急通知，暂停国债期货交易试点。
	6月20日，上海证券交易所国债回购总金额首次超过股票交易量。
	由于缺乏中央托管机构，债券市场发生“纸危机”：一些机构以代保管单的形式超发和卖空国债，引起巨大的市场风险，并基于虚假的国债代保管单作国债登记抵押，回购演变为信用拆借，大量资金通过回购渠道违规进入房地产和股市投机。[1]

[1] 1996年以前，国债采取无记名实物券形式，没有统一的托管机构，发行后分散托管在代保管机构，交易只限于代保管机构所在地，不能跨地区交易。由于没有严格的市场管理法规和统一的债券托管结算系统，回购交易发展并不规范，普遍存在着大量的虚假回购，蕴藏着严重的风险。1995年人民银行、财政部、证监会联合对回购交易进行整顿，1997年全国银行间债券市场成立，我国的回购市场开始逐步走向正轨，并在银行间市场取得了迅速的发展。

续 表

年 份	债 券 市 场 发 展
1995 年	8 月 8 日，国家正式停止一切场外债券市场，武汉证券交易中心、天津证券交易中心、北京 STAQ 系统等区域性的国债市场被相继关闭。证券交易所变成了中国惟一合法的债券市场。
1996 年	1 月 8 日，第一个以价格招标方式发行的国债“96 年记账式（一期）”国债成功发行，此国债为我国国债发行史上第一个贴现式国债。
	4 月 1 日，上海证券交易所重新开设 182 天国债回购品种。
	5 月 3 日，沪市回购交易制度又做出重大改进，上海证券交易所发布《关于按季调整上市国债现券折算成回购标准券比率的通知》。
	5 月 6 日，上海证券交易所对国债回购交易制度作重大改进，并于即日起首次开设 3 天期限国债回购业务。
	5 月 29 日，《上海证券交易所企业债券上市交易规则》发布。
	6 月 12 日，上海证券交易所各联网交易中心席位可用无纸化国债参与回购交易。记账式国债开始在上海、深圳证券交易所大量发行。随着债券回购交易的展开，初步形成了交易所债券市场体系。
	12 月，经国务院同意，中央国债登记结算有限责任公司（简称“中债登”）在原中国证券交易系统有限公司的基础上改组设立，中国人民银行、财政部及九家金融机构为出资人。成为财政部唯一授权主持建立、运营全国国债托管系统的机构，承担国债的总登记职责，是中国人民银行指定的全国银行间债券市场债券登记、托管、结算机构和商业银行柜台记账式国债交易一级托管人。
	12 月 31 日，第一个记账式非实物券方式发行的企业债券——95 吉化债在上海证券交易所上市交易。
1997 年	1 月 28 日，上海证券交易所开设国债分销专场。
	4 月 10 日，国务院证券委发布《可转换公司债券管理暂行办法》，发行可转换公司债券试点拉开序幕。
	6 月 6 日，应中国人民银行的要求，各商业银行停止在沪深证券交易所及各地证券交易中心的证券回购和现状交易。
	6 月 10 日，上海证券交易所发布《关于重申不得将回购中的国债再回购的通知》。
	6 月 16 日，全国银行间拆借中心开始办理银行间债券回购和现券交易，由此全国银行间债券市场正式形成。
	7 月 6 日，96 三峡债上市。这是我国第一个以实物券方式发行，以记账式方式交易的企业债券。
	11 月 28 日，商业银行在上海证券交易所的国债回购业务全部了结。
	中国人民银行《关于各商业银行停止在证券交易所证券回购及现券交易的通知》发布，全国银行间债券市场开始形成，中债登被中国人民银行指定为市场的债券登记、托管与结算机构。
1998 年	3 月 26 日，为了配合全面指定交易，上海证券交易所发布《关于试行全面指定交易制度后国债及国债回购交易有关事项的通知》，对 4 月 1 日后国债市场交易做出相应的调整。
	4 月，中国人民银行发布了《企业债券发行与转让管理办法》，加强企业债券发行与上市流通的管理，促进企业债券市场健康发展。加上后来央行陆续批准的其他债券，不同类型的债券加入银行间债券市场，大大丰富了市场交易工具。

续　表

年　份	债　券　市　场　发　展
1998 年	5 月 26 日，央行开始在银行间债券市场进行人民币公开市场操作。以买进债券和逆回购投放基础货币，为商业银行提供了流动性支持，促进了银行间债券市场交易的活跃。
	7 月 30 日，《上海证券交易所可转换公司债券上市交易规则》发布。
	8 月 3 日，国内首只可转换公司债券-南宁化工可转换公司债券在上海证券交易所上网发行。
	银行间市场债券发行系统启用。1998 年 9 月 2 日，国家开发银行以招标方式发行金融债券 410 亿元，政策性银行金融债券由此从派购发行向市场化发行转变。中国进出口银行于 1999 年开始尝试市场化发行业务。政策性金融债券为无纸化记账式债券，由中债登负责托管登记，各认购人均在中债登开设托管账户。
	10 月，中国人民银行批准保险公司入市。
	财政部 1998 年发行 2 700 亿元特别国债，用于补充四家银行资本金。全面完成上海证券交易所和深圳证券交易所实物国债保管库的移交接收工作，实现了实物国债保管库的统一管理。
	1998 年至 2000 年，为了应对亚洲金融风暴，财政部共发行了 3 600 亿长期建设国债，专门用于基础设施建设
1999 年	年初，325 家城乡信用社成为银行间债券市场成员。
	9 月，部分证券公司和全部的证券投资基金开始在银行间债券市场进行交易。
	中债登与路透社合作编制了中国第一只债券收益率曲线。
2000 年	9 月 1 日，上海证券交易所新的《企业债券上市规则》经中国证监会批准颁布实施。
	《全国银行间债券市场债券交易管理办法》颁布。中债登被指定为市场的债券登记、托管与结算机构。根据该办法，中债登会同中国外汇交易中心组织全国银行间债券市场成员签署《债券回购主协议》，市场的规范化建设迈上了一个新的台阶。
2001 年	银行间债券市场年交易量首次超过交易所市场，之后一直保持 70%以上的市场份额，我国债券市场以场外市场为主的格局初步形成。
2002 年	3 月 25 日，上海证券交易所推出国债净价交易。
	4 月，中国人民银行发布通知，决定金融机构加入全国银行间债券市场由准入审批制改为准入备案制，机构投资人在公司开户数量开始较快增长。
	5 月 24 日，财政部发行 30 年期国债。招标结果发行利率 2.9%。创造了一个低利率的历史。
	8 月 15 日，上海证券交易所推出国债远程招标系统。
	10 月，央行允许非金融机构法人加入银行间债券市场。
	10 月 10 日，上海证券交易所宣布将降低债券交易费率，增加 1 天期等国债回购新品种，增加企业债回购交易。
	12 月 25 日，上海证券交易所推出企业债券回购交易及品种。
2003 年	1 月 1 日，中债登为中国债券市场研发推出中国第一个债券指数和收益率产品“中国债券指数”和“中国债券收益率曲线”系列。
	1 月 2 日，上证国债指数正式发布，填补了我国证券市场债券指数的空白。
	5 月 19 日，上海证券交易所推出 2 天期国债回购品种，基本完成了 7 天期以内短期回购品种的期限结构布局。

续 表

年 份	债 券 市 场 发 展
2003 年	6 月 9 日，上证企业债指数正式发布。
	4 月份开始，央行的人民币公开市场操作以定期发行央行票据的方式为主。
	中国人民银行发布《商业银行次级债券发行管理办法》，银监会发布《关于将次级定期债务计入附属资本的通知》 12 月，兴业银行发行次级债 30 亿元，是首次发行次级债成功的商业银行。
2004 年	4 月 8 日，《财政部、中国人民银行、证监会关于开展国债买断式回购交易业务的通知》颁布，银行间债券市场推出债券买断式回购业务结算及保证券管理机制。
	9 月 10 日，上海证券交易所新的企业债上市暂停纳入回购交易。
	9 月 17 日，上海证券交易所启动在北京、上海、深圳等八大城市举办“上海证券交易所 ETF 和国债买断式回购市场系列推介会”。
	10 月 18 日，上海证券交易所与深圳证券交易所、中国证券登记结算有限责任公司联合公布《标准券折算率管理办法》。
	11 月 23 日，发布《上海证券交易所国债买断式回购交易实施细则》。
	12 月 3 日，上海证券交易所公布第一批符合国债买断式回购参与主体标准公司的名单，正式建立了会员交易资格管理制度。
	12 月 3 日，上海证券交易所新上市国债暂停进行老国债回购交易。
	12 月 6 日，上海证券交易所推出国债买断式回购交易。
	12 月 9 日起，央行开始发行三年期央行票据，创下了央行票据的最长期限。
	中债登首次通过债券柜台业务系统，支持财政部发行电子记账凭证式国债，为我国采用电子记账方式向个人发行不可流通国债进行了有益尝试。
2005 年	1 月 25 日，中国人民银行决定在银行间债券市场发行债券（包括证券公司短期融资券，即短期公司债），进行信用评级。 3 月 21 日，上海证券交易所在竞价系统推出国债买断式回购业务。
	3 月 21 日，信贷资产证券化试点工作正式启动。国家开发银行和中国建设银行作为试点单位，将分别进行信贷资产证券化和住房抵押贷款证券化的试点。
	4 月，中央国债登记结算有限责任公司为提高中国债券指数与收益率曲线编制与维护工作的科学性、透明度和公正性，成立“中国债券指数”专家指导委员会。
	4 月 11 日，国泰君安证券公司利用银行间债券发行系统发行短期融资券，融资 6 亿元，期限 91 天。这是银行间债券市场第一只券商短期融资券。
	4 月 28 日，上海证券交易所发布《关于调整债券大宗交易有关事项的通知》，对债券大宗交易的数量、价格限制和信息披露进行了调整。
	5 月 11 日，中国人民银行发布《全国银行间债券市场金融债券发行管理办法》，该办法自 2005 年 6 月 1 日起开始施行。
	5 月 12 日，中国人民银行批准泛亚基金进入全国银行间债券市场开展债券交易，并规定其可在 1.8 亿美元等值人民币额度内进行债券交易。这是银行间债券市场引入的第一家境外机构投资者，标志着我国银行间债券市场的对外开放又迈出了重要一步。
	5 月 13 日，中国人民银行发布《全国银行间债券市场债券远期交易管理规定》，6 月 15 日开始施行。
	5 月 26 日，为规范短期融资券的托管、结算和兑付行为，中央国债登记结算有限责任公司发布《短期融资券托管结算操作细则》

续　表

年　份	债　券　市　场　发　展
2005 年	6 月 3 日，中国人民银行发布《全国银行间债券市场债券远期交易主协议》及《中国人民银行关于全国银行间债券市场债券远期交易信息披露和风险监测有关事项的通知》。
	6 月 9 日，中国人民银行发布公告，进一步推动非金融机构投资者进入银行间债券市场，促进债券市场的快速健康发展。
	6 月 13 日，为规范资产支持证券信息披露行为，维护投资者合法权益，保证资产支持证券试点的顺利进行，促进银行间债券市场的健康发展，中国人民银行公布《资产支持证券信息披露规则》
	8 月 9 日，经国务院批准，中国银行业监督管理委员会颁布《货币经纪公司试点管理办法》。
	8 月 12 日，上海浦东发展银行在全国银行间债券市场通过公开招标成功发行 2005 年浦发银行债券 70 亿元。这是我国首次发行商业银行普通金融债券。
	9 月 6 日，国内金融市场首个资产证券化产品——“联通收益计划”正式在上海证券交易所上市交易。
	10 月 10 日，中国人民银行批准国际金融公司和亚洲开发银行在全国银行间债券市场分别发行人民币债券 11.3 亿元和 10 亿元。这是中国债券市场首次引入外资机构发行主体，是中国债券市场对外开放的重要举措和有益尝试。
	12 月 9 日，人民银行批准信贷资产证券化试点单位在银行间债券市场发行资产支持证券。至此，信贷资产证券化试点已经进入资产支持证券的发行阶段。
	12 月 13 日，中国人民银行发布《公司债券进入银行间债券市场交易流通的有关事项公告》，推出了规范公司债券交易流通，促进公司债券市场发展的举措。
	12 月 15 日，首批资产支持证券发行成功。“开元”、“建元”分别发行 41.77 亿元、30.17 亿元，其发起机构分别是国家开发银行和中国建设银行。
	12 月 19 日，为完善公司债券（含企业债券，下同）市场信息披露机制，根据《中华人民共和国中国人民银行法》，中国人民银行就公司债券进入银行间债券市场交易流通的有关事项，发布公告。
2006 年	2 月 6 日，上海证券交易所发布《上海证券交易所债券交易实施细则》修订版。
	2 月 9 日，中国人民银行发布开展人民币利率互换交易试点有关事宜的通知
	5 月 8 日，上海证券交易所新国债质押式回购上市。
	6 月 5 日，财政部和央行发布《中央国库现金管理暂行办法》，将 1 万亿元的国库现金走上市场化的道路。在初期阶段，国库现金管理将主要实施商业银行定期存款和买回国债两种操作方式。财政部进行第一次国债买回操作，提前买回三只未到期的国债。
	7 月 11 日，中国人民银行发布《中国人民银行关于货币经纪公司进入银行间市场有关事项的通知》，我国银行间债券市场和银行间同业拆借市场经纪业务正式启动。
	8 月 30 日，财政部通过国债发行远程招标系统在银行间债券市场提前买回 99 国债 10、01 国债 13、04 国债 11 三只国债，债券买回收益率水平均在 1.74%以内，买回总量为 180.95 亿元，占发行总量的三成。
	9 月 8 日，中国金融期货交易所正式挂牌成立。
	9 月 27 日，兴业银行在全国银行间债券市场首次公开发行 40 亿元人民币混合资本债券，其中 30 亿为固定利率债券，10 亿为浮动利率债券。

续 表

年 份	债 券 市 场 发 展
2006 年	11 月 29 日，马钢股份认股权证及其公司债在上海证券交易所挂牌上市，这是沪深证券市场第一只由“分离交易可转债”分离出来的公司权证和公司债。
	2006 年，经过 4 年平稳运行的中债收益率曲线和指数发布新版，同时根据新版收益率曲线向市场提供中债估值。
2007 年	1 月 4 日，上海银行间同业拆放利率（Shanghai Interbank Offered Rate，简称 SHIBOR）正式发布。作为央行重点打造的目标基准利率，SHIBOR 市场地位不断提高，为利率市场化进一步奠定了基础。
	3 月初，企业年金基金获准进入全国银行间债券市场。
	6 月 8 日，新老国债质押式回购成功并转运行，老国债质押式回购退出历史舞台。
	6 月 15 日，银监会下发《关于建立银行业金融机构市场风险管理计量参考基准的通知》，将中央国债登记结算有限责任公司编制公布的中债收益率曲线作为衡量银行业金融机构市场风险管理计量的参考基准。
	6 月 29 日，财政部发行 1.55 万亿元特别国债，用于购买约 2 000 亿美元外汇，作为中国投资有限责任公司的资本金。特别国债的发行，减缓了外汇储备增长速度和储备规模，有利于抑制货币流动性，缓解人民银行对冲压力；有利于促进财政政策和货币政策的协调配合，改善宏观调控；可能会提高外汇经营收益水平；有利于支持国内企业“走出去”，掌握国家建设发展过程中所需的能源和资源等，进一步提升国家经济竞争力。
	7 月 1 日起，证券投资基金正式执行新的《企业会计准则》，中债估值被证监会指定作为证券投资基金持有债券的会计核算标准。
	7 月 25 日，固定收益证券综合电子平台上线试运行，第一只国债——07 国债 11 在固定收益证券综合电子平台成功上市。
	8 月 14 日，中国证监会正式颁布实施《公司债券发行试点办法》。
	11 月 1 日，为规范远期利率协议业务，中国人民银行制定《远期利率协议业务管理规定》。
2008 年	1 月 25 日，央行发布《中国人民银行关于开展人民币利率互换业务有关事宜的通知》，标志着人民币利率互换业务的正式推出。
	2 月 4 日，中国银监会办公厅发布关于进一步加强信贷资产证券化业务管理工作的通知。
	4 月 8 日，中国中材集团发行了 5 亿元无担保企业债券，这是 2008 年 1 月 2 日国家发改委发布《关于推进企业债券市场发展、简化发行核准程序有关事项的通知》以来发行的第一只无担保信用企业债，对我国企业债券进一步向市场化发展意义重大。
	4 月 22 日，继短期融资券成功推出之后，由人民银行主导的银行间债券市场另一创新性债务融资工具——中期票据成功发行，其中中国铁道中期票据采取招标方式成功发行。
	9 月，地方政府的债务已经扩大至 5.62 万亿元，2008 年底，地方政府债务总额为 1.8万亿元。地方政府债发展迅速，风险引起各方关注。
	10 月 10 日，国家发改委财政金融司通过了《关于企业债券有关具体事项的说明》的征求意见稿，其中，第五条提出了关于开展商业银行承销企业债券试点的建议。
	10 月，上海证券交易所统一各类债券的交易和结算模式，老回购全部关闭，大幅度降低债券市场交易及结算成本。

续　表

年　份	债　券　市　场　发　展
2008年	10月27日，央行公开市场操作室发布第五号公开市场业务公告，决定调整1年期央行票据发行频率，由原来的每周发行改为隔周发行。这是央行自2004年以来首次调整1年期央票的发行频率。11月5日，继1年期央票改为隔周发行后，3月期央票也将改为隔周发行。这标志着我国外汇顺差的减少，外汇储备增速减慢。中央银行通过央票对冲流动性的需求减少。
	11月，上海证券交易所推出可分离债参与新质押式回购交易业务。
	11月19日，上海证券交易所正式发布上证公司债指数、分离债指数。
	12月13日，国务院办公厅发布"金融三十条"，多项内容涉及债市发展。其中包括"扩大债券发行规模，积极发展企业债、公司债、短期融资券和中期票据等债务融资工具，稳步发展中小企业集合债券，开展中小企业短期融资券试点。推进上市商业银行进入交易所债券市场试点"等。
2009	4月3日，第一只地方政府债券——"新疆维吾尔自治区政府债券"在上海证券交易所挂牌交易。
	5月25日，开展债券质押式报价回购业务试点。
	11月28日，银行间市场清算所股份有限公司（简称上海清算所）在上海举行开业仪式。
	11月27日，备受业界关注的50年期超长期国债终于登场。来自中国债券信息网的数据显示，该期国债经投标确定的票面年利率为4.30%，边际利率为4.38%，200亿元招标总量共获得市场397.9亿元资金有效认购，认购倍数为1.99倍。
	2009年，上海证券交易所国债收益率曲线明显呈现了扁平化的趋势。
	2009年，央行公开市场操作累计回笼资金7.995万亿元，投放资金8.208万亿元，净投放资金2 130亿元，为2000年以来首次年度，净投放资金，规模创出新高。
	2009年度，银行间债券市场共发行各类债券986只（期），发行总额合计86 954.14亿元。央票以43.98%的发行占比雄居首位。
2010年	1月份，银行间债券市场累计发行债券2 088.6亿元，同比增加143.5%。银行间国债指数和交易所国债指数均微幅上涨，银行间国债指数由月初的128.63点微升至月末的129.33点。银行间市场国债收益率曲线呈平坦化趋势，收益率曲线短端上升，中长端略有下降。
	2月，国债和央票到期量分别为1 350亿和3 100亿，同期发行量却只有500亿和2 130亿,央行票据大量到期，债券供不应求。
	4月6日，交易商协会发布了《银行间债券市场做市商工作指引》修订稿。
	4月7日，央行公开市场操作意外重启3年期央票发行，导致利率上涨。
	4月份，中期票据发行创新高。中石油将于本月28日发行200亿元的5年期中期票据。铁道部也于当日公告，4月28日将发行100亿元、期限为7年的中期票据。央行批准的企业债券在气势上超过证券市场。
	5月，三菱东京日联银行（中国）发行金额10亿元、期限2年的金融债。发行利率为3个月SHIBOR加48个基点。这是首个外资行在境内发债。
	5月31日，第一只分类标准下的公司债券——广东省宜华木业股份有限公司2009年公司债券，在上海证券交易所固定收益证券综合电子平台上市流通。
	6月10日，首只连续两年亏损公司债暂停在上海证券交易所上市。
	6月10日，国务院下发《关于加强地方政府融资平台公司管理有关问题的通知》，对地方融资平台的清理和规范的战役正式打响。

续 表

年 份	债 券 市 场 发 展
2010 年	7 月 8 日，国家开发银行在银行间市场成功发行了 4 亿美元的 3 年期境内美元债券。
	7 月 11 日，中国独立评级机构大公国际资信评估有限公司在北京发布首批 50 个典型国家的信用等级。这是中国也是世界第一个非西方国家评级机构第一次向全球发布的国家主权信用风险信息。不过也引起了不少非议。
	8 月 19 日，财政部、发展改革委、人民银行、银监会联合发布《关于贯彻国务院关于加强地方政府融资平台公司管理有关问题的通知相关事项的通知》。
	9 月 29 日，中债资信有限责任公司成立仪式在京举行。
	11 月 3 日，泰康人寿保险股份有限公司次级定期债务在上海证券交易所固定收益平台挂牌转让，成为首家保险类债券在交易所市场挂牌。
	11 月 5 日，国债双边挂牌顺利实施，固定收益平台挂牌交易的国债成功导入竞价撮合交易系统。
	11 月 5 日，中国首批信用风险缓释合约正式上线。国家开发银行、工商银行、建设银行、交通银行、光大银行、兴业银行、民生银行、德意志银行及中债信用增进股份投资有限公司等 9 家不同类型的交易商，达成了首批 20 笔信用风险缓释合约，名义本金合计达 18.4 亿元人民币。
	12 月 6 日，交通银行在上海证券交易所集中竞价交易系统达成 3 笔债券交易，标志着商业银行阔别交易所 13 年后，再次回归上海证券交易所债券市场。
	12 月 20 日，中国银行（香港）有限公司宣布，将于本月 31 日推出“中银香港人民币离岸债券指数”。这是香港第一个人民币离岸债券指数，旨在向市场提供人民币债券市场的整体价格走势参考，便于投资者了解人民币债券市场的情况。
2011 年	1 月 24 日，上海清算所清算托管系统质押式回购、买断式回购业务功能上线运行。
	3 月 7 日，上海证券交易所首只证券公司债——6 年期 30 亿元 2011 年国泰君安证券股份有限公司债券在上海证券交易所挂牌转让。
	4 月 13 日，中国人民银行发布公告，对全国银行间债券市场交易管理制度进一步完善，上海清算所被正式纳入到银行间债券市场监测管理体系中，此外，公告还对市场异常交易情况的处理作出了规定。
	4 月 21 日，中国人民银行和财政部发布联合公告，对新发关键期限国债做市制度作出规定。
	4 月 30 日，中国银行间市场交易商协会发布《银行间市场非金融企业债务融资工具发行规范指引》，对非金融企业在银行间市场以招标方式、簿记建档方式及非公开定向方式发行债务融资工具进行约束。
	5 月 3 日，通过交易商协会注册的非公开定向债务融资工具正式发行。
	5 月 4 日，中国五矿集团公司、中国国电集团公司、中国航空工业集团公司在银行间市场成功发行 130 亿元定向债务融资工具，这是我国非金融企业首次在银行间债券市场以非公开定向方式发行债务融资工具。
	5 月 23 日，证监会发文将中期票据纳人证券投资基金的投资范围。
	5 月 30 日，交易商协会发布《银行间市场非金融企业债务融资工具发行规范指引》，对非金融企业在银行间市场以招标方式簿记建档方式以及非公开定向方式发行债务融资工具进行约束。
	6 月 9 日，发改委发文要求地方政府投融资平台公司发行企业债券应优先用于保障性住房建设。

续　表

年　份	债　券　市　场　发　展
2011 年	6 月 27 日，审计署公布全国地方政府性债务审计结果，截至 2010 年年底，全国地方政府性债务余额超过 10 万亿。
	7 月 21 日，随着平台贷款风险事件频发，发改委下发通知，要求加强债券存续期管理，规范企业资产重组程序，加强债券资金用途监管。
	9 月 1 日起，经中国人民银行批准，上海清算所将开办短期融资券的登记托管结算业务。
	9 月 16 日，联合资信评估有限公司发布公告，将山东海龙的主体评级和短融的债项评级降至 A-/负面和 A-2 级。
	10 月 12 日，发改委发文认定铁道部发行的中国铁路建设债券为政府支持债券，文件下发后发行的首只铁道债受到市场热捧。
	10 月 20 日，经国务院批准 2011 年上海市、浙江省、广东省、深圳市地方政府自行发债试点启动，11 月四地相继成功自行发行地方债，并获得投资者认可。
	10 月 24 日，银监会下发通知，表示支持商业银行通过发行专项金融债的方式募集资金，用来发放小型微型企业贷款，探索解决小微企业融资难的解决之道。
	11 月 4 日，国内首批区域集优中小企业集合票据完成发行，广东佛山和山东潍坊两地共 11 家中小微型企业率先通过区域集优模式成功募集资金 5.39 亿元。
	12 月 19 日，上市公司山东海龙主体评级被降至 BB+，展望为负面，短期债项评级为 B，在 9 月 15 日其已经遭到一次降级，主体评级从 A+降至 A-，短期债项评级从 A-1 降至 A-2
	12 月 19 日，银行间市场清算所股份有限公司正式向银行间市场提供现券交易净额清算服务，这标志着银行间债券市场集中清算机制的正式建立。
	11 月 25 日，宝钢集团在香港成功发行 36 亿元离岸人民币计价债券，这是境内企业首次获批赴港发行人民币债券。
2012 年	2 月 13 日，国债期货仿真交易正式开始，时隔 17 年国债期货重新启动。
	2 月 15 日，山东海龙评级由 BB+下调至 CCC，债项由 B 下调至 C，资不抵债的山东海龙面临兑付危机。由此，信用债市场风险事件频发。
	2 月 24 日，央行于年内第一次下调存准率，资金利率大幅回落，低等级品种高收益价值受追捧。5 月 18 日，央行第二次下调存准率，随后迎来债市年内最大行情。另外，央行分别于 6 月 8 日和 7 月 6 日下调存贷款利率，对债市影响均有限。
	5 月，中小企业私募债的试点办法公布。6 月，上海深圳证券交易所正式接受私募债的备案，标志着有高风险、纯信用特点的中小企业私募债品种在国内正式推出。
	5 月以来，逆回购逐渐成为央行开展日常货币政策操作的绝对主流工具，有效地让资金利率波动频率降低、幅度减小，市场资金面更加稳定，机构预期也趋于正面。
	6 月 19 日，交易商协会通知各主承销商，凡公开市场评级在 AA（含）以上的发行人，将不区分企业性质，允许其短期融资券、中期票据发行额度互不占用。其后数月，短融中票发行量骤增。
	8 月 3 日，中国银行间市场交易商协会发布实施《银行间债券市场非金融企业资产支持票据指引》，这意味着企业资产证券化再开新渠道。
	9 月 7 日，国开行成功发行规模为 101 亿元的“2012 年第一期开元信贷资产支持证券”，这标志中国信贷资产证券化闸门再度开启。

续 表

年 份	债 券 市 场 发 展
2012年	9月中下旬，国家发改委集中批复项目，导致市场对政府稳经济增长预期上升，股市上涨，债市收益率也明显上升。
	12月11日，国家发改委发文强化企业债风险防范管理，资产负债率在65%以上的企业发行企业债将受限，禁止发债企业互相担保或连环担保等。
2013年	1月21日，中国银行间市场交易商协会对外发布了《中国银行间市场债券回购交易主协议（2013年版）》文本，我国银行间债券回购市场的“中国标准”就此诞生。

资料来源：金融时报、中国债券信息网、上海证券交易所网站等

参考文献

1. 董德志《投资交易笔记——2002—2010 年中国债券市场研究回眸》
经济科学出版社 2011 年

2. 杨农《中国债券市场发展报告 2011》
中国金融出版社 2012 年 3 月

3. 时文朝、杨农《中国债券市场发展与创新》
中国金融出版社 2011 年 3 月

4. 沈炳熙、曹媛媛《中国债券市场：30 年改革与发展》
北京大学出版社 2010 年

5. 冯光华《中国债券市场发展问题研究》
中国金融出版社 2008 年 3 月

6. 刘维奇、范文博《读懂国债这一课》
人民邮电出版社 2009 年 10 月

7. 悉尼·霍默、理查德·西勒《利率史》
第四版 中信出版社 2010 年 1 月

8. 默里·罗斯巴德《银行的秘密——揭开美联储的神秘面纱》
清华大学出版社 2011 年 9 月

9. 富田俊基《国债的历史》南京大学出版社 2011 年 6 月

10. 法博齐《债券市场分析与策略》

第七版 中国人民大学出版社 2011 年 1 月

11. 杨怀定《做个百万富翁——杨百万自述》
上海人民出版社 2002 年 4 月 1 日

12. 默里·罗斯巴德《银行的秘密——揭开美联储的神秘面纱》
清华大学出版社 2011 年 9 月

13. MiltonFriedman《佛利民在中国》
香港中文大学出版社 1989 年

14. 约瑟夫·B. 特雷斯特《保罗·沃尔克：金融传奇人生》
中国金融出版社 2006 年 1 月

15. 朱镕基《朱镕基讲话实录》
第一至四卷 人民出版社 2011 年 9 月

16. 罗伯特·鲁宾《在不确定的世界里》
中国科学技术出版社 2004 年

17. 张健华等《利率市场化的全球经验》
机械工业出版社 2012 年 9 月第一版

18. 格林斯潘《我们的新世界》
大块文化出版社 2007 年 9 月

19. 陶杰“新加坡国债广受投资者欢迎”
《经济日报》2012 年 9 月 21 日

20. 蔚华“罗伯特·塞图贝：告诉你一个高利率的巴西”
《第一财经日报》2011 年 4 月 18 日

21. 戴维来“追溯美国国债之谜”
《国际融资》2011 年 10 期

22. 徐鹏堂“罗马尼亚共产党丧失执政地位的原因及教训——访中国前驻罗马尼亚大使陈德来”

《中共党史研究》2006 年第 1 期

23. 任正非《华为的冬天》

24. 许宝友“美国社会福利制度发展和转型的政治理念因素分析”
《科学社会主义》2009 年第 1 期

25. 托马斯·弗里德曼、迈克尔·曼德鲍姆《曾经的辉煌》
湖南科学技术出版社 2012 年 9 月第一版

26. 张茉楠“安倍新政恐提前引爆日本慢性债务危机”
《每日经济新闻》2013 年 1 月 30 日

27. 黄立俊“日式‘财政悬崖’：国库撑不到本月底”
《第一财经日报》2012 年 11 月 14 日

28. 土宇“巴西退出盯住汇率制度的经验教训”
《中国金融》2005 年 8 月 22 日

29. 晓健“推动中国金融债券持续健康发展”
《国际融资》2010 年 7 月

30. 赵旭“2012 年企业债发行规模翻番　募集资金 6 499 亿”
《上海证券报》2013 年 1 月 4 日

31. 高绍福、陈旻“我国短期融资券——历史、现状及发展建议”
《会计之友》2010 年第 10 期

32. 张加伦“1980 年恢复‘国库券’发行鲜为人知的幕后故事”
《解放日报》2006 年 10 月 11 日

33. 张冬萍“国库券：国与民之间的财富游戏”
《潇湘晨报》2008 年 5 月 7 日

34. 张加伦“1980 年恢复‘国库券’发行鲜为人知的幕后故事”
《解放日报》2006 年 10 月 11 日

35. 姚刚“中国高度依赖间接融资　未来私募融资空间很大”

人民网

36. 杨农“债券市场创新与发展”

《中国金融》2013 年第 2 期

37. 王辉“2012 年债券发行突破八万亿　企业债公司债翻番”

《中国证券报》2012 年 12 月 28 日

38. 潘圣韬“上交所年内试点国债预发行交易”

《上海证券报》2012 年 7 月 17 日

39. 财政部国库司“借鉴国际经验　建立中国国债续发行框架”

《竞争力·中国债券》2012 年第 6 期

40. www. chinabond. com

41. 姚刚“中国高度依赖间接融资　未来私募融资空间很大”

人民网

42. 王媛“成交动辄千亿上交所拟限制回购杠杆倍率”

《上海证券报》2012 年 7 月 3 日

43. 陈力峰“债券远期的交易策略及风险”

《上海证券报》2005 年 6 月 24 日

44. 卫容之“加快建设场外利率衍生品清算机制”

《国际金融报》2012 年 7 月 20 日

45. 蔚华“高利率的巴西”

《第一财经日报》2011 年 4 月 18 日

46. 王宇“泰国退出：宏观政策的失误”

《中国经济时报》2004 年 9 月 24 日

47. 王勇“欧洲央行货币政策‘声东击西’意欲何为”

《上海证券报》2013 年 1 月 30 日

48. 闫素仙“20 世纪美国利率政策的演变及启示”

《当代经济研究》2004 第 5 期

49. 江时学“论拉美国家通货膨胀问题的根源”

《拉丁美洲研究》1995 年第 3 期

50. 储玉坤“美国经济学家萨克斯和他的‘休克疗法’”

《世界经济》1992 年 5 月

51. 王东京、孙浩、林赟“俄罗斯经济改革：休克疗法曾让俄付惨重代价”

《中国青年报》2002 年 6 月 29 日

52. 魏加宁“改革开放 30 年之宏观调控回顾与反思”

《经济观察报》2008 年 5 月 29 日

53. 单继林“反通胀战争”

《经济观察报》2007 年 9 月 28 日

54. 张继久《1979—1991 年中国通货膨胀的形成与原因分析》

55. 刘利“美国利率自由化的原因过程和结果分析”

《国际金融研究》2000 年第 2 期

56. 余永定“日本金融大爆炸的由来和启示”

《国际经济评论》1997 年 Z2 期

57. 朱琰、肖斐斐、王一峰“美国金融自由化及其对中国的启示”

《银行家》

58. 高小真、蒋星辉“‘英国金融大爆炸’和伦敦金融城的复兴”

《上海证券报》2007 年 2 月 8 日

59. 陈植“可变的基准：LIBOR 报价员的游戏潜规则”

《21 世纪经济报道》2012 年 7 月 3 日

60. 张宏昕“台湾地区金融业改革发展与经验借鉴”

《金融理论与实践》2010 年第 10 期

61. 陈观烈“美国储贷银行的危机及政府对策”
《上海金融》1990 年第 5 期
62. 胡海峰、孙飞“美国两次银行业危机的成本比较”
《国际金融研究》2010 年 5 月
63. 参考周小川“关于推进利率市场化改革的若干思考”
中国人民银行网站
64. 中国人民银行《2002 年中国货币政策执行报告》
2003 年 2 月
65. 孙国锋“央行公开市场业务取得突破　实现正回购目标”
《国际金融报》2003 年 2 月 28 日
66. 里奥・梅拉梅德《逃向期货》
机械工业出版社 2011 年 7 月
67. 孙国锋“央行公开市场业务取得突破　实现正回购目标”
《国际金融报》2003 年 2 月 28 日
68. MatthewCowley“美国货币市场基金受伤　短期信贷市场遭殃”
金融界网站 2008 年 10 月 2 日
69. 郭智娟《中国国债收益率曲线的研究》
南京财经大学硕士学位论文 指导老师朱秋霞
70. 中国人民银行货币政策司“央行公开市场业务取得突破　实现正回购目标”
《国际金融报》2003 年 2 月 28 日
71. 李倩“利率市场化需要完善收益率曲线”
《证券时报》2006 年 4 月 12 日
72. 刘凡“收益率曲线编制技术日趋成熟”
《金融时报》2006 年 4 月 12 日
73. 刘文财《CME 完美收益率曲线》